鹿児島藩の廃仏毀釈

名越　護

南方新社

鹿児島藩の廃仏毀釈――もくじ

装丁　オーガニックデザイン

第一章　廃仏毀釈以前の他藩では

一　水戸藩　徳川光圀の神仏整理

自前の「寺社奉行」を新設

水戸藩は常陸《ひたち》国（いまの茨城県）水戸を居城とする御三家の一つで江戸幕府の親藩でもあります。徳川光圀《みつくに》公（一六二五～一七〇〇年）といえば、テレビでおなじみの「水戸の黄門さま」を思い出しますが、実は光圀は水戸に入封（一六〇九年）した家康の十一子である徳川頼房の三男で、水戸藩三十五万石の第二代藩主でもあったのです。

光圀は儒学を重んじ、わが国の国体の尊厳と人倫（人と人との秩序関係）の大義を貫き、この信条をもとに藩主就任前の一六五七（明暦三）年、江戸駒込の中屋敷に史局（のちの彰考館）を置き、『大日本史』の編纂に着手しています。『大日本史』は光圀の死後、歴代藩主が光圀の遺志を継ぎ、実に二百五十年を経てようやく三百九十七巻で一九〇六（明治三十九）年に完成しています。光圀のこの編纂事業は、のちの「水戸学」とよばれる「尊皇攘夷」という思想の形成にもつながり、倒幕運動に大きな影響も与えました。

一六六一（寛文元）年、三十四歳のときに藩主の地位についた光圀は、朱子学の合理主義的思想に基づいて「神仏分離」をはじめとする寺社改革政策を行ったといわれます。江戸幕府は一六六五（寛文五）年十一月にキリスト教禁制のために各大名に宗門改役人設置を義務づける「達し」を出していますが、水戸藩では早くも同年十二月にこれに基づき、自前の「寺社奉行」を新設しました。寺社奉行の仕事は、キリシタン摘発だけにとどまりません。「寺社巡見」といって一年に二回、藩内二郡ずつ寺社を見回り「寺の貧富をさぐり、寺もちの善悪をさぐること」がその重要な目的だったのです。

では、水戸藩の宗派ごとの特徴はどうだったのでしょうか。圭室文雄《たまむろふみお》氏著『神仏分離』を参考にそれを見てみましょう。それによると、天台宗や真言宗、行人や山伏、日蓮宗といった密教系諸宗派が全体の八四・七パーセントに当たる二千十三カ寺と圧倒的に多く、中でも水戸藩は真言宗が圧倒的に強かったようです。民衆は祈祷的で現世利益《げんせりやく》的な密宗系が好みであった実態もよく分かります。

やや時代が下がった一六九七（元禄十）年の水戸藩の人口は合計二十八万九千八百九十人。これは約百二十二人当たり一カ寺の割合となります。これを家数に直してみると、一軒三人家族とすれば、一カ寺の割合が三十・五軒となり、一般的にいわれる寺院経営が安定する〝檀家数百五十軒〟には程遠い実態であったようです。このように檀家数が少なくても、それぞれの寺が存在していた状況を考えると、それを支えていた農民により多くの負担がかかっていたと考えねばなりません。農民の負担をなるだけ少なくするには、寺院の整理が急務でした。そこで光圀は、一六六六（寛文六）年四月に「諸宗非法式様子之覚」七カ条を定めて、寺院整理方針を打ち出し実行した、と『神仏分離』は記しています。

その要点を整理してみますと、まず①祈祷を中心とする寺院②一定数の檀家を持たない寺院③税の対象地を潰して伽藍を建てている寺院④妻帯の寺院――が整理・破却対象ということになっています。

これを裏返しにすれば、光圀が考えた理想的寺院の姿が浮かんでくるでしょう。すなわち「寺院というものは葬祭を中心とし、経営安定する程度の檀家を持ち、宗門人別帳に請印することができるように公認された寺」（『神仏分離』）ということのようです。同年四月二十五日の「覚書」にも同じような趣旨が書かれています。圭室文雄氏は『神仏分離』の中で「覚書」を現代文に訳して紹介しています。それによると、光圀は次のように述べています。

> 領内にはおびただしい小寺があり、そのため大寺や由緒ある寺院までもが、経営不振になってしまっています。小寺の坊の多くは愚僧ばかりで平然と僧にあるまじき行為をしており、僧と俗の区別さえできないほどです。民衆を惑わすこと際限がないほどです。藩のためにも有害にしてかつ無益です。それ故にこのような僧の寺は破却すべきです。

と、光圀は小寺にしてかつ経営不安定な寺院の破却を全面に打ち出しています。わずかに残っている史料からも光圀の意気込みが伝わってくるようです。いよいよこの年、寺院整理の実務に着手しました。

由緒寺院の保護が原則

『神仏分離』によると、処分された寺は千九十八カ寺で、真言宗寺院が最も多く七百六十九カ寺、ついで天台宗が百四十六カ寺、浄土宗は六十一カ寺、曹洞宗四十一カ寺、一向宗（浄土真宗）は二十九カ寺、行人二十八カ所、日蓮宗十三カ寺などと続いています。破却された寺は、全体の寺院数の四六・二パーセントに当たっています。由緒深い古寺の処分率が極めて低いのが特徴です。また開創年代の新しいところほど処分率が高くなっており、恐らくこれは新しい寺院に小寺が多かったためであろうし、光圀が掲げていた古寺・由緒寺院の保護が原則として貫かれていたといえます。

処分の内容では「寺の破却」が七百十三カ寺で最も多く、処分総数の六四・九パーセントに当たります。光圀は「寺というのは村ごとに一カ寺ずつ建てておく必要はなく、近村に残寺があればよい、葬式などは残った寺へ行って行えばよかろう」と指示しており、彼の寺院整理政策にかける決意のほどが窺えるようです。

次いで多いのが「移寺」六十一カ寺。これは従来持っていた檀家との地域的なつながりを断ち切り、全く異なる寺へ合併させる訳だから、実際には廃寺の扱いと一緒です。

僧侶処分の内容ですが、『神仏分離』によると、最も多いのは僧侶に僧籍を捨てさせて帰農させたり、一般庶民に戻す「還俗《げんぞく》」で、僧侶を生産者に変える狙いがあったということです。ついで「追放や立ち退き」三十八カ寺があげられます。この処分については理由として、多くは「僧侶の不行跡」をあげています。不行跡の中で特に多いのは「女犯」です。江戸時代の僧侶は実質的にはほとんど妻帯しており、「女犯」を責められたら僧侶はいなくなるだろうといわれます。この「女犯」はどの程度のケースなのか詳細は分かりません。また住持の死亡や無住、欠落、火事などを機会としてその一代限りで処分したケースも合計百五カ寺ありました。

寛文六年の寺社整理はまことに大掛かりに行われたようです。しかし、水戸藩はその手綱をゆるめることなく、翌年には領内諸村の村役人に命じて、寺院整理の実態を報告させています。

各宗教を公平に

水戸藩は、寺院整理とともに「神社の整理」にも着手しています。具体的な神社整理を再び『神仏分離』で拾ってみると、一六六三（寛文三）年の「開基帳」作成のとき、鎮守社にもその開基の書き上げを提出させています。さらに寛文六年四月には領内に、「一郷一社の鎮守はきっと崇敬いたし、これをたておくべし」という布達を出しており、この方針に従って村には鎮守が一社に定められ、あるいは新建されることになりました。しかし、すぐにすべて実現したわけではなく、時期はやや遅れ約三十年後の一六九六（元禄九）年八月の神社改めにより実現することになったようです。

この神社改めの目的は神社から仏教的色彩を一掃することでありました。もちろん寺院整理政策と併行しながらその政策も打ち出されていたのですが、本格的に神社整理に取り組んだのは元禄九年のことです。

その具体的方法としては、①仏教的な神体を神道的なものに改めること②神社の管理を神主にさせること③神仏習合的色彩の強い八幡社を破却すること④寛文以来の一村一社制を実現すること──などが主なものであった、と圭室氏はいいます。

元禄九年以前に、少なくとも仏像をご神体としていた鎮守社が領内の全鎮守社五百五十五のうち七十一社ありました。神社のご神体が〝鏡〟だった霧島市隼人町の「なげきの杜」以外の全部の神社のご神体が〝仏像〟だった、という鹿児島藩との大きな違いです。それだけ鹿児島では神仏習合が進んでいた証拠ではないでしょうか。それはともかく、民衆にとっては、現世利益を与えてくれるものであれば、寺でも神社でも仏像でも石や鏡でもよかったのでしょう。

光圀の言葉に「神道は神道、仏道は仏道、修験は修験、各々その道を専らにして、他を混雑せざれと教へ給ふ、仏家とても、その宗、宗の外に、他宗の旨を仮初《かりそめ》にも混雑すること、大いにきらひ給ひき」とあるように、光圀の宗教政策は単なる神仏分離だけでなく、各宗教を公平に扱い、その宗教の純粋性を保持させるために、群小寺院や神社を整理、破却したのでしょう（『神仏分離』）。

江戸初期に寺社整理を断行した水戸藩第二代藩主の徳川光圀像（水戸市広報公聴課提供）

さらに光圀は仏寺を建立し、あるいはこれを修理した例も多く、有徳の僧侶を尊敬し保護した事例もみられます。彼の仏教に対する造詣も相当に深いものが示されています。また柴田道賢氏は、「（光圀は）諸神道家が主張するような〝神祇の道、社司、祠官の業〟だけに捉われたものでなく、日本人としての自覚に立って、神、儒、仏を統一融合した理論としては絶対的真理を意味しており、しかもそれが現実的に日本人の日常生活の中に、具体的行動となってあらわれているものでなくてはならないというのである」と、その著『廃仏毀釈《はいぶつきしゃく》』で述べています。

二　徳川斉昭の廃仏政策

藤田東湖の影響

ロシアが北辺をうかがい、イギリス艦が長崎を騒がせていた幕末。人心も動揺して社会が騒然としている時代を背景に、平田篤胤《ひらたあつたね》が古道説を宗教的に発展させて、復古神道いわゆる惟神《かむながら》神説を樹立し、幕末の尊王攘夷・廃仏運動の指導原理になっていました。水戸藩では徳川光圀が『大日本史』を編纂するため置いた史局「彰考館」に属する学者グループと藩主の徳川斉昭《なりあき》の手で天保年間の廃仏政策が強行されました。学者グループには廃仏論者の藤田東湖《ふじたとうこ》や会沢安《あいざわやすし》らがいました。水戸藩の廃仏政策は、明治維新政府や鹿児島藩の廃仏毀釈が直接、手本としたという点で注目されています。特に鹿児島は水戸藩の実績を踏襲していたともいわれています。

その運動の最右翼にいたのが藤田東湖でした。彼の父・幽谷《ゆうこく》は水戸学を論理的に体系化し、のちの彰考館総裁として『大日本史』の編纂に尽力した人物ですが、幽谷に廃仏思想はみられないといわれています。しかし、東湖は「仏教を信じる者は愚民であり僧侶は悪賢くて、人民をたぶらかす道具に仏教を使っている。これに善良な民衆がだまされている」（『弘道館記述義』巻上）といって仏教僧侶を攻撃しています。さらに日本古来の神を崇め祀ることが日本人の信仰の中心でなければならないのに、当時は僧侶が天下の神々をすべて仏に隷属させ、神の森に伽藍《がらん》を創立して神仏を並べて祀り、僧侶と神人が一緒に生活していました。しかもその主管者は僧侶でした。さらに「朝廷の典礼さえも仏式を用い、葬祭をはじめとする種々の儀式さえも仏式で行っている現状」を東湖は嘆いています。彼の仏教嫌いの心情は、「大きらい　ほとけ　ぼふず（坊主）に薩摩芋　なまける人に利口ぶる人」と詠んでいることでも分かります。

東湖は一八一五（文化十二）年の藩主継承問題のときは斉昭擁立に奔走し、斉昭が藩主就任後は斉昭の片腕として天保の廃仏政策で活躍します。一方、会沢安の廃仏思想は東湖よりさらに厳しく、かつ詳細です。仏教徒のありさまについて彼は「仏教徒は横暴でわがままです。天下の財を傾けて堂宇を造り、天下の穀物を無駄に消費して、僧侶を養っている」と、仏教の華美な建築や強烈な収奪が、農民生活を著しく妨げていることを彼の著作『新論』で批判しています。また彼は、「日本の八百万《やおよろず》の神々は、実は様々な仏（菩薩や天部なども含む）が化身として日本の地に現れた権現《ごんげん》である」とする本地垂迹《ほんち・すいじゃく》説の思想そのものを否定して、敬神廃仏の思想をはっきり出しています。

強硬な攘夷論者

一八二九（文政十二）年、水戸藩第九代藩主に就任した斉昭は、藩校・弘道館を設立して門閥派を抑えて藤田東湖や会沢安ら比較的下士層から広く人材を登用することにつとめました。斉昭は幼少から水戸学を受けた影響から、強硬な攘夷論を主張していますが、当時は開明的といわれ、幕末期に人材の少なかった徳川家では、唯一のカリスマ性と行動力を持ち合わせた人物でした。江戸幕府最後の第十五代将軍・慶喜《よしのぶ》の父親でもあります。また人後に落ちない廃仏論者の一人であったのです。彼は仏教教説が民衆をあざむき、世をまどわす元凶であることを説くとともに、見識の低い学者が多い、と嘆いています。

斉昭の廃仏政策は第一段階は寺院の整理、第二段階は撞鐘《つきがね》の徴集、第三段階に神社の唯一神道化、第四段階に氏子帳の採用、に区分されるでしょう。まず寺院整理は一八三二（天保三）年二月の「無住・大破寺院の処分方法」が示されました。それは住職のいない寺の破却、寺院付属堂塔再建の禁止などを打ち出し、一方では農民の負担の削減に意を用いています。もとより積極的な寺院破却政策とはいえませんが、藩の姿勢として寺院を徐々に淘汰していこうとする意図は十分に窺えます。

　さらに本格的な寺院整理は一八四三（天保十四）年六月から十二月にかけて行われました。その模様は『神仏分離』の記述が具体的で詳しいので、その一部を紹介すると、処分の対象になった寺院は、光圀が行った一六六六（寛文六）年の千九十八カ寺に比べて極めて少ない百九十カ寺でした。これは前年に行った撞鐘の徴集で、実質的に寺院側を痛めつけていたので、これ以上寺院側に刺激を与えるのを避けたともいえそうです。

　処分された寺院を大別してみると、天台宗や真言宗、日蓮宗などの密教系が百十一カ寺、時宗や浄土真宗、浄土宗など浄土宗系が三十九カ寺、曹洞宗や臨済宗などの禅宗系が同じく三十九カ寺となっています。密教系の中でも真言宗は八十六カ寺と断然多いようです。処分の理由でまず目につくのが「無住」の九十六カ寺です。これと同じように「出奔」の三十五カ寺を加えると百三十一カ寺となり、処分寺院総数の六八・九五パーセントとなります。これに寺院の「大破」「不行届」が合わせて四十七カ寺と続き、このときの寺院整理の条件は、僧侶のいない寺、寺院建築物の管理不行き届きの寺ということであり、そこに処分が集中していることを第一にあげなければならないようです。このことは天保三年にすでに無住寺・小寺の破却を打ち出しており、この時期までにそれを徹底させたとみられます。この他、女犯や賭博など僧侶の生活風習の乱れ、あるいは道徳的退廃も処分の理由にあげられています。

　処分の内容で全体の六五・七六パーセント（百二十一カ寺）を占める畳寺《たたみでら》（寺院破却）のうち七十三カ寺が「村方願いの上」となっています。すなわち村民の希望によって寺を破却しているのです。「これは村民が、寺への経済的負担なしに、というより逆に耐えかねていることを物語っているようです。水戸藩としては村民の抵抗なしに、というよりは逆に村民の積極的な支持を得て寺院整理政策を進めることができたともいえよう」（『神仏分離』）という見方もできます。次いで「寄せ寺」「引き寺」で、これは寺の合併であるようです。

　さて、天保の寺院整理の特色の一つは大寺の処分であります。浄土宗向山常福寺は歴代藩主の菩提寺でしたが、これを瓜連《うりづん》に寄せ寺し、寺領を没収しました。これに対し常福寺は関東十八檀林と江戸・増上寺の威光を借り、そこを通じて水戸藩に抗議しています。そして、①撞鐘の提出②寺領二百石没収③常福寺末寺の破却・処分などにはいずれも応じられない、と強く申し入れました。しかし藩の態度はむしろ硬化し、その要求をことごとく蹴っています。また磯浜村の願入寺は、如信の開創と伝えられる浄土真宗の大寺で、光圀のとき磐舟に移され積極的に保護を受けましたが、天保の整理のときには処分の対象となっています。茶屋町としてにぎわった祝町の〝不浄な銭〟をとって暮らしをたてているのは僧侶としてふさわしくない、というのがその理由だったといいます。それゆえに寺ごと旧地久米村に移転させられたようです。

寺院の撞鐘徴集など廃仏政策を実行した徳川斉昭の像（水戸市広報公聴課提供）

水戸藩は神仏習合を否定し、神社の中から仏教的な色彩を拭い去ろうとしました。寺院は廃止しても、ほとんどの僧侶は還俗しても神官になっており、神社も実態はそれ以前と変わらなかったようです。それで水戸藩は唯一神道（吉田神道）化の政策を強力に推し進めていきました。その政策の一つに家康を祀った東照宮の処分があります。一八四三（天保十四）年七月、水戸藩は東照宮（栃木県）の別当寺である大照寺をはじめ泉蔵院や養福院、蓮乗院、松泉院の四坊を破却し、東照宮の祭礼を唯一神道で行うよう命じています。これまでは、家康に仕えた僧・天海が家康の死後山王一実神道に従って家康の霊を権現（東照大権現＝神道の仏教化）の神号で祀ったものを、仏教色のない唯一神道で祀るように、というのです。

さらに一八四四（弘化元）年には、それまで僧侶が担当していた宗門人別帳に代わって、藩は神主に「氏子帳」を作成することも命じています。神主は氏子が死んだら「神牌」を発行しなければなりません。神牌とは仏教でいうところの位牌と同じもので、一八四三（天保十四）年に神主は神葬祭を行う義務が生まれたのです。しかし、氏子帳は弘化元年の一回だけしか作成されていませんでした。

また斉昭は一八三六（天保七）年常陸に砲台を築工します。その資材不足を補うため、仏具に目をつけましたが、ついに一八四二（天保十三）年十二月に領内寺院に対して海防のため、濡仏《ぬれぼとけ》（露天に安置した仏像）や撞鐘などの供出を命じました。大砲をつくる材料にするためです。そして速やかに応じた寺院には恩典を与えました。常福寺の例や天台宗の薬王院のケースのようにねばり強い抵抗もありましたが、水戸藩は約六百余の寺院の鐘を執拗に徴集しています。

しかし、常福寺と薬王院が幕府座元の江戸・増上寺と寛永寺の宮門跡を動かして濡仏や撞鐘の拠出の不当性を訴えたことで幕府も重い腰を上げざるを得なくなり、一八四四（弘化元）年四月、老中の阿部正弘は、水戸藩家老中山信守を幕邸に呼びつけ、水戸藩の廃仏毀釈政策について問いただしています。そしてその二十日後に幕府は水戸藩主・斉昭に謹慎を命じました。その罪状の中では「一、無断で大砲を鋳造したこと。二、寺院を破壊したこと。三、東照宮を神道化したこと」の三カ条が含まれていたのです。斉昭の撞鐘徴集政策は一定の成果をおさめたものの、最後には藩主自身の失脚という結末で終わってしまいました。「この水戸の廃仏が鹿児島の島津久光に影響を及ぼし、明治維新革命の神仏分離即ち廃仏毀釈の手本となったことは言うまでもありません」（佐伯恵達氏著『廃仏毀釈百年』）。

三　岡山藩の寺院整理

江戸時代初期の「三大名君」

備前の岡山藩の寺院整理は、水戸藩は藩主徳川光圀と同じころ、藩主池田光政《いけだみつまさ》の手で早くも着手されました。

光政は姫路藩主・池田利隆《いけだとしたか》の嫡子で、母・鶴姫が二代将軍徳川秀忠《とくがわひでただ》の養女だったことから、幼少のころ利隆とともに家康と会見し、家康から「（西国将軍と呼ばれた）祖父の池田輝政《てるまさ》によく似ている」と可愛がられ、脇差を与えられています。一六一六（元和二）年、父・利隆の死により姫路藩主となりましたが、幼少を理由に鳥取藩に転封となり、さらに一六三二（寛永九）年、三十二万五千石の岡山藩主に国替えとなっています。儒教を信奉し陽明学者の熊沢蕃山《くまざわばんざん》を財政経済コンサルタントとして招き、一六四一（寛永十八）年に全国初の藩校「花畠教場」を開校し、一六七〇（寛文十）年には日本最古の庶民の学校として「閑谷《しずたに》学校」を開き、教育の充実と質素倹約を旨として「備前風」といわれる政治姿勢を確立しました。新田開発など産業の振興にも力をそそぎ、水戸藩主の光圀、会津藩主の保科正之と並び江戸時代初期の〝三名君〟と称されています。

しかし、神儒一致思想から神道を中心とする政策を取り、神仏分離を行って、寺請制度を廃止し神道請制度を導入したことは意外と知られていません。

「不受不施派」を嫌う

光政の神仏分離政策は一六六六（寛文六）年に断行されました。岡山県の神仏分離政策についても『神仏分離』に詳しい記述があるので、以下それを参考にしてみました。

寺院整理直前、寛文年間の岡山藩の寺院総数は千三十五カ

藩主・光政の神道癖から廃仏に走った岡山藩主の居城岡山城（別名・鵜城）＝中塚節子さん提供＝

寺でした。そのうち、真言宗四百一カ寺、日蓮宗三百九十七カ寺とこの二宗派が抜きんでて多く、全体の七七・一パーセントを占めています。次に多いのが天台宗の百四十八カ寺、禅宗合わせて五十四カ寺となっています。破却された寺五百九十八カ寺の破却率は五七・八パーセントに達します。同時期にきわめて徹底した寺院整理を行った水戸藩でも破却率は四六・二パーセントなので、岡山藩がいかに厳しい破却をやったか、想像できると思います。

なぜ日蓮宗が多かったかというと、岡山藩は日蓮宗でも「不受不施派《ふじゅふせ》」の寺院が多く、不受不施派を嫌った藩がこの機会に破却しようとしたものだといわれています。不受不施派とは簡単に説明すると、「日蓮宗以外の者から施しを受けず（不受）、日蓮宗以外の僧侶に施しをしない（不施）」という安土桃山時代に日奥が起こした宗派です。不受不施派の寺院は当時、京都・妙覚寺の末寺百カ所のうち備前や備中・美作《みまさか》三カ国で三分の一を占めるほど日蓮宗不受不施派が集中していました。この不受不施派の教義は封建体制の支配者から毛嫌いされて、さまざまな弾圧を受けた歴史があります。とりわけ光政はその先鋒でした。

岡山藩がいま一つその対策に苦慮したものに、天台宗からの反撃があり、光政の計画自体を大きく変更せざるを得なくなりました。公然と藩主に抵抗してきたのは、備前国の中本山で江戸・上野の寛永寺直末にあたる天台宗金山寺でした。金山寺は一六六七（寛文七）年六月、上野・寛永寺に訴状を提出しました。それによると、末寺僧侶は藩から還俗を強制され、もし還俗すれば檀家と寺をそのままに残し、神道請制度の担当者としてその妻子の生活を保障するなど、天台宗の宗法かく乱を助長するような政策である、として上訴しました。

これに対して寛永寺は門跡寺の特権を生かして裏から幕府を動かしました。寛永寺の再三の申し入れにより、幕府も重い腰を上げて光政に対して天台宗末寺の処分撤回を迫った結果、合計五十四カ寺を復活させるのに成功したといいます。

柴田道賢氏はその著『廃仏毀釈』で「岡山藩は藩主の神道癖から廃寺、僧侶の還俗強行政策を採用したようにみられるが、なおその実態はさらに深く検討すべきであろう」と述べています。

四　神仏分離政策の小手調べとなった津和野藩

多くの国学者を輩出した「養老館」

〝山陰の小京都〟として今や観光地になっている石州津和野藩（島根県）は四万三千石の小藩ですが、幕末期の藩主亀井茲監《かめいこれみ》が自ら神道を信奉し、国学の発展に力を注ぎました。森鴎外も学んだ藩校の「養老館」も国学の研究が盛んな所として知られ、日本の精神のよりどころを国学に求めた岡熊臣《おかくまおみ》や平田篤胤の門人大国隆正《おおくにたかまさ》、大国の弟子の福羽美静《ふくはびせい》など皇室復興と神道で国を治める国学の信奉者を多く輩出しています。そんな尊王の雰囲気いっぱいの藩ですから天皇を中心に日本古来の神々を敬い、仏教を排斥する気風が生まれていました。

明治維新で多くの神道指導者を輩出した津和野藩校・養老館

幕末の政治的混乱期の一八六七（慶応三）年七月、明治新政府の官制改革で、古代日本の神祇官再興や祭政一致の思想を主張する津和野藩の諸思想家たちは、新政権の中枢部に入ることができました。改革で「神祇官」がついに「太政官」の上になった過程で、亀井茲監や福羽美静、それに平田派、大国派の国学者や神道家たちが多数登用されています。亀井は議定職・神祇官副知事（いまの次官相当）に、福羽が教部大輔（同）となり、新政府の神仏分離政策を取り仕切るようになりました。この意味で津和野藩の寺院整理は、結果的に政府の神仏分離政策の「小手調べ」でもあったようです。

僧侶を減らす

村上重良氏著『国家神道』によると、津和野藩では一八六四（元治元）年から寺院の統廃合に着手しています。津和野の国学者たちの思想が藩の政策として結実したのが、一八六七（慶応三）年六月の藩主と藩士の葬祭を神道とすることを定めたことでした。「津和野藩の廃仏、神道化は、藩士を対象にするもので、寺院の整理は行ったが、領民の宗教には直接手を下さなかった」（『国家神道』）ようです。

どれほどの寺院が整理されたのかは資料がなく分かりません。では、寺院整理はどういう方法で行ったのでしょうか。『廃仏毀釈』や『神仏分離』を参考にすると、所々にある仏堂はすべて本寺に合併させ、本寺がないものは最寄りの寺へ合併させたということです。そして寺院の修理や仏具については以降、金銀付きの仏具は一切購入してはいけない、寄付されたものといえども仏具は一切修理してはいけない、といい、寺院の修復も最小限度にとどめ、もし檀家の負担を要する場合は必ず伺い書を出し、藩の指図を受けること、となっています。さらに、禅宗の江湖会、浄土真宗（一向宗）の報恩講や永代経、祖師や先住の年忌といったような法会には多人数の参加を禁止しています。

　僧侶の身分についてはいくつかのケースがありますが、まず合併させられた寺の僧侶は本山への引き取りを命じています。領内の住職が他藩へ移住することは禁止し、僧侶が還俗した場合に奉公を願い出せば召し抱えるという条件を出し、僧侶の還俗を督励しています。また、僧侶が死亡したりして二十カ月以上無住になれば後住は認めないなど、新しく僧侶になる者にはかなりの制限を加えています。

　つまり、現存する僧侶にはなるべく還俗させて現在の僧侶の勢力を削減し、後継者の条件に制限を加えれば、僧侶はいずれ減っていくだろう、という計算です。また借財がある寺でも僧侶が還俗すれば格段の計らいにより残らず棒引きにする特典も与えています。そして、僧侶がお盆のときに行う檀家を回り精霊棚の前でお経を唱える「棚経」を禁止したことは、僧侶の宗教活動への制限でもあるようです。

　そして、純朴なる「人の道」を振興するにはまず、神道を興起することが第一であるとして、「神社を崇敬するためには、一六一七（元和三）年以降に勧請奉祈した不相応の数にのぼる群小神社は、由緒ある古来の社へ合祀して、できるだけ冗費をはぶき、古風によって奉祀すること」による古代への回帰をめざしています。そういう意味では水戸光圀の政策に類似しているとみていいでしょう。これら寺院や神社に対する措置を「転法」と称して、神、仏ともに誠の心で尊敬すれば風水害も流行病も、その他の災害も少なくなろうと諭しています。つまり、民衆の生活の中での悩みごとを解決してくれるという神の効用を具体的な例を取りつつ述べている点は甚だ興味深いことであります。その上、死者の葬祭と年忌については「神葬式」と「霊祭式」および「年祭々文」を作成し、藩士に実行させていました。

　このように津和野藩の神仏分離政策は、寺院の宗教活動に一定の制限を加えて仏教勢力の自然消滅を図る、どちらかというと「緩やかな政策」で、破壊を伴う強硬な手段を取らなかったようです。これが亀井ら同じ人たちの手で、明治政府の神仏分離政策直前に行われたことは、注目に値するでしょう。つまり、明治政府は神仏分離は下部に指示したが、「廃仏毀釈」までは行う気がなかったといえるのではないでしょうか。

第二章　廃仏前夜の日本情勢

一　相次ぐ外国船の来航

「外国船打払令」も効果なし

明治維新の〝負の歴史〟である強制的に仏教の信仰を一部でやめさせる「廃仏政策」、ないし寺院や仏教関係の像や文書などを破壊し、僧侶の還俗を強制する「廃仏毀釈」が行われる直前、日本は社会的にどのような情勢下に置かれていたのでしょう。「鹿児島藩の廃仏毀釈」の本論に入る前にそれを考えてみましょう。

幕末期の日本周辺には、ロシアやイギリス、アメリカなどの外国船が交易や水や食料の補給地などを求めて、また、あわよくば植民地にしようと、次々に来航していました。このため「鎖国」が国是の江戸幕府は、長年続いた太平の夢が破られて大騒動になりました。幕府が打ち出した「外国船打払令」も効果がなくどうしていいか、その対応が見つからないままでした。この騒動で幕府自体が弱体化し、世の中はてんやわんやの大騒ぎになりました。

一方、産業革命を迎えてヨーロッパ各国は、大量生産された工業品の販路拡大の必要性から、インドを中心に東南アジアと中国大陸の清国への市場拡大を急いでいましたが、後にそれは熾烈《しれつ》な植民地獲得競争となっていきました。この競争はイギリス優勢のもとフランスなどが先んじており、インドや東南アジアに拠点を持たないアメリカは西欧との競争のためには、清国をめざす上でも太平洋航路の確立が必要であったようです。また、アメリカは太平洋で油をとるための捕鯨操業を盛んにやっており、そのための航海・捕鯨の拠点（薪・水・食料の補給港）に日本という寄港地が必要だったのです。

まずロシアが先行

日本への接近が早かったのはロシアでした。そのころ、ロシア領に漂着した日本人が多くいたので、ロシアは彼らを通して日本の情報を入手していたのです。そこで、ロシア軍人のラスクマンは一七九二（寛政四）年、エカテリーナ二世の命令で、漂流日本人を日本に帰還させるという名目で、大黒屋光太夫《だいこくやみつだゆう》らを伴って北海道の根室に来航します。大黒屋は江戸後期の伊勢国白子（三重県鈴鹿市）の港を拠点にした回船（運送船）の船頭で、一七八二（天明二）年に江戸へ向かう回船が嵐で漂流し、アリューシャン列島のアムチトカ島に漂着。首都ペテルブルグで皇帝エカテリーナ二世に謁見した男です。

ラスクマンは、翌年に同じ北海道の松前で幕府の役人と会見し、漂流民を引き渡しましたが、同時に通商の開始を申し入れます。幕府は「鎖国」を理由に断りますが、ラスクマンは「長崎入港の許可」を得てからシベリアを経て帰国します。その後一八〇四（文化元）年にはロシア使節レザノフが長崎に来航して通商を要求したり、一八〇六（同三）年にはレザノフの部下が蝦夷地に来寇し、樺太アニワ湾にある松前藩の番所を攻撃し、四人を捕虜として番所を焼き払うなどの蛮行を行ってもいます。

　これに対して日本では一八一一（文化八）年にロシア人の「ゴローニン事件」が発生します。この事件の発端は、ロシアの樺太・千島《クリル》諸島における蛮行に対する日本側の報復でした。江戸幕府は、国後島南西端の泊港に上陸したロシア艦ディアナ号艦長ゴローニン少佐ら六人を二年三カ月間、松前で幽閉したのです。一方ロシアでは、一八一二（同九）年八月、ゴローニン艦長らの消息を知ろうと、国後島周辺で情報収集していた臨時艦長のリコルドが、たまたま付近を航行中の日本の海商・高田屋嘉兵衛らを拿捕してカムチャッカに連行するという事件も発生しています。高田屋嘉兵衛とリコルドとの友情やゴローニン事件については、司馬遼太郎の小説『菜の花の沖』で詳しく描かれています。

　一八二八（文政十一）年には「シーボルト事件」も発生しています。ドイツ人のシーボルトは長崎郊外の鳴滝に塾を開き、日本に蘭医学を広めた人です。シーボルトは日本調査のために資料を精力的に収集していましたが、親交のあった天文学者の高橋景保《たかはしかげやす》らから〝国外持ち出し禁止〟の日本地図を入手したことが発覚し、翌一八二九（文政十二）年に国外へ追放され、高橋ら多くの関係者が処罰されました。

鹿児島周辺にも出没

南の玄関口・鹿児島周辺にも外国船がやってきました。

一八二四（文政七）年七月にはトカラ列島の宝島沖に見慣れぬイギリス船一隻が姿を現し、水夫七、八人が上陸しました。すぐ島役人が現場に駆けつけますが、彼らの話す言葉が分かりません。水夫たちは翌日再び二隻のボートで上陸します。今度は島役人も、彼らの手真似で食料、特に牛を欲しがっていることがようやく理解できました。彼らはコインや小物と牛を交換してくれ、というのです。「牛はやれない」と、米や野菜を与えると、野菜だけ受け取って島役人と握手していったんは引き揚げました。ところが午後二時ごろ、どうしたことか、イギリス人たちは態度を豹変させて鉄砲を持って上陸した上、あちこちに銃撃を浴びせる始末。しかも、本船からも大砲を撃ちかけてきました。さらに水夫三人が村の中に入って乱暴しようとしました。そこで吉村九助が物陰に潜み、グループのリーダーらしき赤い服を着た水夫を撃ち殺しました。これを見たイギリス人たちは一目散に逃げ、やがて本船も姿を消しました。

また一八四九（嘉永二）年正月二十四日には、徳之島町亀津沖に異国船が現れ、二隻のボートで計十一人が上陸したことが『徳之島面縄院家前録帳』に出ています。それによると、通事（通訳）らが応対したところ、アメリカ人やイギリス人など諸外国人が乗船しており、このときはダイコンやカライモなどの食料を与えています。しばらくしてまた、一隻が隣町の伊仙町面縄へ乗り入れ、上陸しました。異国人は、両手の指で牛の角のような形をつくり、牛を要求しました。「牛は持ち合わせがない」というと、「野生でもいい」というので、野生牛を取り寄せて与えています。その代金に銀貨一枚をボートから投げてきましたので、これを与人（島役人）が御座へ届けています。

さらに一八五五（安政二）年五月三日、アメリカの北太平洋探検船ビンセンス号とポルボイス号の二隻が沖縄本島から慶良間諸島を経由して奄美大島の加計呂麻島、奄美市笠利町赤木名、喜界島の測量のために上陸しています。当時、鹿児島藩のお家騒動「お由羅騒動」に連座したとして奄美大島に遠島になり、奄美市名瀬小宿に蟄居していた鹿児島の上級武士・名越左源太《なごやさげんた》も、沖を北へ向かう二隻の帆船を目撃、さっそくその様子を写生して『見聴雑事録』に納めています。

一八三七（天保八）七月、音吉ら日本人漂流民七人を乗せたアメリカ船モリソン号が江戸のノド下である浦賀沖にやってきました。モリソン号は非武装であったものの、これを軍艦と勘違いした幕府は砲撃して音吉らは懐かしい日本を目の前に上陸は叶いませんでした。これに対し、のちに『慎機論』を著した蘭学者の渡辺崋山《わたなべかざん》や、『戊戌夢物語』を著した高野長英《たかのちょうえい》の尚歯会二人らが幕府の対外外交を批判したため逮捕されるという事件（これを「蛮社の獄」という）も起こっています。

このモリソン号は、同年八月に鹿児島湾口の山川沖（浜児ケ水の沖）に再度現れ、九州出身の漂流民の庄蔵らが上陸し、出先役人からねぎらいの言葉を受けました。しかし船に戻ると、翌日船は砲撃を受けることとなります。幕府は「異国船打払令」の方針を持っており、幕府から鹿児島藩に「達し」があったため、砲撃されたようです。結局、モリソン号は漂流日本人を一人も送還できずにまた、出航地のマカオに戻りました。

ペリー艦隊の来航

マシュー・ペリー提督はアメリカの海軍軍人で、東インド艦隊司令官でした。一八五三（嘉永六）年六月に沖縄、小笠原を経由して四隻の黒船を率いて江戸湾浦賀に入港しました。艦隊は、旗艦サスケハナ号（二、四五〇トン）と、ミシシッピー号（一、六九二トン）の二隻が蒸気軍艦、サラトガ号（八八二トン）、プリマス号（九八九トン）が帆走軍艦でした。ペリーは、当時の大統領フィルモアの国書を提出して開国を要求しました。船といえば千石船が一番大きいと思っていた日本人は、その何倍もある黒船に、度肝を抜かれたことでしょう。

この黒船の来航に「太平の眠りをさます上喜撰《じょうきせん》たった四ハイで夜も寝られず」と、江戸中が騒然となりました。「上喜撰」といえば当時の最高級のお茶の銘柄で、これと「蒸気船」をかけたざれ歌です。四隻の黒船は大砲百門があり、日本を脅すため意図的に湾内で数十発の空砲を発射し、その轟音に江戸は大混乱となったのです。そこで老中首座の阿部正弘らは、アメリカ大統領の親書の内容「石炭・食料の供給と遭難民の救助」は認めますが、「通商」はあくまでも拒否と回答しました。ペリー一行はいったん退去しましたが、翌一八五四（安政元）年四月に再び来航し、伊豆・下田で十二条からなる「日米和親条約」が締結されることになるのです。当時の幕府は第十二代将軍家慶《いえよし》と第十三代将軍家定《いえさだ》の交代時期でした。家定の正室は鹿児島出身で、のち江戸城無血開城と徳川家の存続に功績があったといわれる、テレビ大河ドラマでおなじみの天璋院篤姫《てんしょういんあつひめ》です。

その後、伊豆・下田の了仙寺へ交渉の場を移し、五月二十五日に同条約の細則を定めた全十三条からなる「下田条約」を締結しています。これで日本は徳川家光以来（一六三九年＝寛永十六年）二百余年続いた、いわゆる「鎖国」が解かれたことになりました。

しかも幕府は世論を省みずに条約を締結したため、天下の有志は憤然として立ち上がりました。国是問題を論ずることになれば、当然のこととして、国民に排他思想と愛国心が芽生えることになります。幕府が窮地に追い込まれ愛国心や攘夷論が高まるにつれて、インドで生まれ、中国大陸・朝鮮半島を経て日本に定着した仏教もまた、外国のものとして国粋主義者の槍玉に上がり排斥されやすくなったのです。

二　国学の隆盛と平田神道

神道の皇典にあらず

江戸中期になると、国学が盛んになりました。国学というのは、わが国固有の道を明らかにしようというのが建前の学問です。国学を志す人たちは『古事記』や『日本書紀』『古語拾遺』などの研究に励みました。それらは儒学者や仏教者の誰でも読むものであり、本来は神道における皇典ではありませんでした。彼らはつまり『万葉集』や『古今集』などに集められている古代人の歌や古典を調査し、歌道を復興させた人びとです。それは思いのままに感動を述べる歌の道でもあったわけです。それが江戸後期には、平田篤胤が国学者の本居宣長《もとおりのぶなが》の研究書『古事記伝』などを自分流に解釈して平田神道を起こしてから、国粋主義的な世相を反映して仏教を廃止し、古来の神道を国教とする廃仏論に変質して、急速に広まったといわれます。

国学へのあこがれ

　国学といえば本居宣長を思い出します。宣長は『古事記伝』を完成した三重県の松阪本町生まれの医者です。宣長は二十三歳のとき京都へ上り、五年半の間、医学を修めるかたわら、古典や和歌などについても勉強しています。この間、宣長は勉強一途というわけでなく、友人たちと四季折々の京の町で大いに青春を謳歌し、京都遊学を終えて、帰郷して町医者になったようです。そうして宣長は一七六三（宝暦十三）年に松阪日野町の旅館・新上屋に宿泊中の、かねてから尊敬していた国学の先駆者・賀茂真淵《かものまぶち》との対面を果たします。これが後に「松阪の一夜」として知られる真淵との出会いです。この会見中に宣長は古事記研究の志を告げて、真淵に入門しています。

　翌明和元年、宣長三十五歳のときに念願の古事記の研究に着手し、実に三十五年の歳月をかけて、一七九八（寛政十）年、六十九歳で古代史研究の集大成である全四十四巻の『古事記伝』を完成させています。宣長は、『古事記伝』の他にも随筆集『玉勝間』などいくつかの著作を残していますが、『源氏物語玉の小櫛』の中で、人間のありのままの素直な感情を「もののあわれ」と名づけ、この「〝もののあわれ〟を表現することこそが文学の生命だ」と説いています。こうした宣長の文学観は、形式を重んじる武士社会に対し、自然で明るい精神にあこがれた宣長の思想を対照的に際立たせたものです。宣長を古事記研究にかりたてたのも、そうした素朴で自然な古代人の心への尽きない思いによるものかも知れません。宣長の『古事記伝』には、〝神代の巻〟の神々を仏典による仏・菩薩のように解釈し、むしろ大昔から脈々と伝わる自然情緒や精神を第一義とし、外来的な孔子の教えを「自然に背く考えである」と批判し、中華文明や思想を尊重する儒学者の荻生徂徠《おぎゅうそらい》をも批判しています。これが、平田篤胤のように、儒学や仏教など外国からもたらされた価値観を一切排除し、純粋な日本文化を主張するような人たちを触発したのかも知れません。宣長は『古事記』や『万葉集』『古今和歌集』など古文献を研究対象にして、純粋に日本思想の発展と復古をめざしました。こうした国学を追究した人は他に真言宗の僧侶・契沖《けいちゅう》や賀茂真淵がいますが、篤胤は山崎闇斎《やまざきあんざい》同様、日本の古典を研究しつつ、古代からの神道思想の体現に、より深いエネルギーを傾注した人でした。

平田神道といわれる復古神道の教祖・平田篤胤は、本居宣長の門人を自称し、国学を神代学と唱えて尊王復古を主張しました。平易な言葉で分かりやすい彼の主張はたちまち全国の神官らに広まり、その門人たちは一時、明治維新政府の中枢の座を占めるまでになり、明治変革期の精神的指導勢力となって、平田神道の思想はやがて神仏分離や、鹿児島のように徹底した「廃仏毀釈」にまで突き進みました。

平田神道

篤胤は、一七七六（安永五）年、秋田・佐竹藩士の四男の子として生まれました。幼少時は父から下僕のように扱われ、二十歳のとき故郷を捨てて江戸に出奔し、二十五歳で備中国（岡山県）松山藩士・平田篤穏《ひらたあつやす》の養子となります。本居宣長の著書を読み、独学で国学を志し、さらにその弟子入りを希望しますが、宣長はすでに篤胤が宣長の著作に出会った二年前に他界しており、門下生で宣長の嫡子・春庭への書簡で「夢の中で宣長さまにお会いし、弟子入りを許された」と記して、宣長没後の門人を称して研究活動を続けました。

篤胤はこの「夢の話」にも見られるように、神秘性を重視する性癖があり、その研究は宣長の国学から、わが国古来の神秘性を追求する方向に傾斜していきます。一八一三（文化十）年に刊行した『霊之真柱《たまのみはしら》』は、宣長の影響下を脱し、独自の見解を打ち立てた著作でした。

篤胤は、宣長らのように他界は現世とは切り離された全く別のところにあるとは考えませんでした。黄泉《よみ》の国の存在は認めましたが、死者の国ではないとしていました。篤胤は、現実に行われている習俗などから類推して、死者の魂は、死者の世界に行くが、その異界は現世のありとあらゆる場所に偏在しているとしました。つまり神々が神社に鎮座しているように、死者の魂は墓上に留まるものだという考えです。現世からはその霊界を見ることはできないが、死者の魂はこの世からは離れても、人々の身近なところにある幽界におり、そこから現世のことを見ているというのです。彼らは祭祀を通じて生者と交流し、永遠に近親者・縁者を見守っていくのだと考えました。これは近代以降、民俗学が明らかにした日本の伝統的な他界観に非常に近いもので、逆にいえば、民俗学は国学の影響を強く受けているということでもあるのです。

しかし、この本の中で述べている篤胤の幽冥観（死後の行方）についての論考は、「亡き宣長先生を冒涜《ぼうとく》している」として、本居学派の門人たちを憤慨させてもいます。

篤胤によると、幽界は大国主命が司る世界だといいます。この大国主命の幽界主宰神説は、篤胤以降、復古神道の基本的な教義となります。篤胤はその後、死後安心論を展開し、宗教化して壽・道・洋の知識を用いて古伝説を再編し、神道を完全な宗教として立ち上げました。

篤胤の論が神秘性から始まり、国学の宗教的側面、すなわち神道へと最終的にたどりついたのは自然の流れであり、そしてついに、いきなり飛躍した神がかり的な結論を導き出しています。それは「この地球上で、日本こそが唯一無二の神の国であり、儒教や仏教、キリスト教も神道から派生したものに過ぎない」とする狂信的な日本至上主義的な考え方です。しかもこの考え方の重要な側面は、地球上最大の神の子孫である天皇に絶対的忠誠を誓う、というところにあります。これが天皇を中心とする強力な中央集権体制をめざす明治政府にすんなり受け入れられたのです。

日本沿海に外国の艦船が出没し、幕藩体制も揺らぎ始めて、国内外の激動を予感させるこの時代、おかしくて面白く平俗に語られる篤胤の語り口や著述は、彼の行動的アジテーター性質も手伝って、たちまち神官はもちろん、尊王を標榜する一部の藩主や武士階級にも広がり、篤胤没後の門人は全国で千三百三十人になったといわれます。

平田神道は後に水戸学派にも強い影響を与え、水戸藩は廃仏のさきがけになりました。篤胤は明治維新を待たず一八四三（天保十四）年に六十八歳で病没しましたが、彼の門下生たちは、明治政府の神祇官判事に任じられた彼の養子・平田鉄胤《ひらたてつたね》を中心として教団のような形になり、大国隆正《おおくにたかまさ》、玉松操《たままつみさお》、矢野弦道《やのはるみち》らが、岩倉具視《いわくらともみ》ら明治政府の推進者を精神的に指導する役割を果たしたのでした。また、現代の神道家の中には、篤胤のことを惟神の道の宗祖のようにあがめ「比類まれな大聖人」とし、平田の学は「気概をこめた神代学であり、古道学であり、帝王学であった」とする人もいます。

三　僧侶の破戒堕落

堕落僧の発生

江戸幕府はキリシタン禁制を理由に、宗旨人別帳を僧侶に委ねて厚遇し、一方庶民は、伝統的な祖先以来の習慣を守って寺院関係を重んじ、寺院のためには資力を惜しまなかったため、多くの寺院は外見上は繁盛しました。他方で、僧侶は檀家の葬式を営み、法要に頼まれて読経し、ある者は定日に信者を集めて説教をする程度だったようです。日ごろは夫婦喧嘩の仲裁や姑から嫁の悪口を聞くなど住民の相談役になり、意識のある者は寺子屋を開き社会事業をすればいい方でした。

社寺の門前は遊楽の中心となった所も多く、比尾根安定氏著『日本宗教史』には、ある堕落僧の告白として「当時の僧侶にして女犯・肉食・飲酒せざる者皆無」という記録が残っていると記されています。そればかりではありません。次にあげるような大奥を巻き込んだ僧侶の色恋事件まで発生する体たらくで、幕府をはじめ、一般庶民も一部僧侶のその破戒堕落ぶりを嘆いています。数々の僧侶の破戒堕落が、その後の「廃仏」ないし「廃仏毀釈運動」を招く遠因の一つになったといってもいいでしょう。

僧侶が女犯で死刑になった「延命院事件」

役者である初代菊五郎は、江戸後期に京都や江戸で大人気の歌舞伎の女形でした。その息子・丑五郎は、十六歳のころに役者デビューし、菊五郎の一座にいましたが、その後不幸な事件が続いたので、出家して名前を「日潤」と改めて江戸・谷中の延命院の僧侶になります。延命院はいまでもJR日暮里駅近くの西日暮里三丁目にあります。人気役者だった日潤は僧侶になっても御目麗《みめ》しく、「美男子のお坊さんがいる」と延命院は有名になり、参る人が多く、お賽銭もうなぎのぼりだったといいます。

さて、ここで出てくるのが日潤の元カノの「お梅」という大奥女中となっていた女性です。お梅が江戸城内の大奥仲間に「今大人気の延命院の日潤は、私の元カレなの」といっているのを、御本丸中老・梅村が聞きつけ、表面は参詣という形で日潤に会いに行きましたが、これがまた日潤に一目惚れしてしまったから大変です。日潤は長く芝居界にいたので、僧侶の品と俳優の艶とを併せ持った眉目秀麗な坊主で、参詣の男女を悩殺するには十分でした。なんと梅村はその日のうちに日潤に迫り、肉体関係を持ってしまいました。

ここで悪知恵をさずけたのが延命院の雑用係の柳全です。「これはカネになるんじゃねえか?」と、日潤に女性を誘惑してカネをもうけることを勧めます。美男子の日潤と寺男の柳全は女を〝色〟でつり、大奥女中らに無病息災の祈祷料と称して多額の寄進を要求して、女を犯しておカネをもうけまくりました。それは僧侶にあるまじき悪行ぶりでした。しかも〝祈祷〟の結果、身重になった者には、莫大な祈祷料を科して堕胎薬を与えた、といいます。大奥女中は万事承知の者が多かったが、もし反抗する者には、寺侍が長崎で手に入れた南蛮渡来の眠り薬や媚薬を用いて眠らせ蹂躙したようです。まさに延命院は〝淫蕩の殿堂〟と化したといいます。

あまりの延命院の人気の凄さに疑問を持った幕府は、社寺奉行の脇坂安董《わきさかやすただ》が竹川という大奥女中にスパイをさせて延命院の不正をあばきました。おおかた事実を掴んだ脇坂は、一八〇三（享和三）年五月二十六日暁の七ツ（午前四時ごろ）に町奉行配下の与力、同心とともに延命院に踏み込みました。寺院のどんでん返しや隠し戸装置のある地下の秘密部屋には、日潤と柳全ら全部で十人の男女が、参籠と称して淫らな夢を貪っていました。そして日潤や柳全を逮捕し、女性たちを検挙しました。調べが進めば進むほど多くの大奥女性が関わっていたため、ヘタにほじくり返すと、幕府そのものを揺るがす大騒動になってしまう恐れもあったため、脇坂の裁断は、日潤が四十歳で死罪に、柳全は晒しの上、品川で磔《はりつけ》にしましたが、他の大奥女性たちは概ね穏便に処理することになりました。

脇坂安董は播磨・龍野藩（いまの兵庫県）の藩主で、もともと外様大名でしたが、異例の起用で幕府の寺社奉行に任命された男でした。この谷中・延命院事件や西本願寺の教義をめぐる争論で知られる「三業惑乱《さんごうわくらん》」問題などで名裁きをしたことで知られています。三省堂の『大辞林』によると、「三業惑乱」とは、江戸時代、浄土真宗本願寺派に起こった教義理論をめぐる紛争で、学林の学僧を中心に、身口意の三業をあげて帰依の儀式を行うことが必要であるとする三業帰依の学説が広がりましたが、それを異端とする主張が生じて対立しました。宗派内では解決できず、一八〇六（文化三）年幕府の裁断で三業帰依は異端説と定められた、といいます。この幕府の裁断をしたのが脇坂でした。

寺社奉行は、勘定奉行や江戸町奉行とともに「幕府三奉行」といわれる政治機構の中枢ですが、数ある奉行の中で、寺社奉行は大名が勤めることになっていて、格が最も高いといわれた役職でした。脇坂安董が寺社奉行に就任したのは一七九一（寛政三）年三月だったといいます。

ところで、お梅が〝元カレ〟というように、お梅は大奥女中に上がる前から役者時代の丑五郎（日潤）と交際していました。ところがお梅を好きな伝吉という男が「俺の女に手を出しやがって！」と、出刃包丁を片手に押し入り、丑五郎と見誤って父親の菊五郎を殺めてしまいました。人気役者を失った一座は一時、人気が落ちたといわれます。これを気の毒に思ったのが五代目市川団十郎です。丑五郎を主役に抜擢し「忠臣蔵」を上演します。これを観劇した谷中・延命院の住職・日寿はすっかり丑五郎の大ファンになりました。

その後、丑五郎は大坂にいる母親に呼ばれて大坂へ。ここで役者・嵐鶴助の後家が丑五郎のことを大変気にいってしまいました。これに嫉妬した嵐家の番頭が出刃包丁を持って丑五郎のもとへ。すったもんだの格闘の末、誤って番頭は自分の腹を刺し死んでしまいました。それは菊五郎の一周忌の夜の出来事でした。

二度も刀傷沙汰になり、わが身の因果を悟った丑五郎は仏門に入ることにし、延命院住職の日寿のもとに身を寄せることになりました。仏門に入るといっても、最初は日寿の男色の相手だったといいます。丑五郎は日寿の死亡後に「日潤」を名乗り、谷中・延命院の僧侶に就いたのです。

延命院は、西日暮里駅田端寄りの出口を山手線の内側の方へ出ると、陸橋から続く広い道になっていて、そこの坂の手前右手にあります。その坂を下りて行くと谷中銀座に出ます。不名誉な事件だから、境内に延命院事件を偲ばせる碑や掲示板はありませんが、ただ参道の突き当たりの本堂の右側に、小さな墓石が二基あり、右中央に「享和三癸亥《みずのとい》七月廿九日」、その下右に「十一月三日、教善道」、同左に「慈正目勇法師　文政十丁亥《ひのとい》五月廿七日」、左側に、「堅持院目深栄之」と書いた供養塔が立っているだけ。事件のことは類推するしかありません。

僧の野望が渦巻いた「智泉院・感応寺事件」

日蓮宗の僧侶・日啓は貧しい祈祷僧から出発します。そうして下総の日蓮宗・法華教寺の末院・智泉院の住職となり、隠し妻に沢山の子どもを生ませた〝生臭坊主〟でもありました。その子どもの一人にお美代という美貌の持ち主がいました。幕府の側用人の中野清茂は智泉院の檀家でした。お美代の美貌に注目した清茂はお美代を自分の養女とし、やがて大奥に入れました。中野は「お美代が将軍の寵愛を受ける身になったら自分の地位も上がる」と内心思ったのでしょう。

この中野の「目算」は見事に的中し、第十一代将軍家斉《いえなり》の目に止まったお美代は、たちまち御中臈《ごちゅうろう》の一人となり、将軍の寵愛を受ける身にまで出世しました。御中臈とは、将軍の身辺をお世話する側室のことで、家元や器量のよい女性が選ばれました。家斉のお美代の方への寵愛が増すごとに養父の清茂も江戸城内で昇進していきます。美貌のお美代を見込んで養女にしたのは、清茂にとっても大正解でした。

あるときお美代の方が、夜の寝物語で家斉に「智泉院を将軍家の祈祷所にしてー、ねえ、お願い！」と甘え声でおねだりすると、鼻の下を長くした家斉は「ああ、よかろう」の二つ返事で承知するのでした。地方の日蓮宗末寺が、突如として将軍家の三番目のご祈祷所になるのです。人々を驚かせたのはいうまでもありません。その後、実父の日啓も家斉がお美代の方を寵愛すればするほどに、栄華を極めます。いまや時の人です。

将軍家の祈祷所となると、奥女中が江戸城から智泉院の参詣に通うようになり、日啓は彼女らの信心を一身に集めます。日啓はこれらの大奥女中の宿泊所を造り、大小三十ほどの部屋を構えました。奥女中たちは参詣のため、一泊二日の日程で片道七里（二十八キロ）の道もいとわず、先を争って智泉院をめざします。接待役の僧侶たちもそのあたりは十分承知で、加持祈祷と称して手練手管を使ってお女中連の夜の相手を努めるのでした。だからきな臭い噂があちこちで聞こえてきました。日啓ら〝色坊主〟のテクニックが彼女らを夢中にさせたからでした。大奥たちの智泉院参詣で寺は大繁盛します。智泉院が大奥女中たちを引き付けたのは、説教の巧みさと怪しげなこの〝ご祈祷〟によるものだったといいます。お美代の方は家斉を動かして、法華経寺の境内に徳ケ岡八幡を勧請し、ご朱印五十三石を付けて新たに建立された守玄院《しゅげんいん》の別当に日啓がつき、智泉院はその後、お美代の方の甥にあたる「日尚」が引き継ぎました。

　娘が親の日啓を気遣ったのか、日啓が娘を利用したのかはよく分かりませんが、とにかく将軍を操って国家権力を悪用したのは明らかでしょう。人間の欲望は限りがありません。日啓はさらに、廃寺になっている江戸・谷中の「感応寺」に目をつけました。上野寛永寺（天台宗）や芝増上寺（浄土宗）のように、第三の将軍家菩提寺にしたいという野望があったからです。お美代の方も将軍の御霊屋《みたまや》を建てることに賛同して、さっそく家斉にせがみ、雑司ケ谷鼠山《ぞうしがやねずみやま》の安藤対馬守下屋敷三万坪をもらい受け、一八三六（天保七）年に七堂伽藍を備えた壮麗な「感応寺」を二年がかりで再建しました。

　感応寺は江戸城からも近い上に、大御所・家斉のお声がかりとあって、一躍江戸で有名になり大奥女中はもちろんのこと、御三家や御三卿など徳川一門から大名の家族に至るまでこぞって参詣に訪れるようになりました。寺側も若い美僧侶ばかりを集めてサービスに努めたから、智泉院以上に大繁盛していました。僧侶の中には役者に勝る美男子もおり、その上美声で、流れるような説教に参詣者は夢うつつになりました。そればかりではありません。大奥から感応寺へ寄進する物と称して奥女中らが「長持ち」の中に入り寺へ運び込ませて、寺の密室でほしいままに僧侶と密通するという艶聞も耐えません。

　ついに一八四一（天保十二）年正月、およそ半世紀にわたって政権の座にあった大御所の家斉が亡くなりました。かねてから智泉院や感応寺のいかがわしい噂を耳にしていた老中の水野忠邦（「天保の改革」で有名）は、二つの寺があまりにも醜い状態になったので同年五月に、寺社奉行に新任したばかりの阿部正弘に摘発を命じ、僧侶の日啓と日尚を捕らえ遠島を申し渡しましたが、日啓、日尚とも刑の執行前に牢死しています。

　ところで阿部正弘が調べたところ、両寺とも多くの大奥らが関わった一大スキャンダル事件であることが分かりました。しかし、さすがの阿部も大奥や大名の奥向にまでは手が下せません。下手にほじくり立てて、事件がとんでもない方向に広がる恐れもあったためのようです。

事件後、智泉院と感応寺は取り潰しになりましたが、これしきで参るようなお美代の方ではないようでした。大御所の「御遺命」と称するお墨付きを盾に、第十二代将軍家慶《いえよし》を隠居させ、鹿児島の篤姫の夫となる世継の家定を十三代将軍につけるとともに、自分が生んだ溶姫《やすひめ》の子前田犬千代を世継し、十四代将軍に擁立しようと企てました。

しかし、家斉の正室・広大院を担いで、「御遺命」なるものを公表してもらおうとお墨付きを渡したことが命とりになり、かねてからお美代の方の専横を不快に思っていた広大院は、それを陰謀の動かぬ証拠として十二代将軍家慶に伝えたため、大御所派の旧勢力は罷免され、お美代の方は娘の嫁ぎ先の前田家への「押し込み」を命じられています。「押し込み」とは江戸時代の刑罰の一つで、一室にこもらせて出入りを禁ずる刑です。外様の前田家から家斉の外孫を迎えて将軍につけることなど土台無理な話ではありません。

ここで紹介した悪徳僧侶たちは、多分、僧侶のごく一部の話でしょう。多くの僧侶は真面目に本来の僧侶としてのお勤めをしていたに違いありません。しかし、特に文化文政時代は退廃と爛熟の世相であるとはいえ、妻帯を禁じられている僧侶が梵妻《ぼんさい》または「大黒」と称して「隠し妻」を持ち、子どもまでもうける者や、隠し妻はいないが男色に耽る者、夜ごと色町に通う者など「僧侶の性の乱れ」がみられたというのです。

また尼僧が堕落して比丘尼《びくに》になり、春をひさぐ者もいました。幕府は、黒い頭巾で頭を包み二人ずつ組んで遊行し、男の袖をひく比丘尼の弊害を早くから認め、一七四三（寛保三）年には「勧進比丘尼が華麗な衣装を着て売女体に紛らわしきことをするは不届きゆえ、宿する者あれば早々訴えでよ」という触れ書も出しています。当時は男女の僧侶とも一部で戒律はないも同然だったといいます。

四　落語の祖は和尚さん

『醒睡笑』書いた策伝

それまで貴族など一部の特権階級に独占されていた仏教ですが、十二世紀になると、法然が庶民にも分かりやすい浄土宗を興しました。しかし、文字の読めない庶民に、極楽浄土の教えを伝えるためには、僧侶が民衆の中に入って身近で面白く、おかしな「とんち話」など、退屈させない話をし、聴衆の関心を引き付けてから、仏の道を教える説教が欠かせません。だから鎌倉仏教が入ってきてからの僧侶は、説教のうまさが信者獲得のカギだとして、ひたすら話し上手を目指しました。

その中で安土桃山時代から江戸時代前期にかけての浄土宗の僧・安楽庵策伝《あんらくあんさくでん》和尚は、笑い話が得意で、説教にも笑いを取り入れて人気を呼び、集めた話一千余をまとめた『醒睡笑《せいすいしょう》』を一六二三（元和九）年に書き残しました。この『醒睡笑』の中から、話のうまい人たちがお寺や神社の境内などで演じたのが落語の始まりで、策伝は「落語の祖」といわれるようになりました。現在、毎年十月初旬の日曜日に催される「策伝忌」にはプロの落語家が、京の誓願寺で一席話して策伝の霊に捧げるのが慣例になっています。寺の人の話では、この他毎週日曜日夜になると、落語の素人集団が寺の境内で噺《はなし》を披露するようです。

策伝は一五五四（天文二十三）年生まれ、美濃（岐阜県）出身で浄土宗西山派の説教僧。各地に寺を創建・再興し、西山派の大本山・京都誓願寺五十五世法主にまで上り詰めた名僧です。文禄のころ（一五九〇年代）、大坂の堺では茶人で話の名手として、曾呂利新左衛門《そろりしんざえもん》らとともに太閤秀吉の寵《ちょう》を受けた、ともいわれます。江戸時代になって「小僧のときより　耳に触れ　おもしろく　をかしかりつる事」を反故《ほご》の端に書きとめ置いた千余話を八巻にまとめ、当時の京都所司代の板倉重宗家に贈ったのが『醒睡笑』です。誓願寺は京都随一の繁華街・新京極の一帯に広大な寺地がありましたが、いまは廃仏毀釈で本堂だけが残っています。策伝にちなみ芸道向上を祈って扇子を奉納する慣わしが今も続いています。平成十八年六月にはプロの落語家で六代目の柳家小さん師匠が大きな扇子を誓願寺に奉納しています。

『醒睡笑』の中に「祝い過ぎるも異なること＝縁起の担ぎすぎの失敗」や「名付け親方＝変な名前をつける名付け親」「空＝愚か者の笑い」などがありますが、中でも現代落語の「牛ほめ」や「かぼちゃ屋」「子ほめ」「寝床」などは『醒睡笑』にすでに載っています。落語は最後に話の〝オチ〟を使うという特徴があります。この手法はすでに策伝も用いており、原文の「子どもは風の子」を例にあげると、

「わらべは風の子」と、知る知らずに、
世にいふは何事ぞ。

「ふうふの間なればなり」

現代風に直すと、「子どもは風の子」とはなぜいうのだろうか。それは「ふうふ」の間に出来た子、「風風」だからです。ついでにいえば、一つの布団の中で、「フーフー」いいながら、つくった子だからです――といった具合です。

落語の六代目柳家小さん師匠が奉納したサイン入り扇子＝誓願寺で

近年では「策伝大賞全日本学生落語選手権大会」が落語の祖・安楽庵策伝の出身地である岐阜市で毎年開催されています。二〇〇八（平成二十）年三月の第五回大会には、全国の三十七大学の「オチケン（落語研究会）」から百四十八人の学生が参加し、策伝賞の文部科学大臣賞には筑波大の香車亭梅春《やりていうめはる》（本名・羽鳥広平氏）の「青菜」が選ばれました。いまや大学の〝オチケン〟がプロの噺家《はなしか》の供給源になっています。

三都で落語の祖誕生

山本進氏著『落語の歴史』によると、落語が「高座《こうざ》」で演ずる噺家が登場するまでに発展したのは、その後の天和・貞享のころ（一六八〇年代）で、京都、難波（大坂）、江戸の三都に「落語家の祖」と称すべき人たちが現れています。京都では日蓮宗の談義僧だった露の五郎兵衛が祇園・真葛ケ原《まくずがはら》や北野天神などで、辻噺《つじばなし》（街頭や神社の境内などでする噺の興行）を演じて評判をとりました。彼は「上方落語の祖」とされています。少し遅れて難波では米沢彦八が生玉《いくたま》神社境内で「当世仕方物真似《とうせいしかたものまね》」の看板を出して辻噺を興行して、「大坂落語の祖」といわれたようです。一方、江戸では塗師《ぬし》職人だった鹿野武左衛門《しかのぶざえもん》が、やはり天和・貞享から元禄（一六八〇年代）にかけて、「座敷仕方噺」を得意として諸家に招かれる一方、小屋がけで辻噺も行ったといわれ、これが「江戸落語の祖」と呼ばれるようになりました。

以上のように、大衆芸能の落語は元々僧侶の説教から生まれましたが、江戸や上方に高座が次々に誕生して、策伝が書いた『醒睡笑』に載っている人情話やとんち話などをもとに、さらに洗練された噺に発展していきます。落語が大衆に広まるにつれて僧侶の不祥事も次々と重なるご時世でもあり、同書に載っている「無知の僧＝お経もろくに読めない坊主の話」や「清僧＝女性と交わる罪を犯さない坊主の話」「若道知らず＝男色のおかしさ」など〝僧侶と性〟を世相にあった話として落語に取り入れるようになり、ひいては「くそ坊主」「坊主憎けりゃ袈裟《けさ》まで憎し」などという流行語が生まれ、人々がはやし立てるようになって、僧侶の社会的な地位も自ずから下がっていったのではないかとも思えますが、いかがでしょうか。

五　「ええじゃないか」と乱痴気騒ぎ

世相不安な時代

第十五将軍慶喜《よしのぶ》が朝廷に大政奉還する少し前の不安定な社会であった一八六七（慶応三）年八月、空から神札が降ってきたという〝うわさ〟が突然起こります。この〝うわさ〟をきっかけに仮装した民衆が一斉に町に出て「ええじゃないか、ええじゃないか」と連呼しながら踊りまくる大衆狂騒が、東海道から畿内にかけて広い範囲で起こりました。明治維新が始まろうとする大変革期のころです。『歴史のミステリー六七号』によると、この騒動は同年八月から東海道三河国の牟呂村付近（現・愛知県豊橋市）に起こったのをきっかけに、東海道を東進し、さらに甲州、関東に、西は近畿、四国から中国道まで、翌年四月までに野火のようにまたたく間に広がった不思議な民衆の乱痴気騒ぎだったようです。これを「ええじゃないか騒動」といいます。

一説には、「神札の降下は人為的なものであり、江戸時代に農村にあった〝お陰参り（お伊勢参り）〟の伝統を利用した討幕派が大衆操作した狂騒」という話があります。「世直し」に期待もあり広がっていったというのは事実らしいですが、その真偽の程はまだ解明されていません。

ペリー来航以来、大地震や大雨が相次ぎ、一八五八（安政五）年にはコレラが流行し、人々は恐怖状態に陥っていました。そんな社会不安のときに愛知県豊橋市の牟呂村や吉田城一帯に、伊勢神宮や秋葉神社などの神札が降下したといいます。神札だけでなく、仏像やお金など多様なものが舞い降りたといわれ、民衆は「何かいい知らせに違いない」と熱狂しました。民衆はこれを世直しとみたて、紅白の手ぬぐいや赤頭巾を身につけ、男性は女装を、女性は男装をして、古歌を歌いながら「ええじゃないか、ええじゃないか」を大合唱、鎮守の社にこの神札を納め、その道すがら踊りまくりました。また金持ちの家に上がり込んだり、通りがかりの侍まで巻き込んだといいます。神札が降下した家では、食べ物やお酒を用意して民衆に振舞ったということです。踊り疲れて眠くなったらその家で眠り、目がさめたらまた、踊り狂ったそうです。

「ええじゃないか」の歌で有名な歌詞をあげると、

日本国の世直しはええじゃないか
豊年踊りはめでたい
お陰参りすりゃ　ええじゃないか
はあ、ええじゃないか

さりとては　おそろしき　年うち忘れて
神のお陰で踊り　ええじゃないか
日本の世直しは　ええじゃないか
豊年踊りは　めでたい
日本国へは　神が降る
唐人屋敷にゃ　石が降る
ええじゃないか　ええじゃないか

歌詞の内容は、地域によって少しずつ変化しており一律ではありません。

薩摩武士も見学したという、「ええじゃないか」の乱舞があった京都・鞍馬口付近

この「ええじゃないか」の大狂騒は一帯から近隣にまたたく間に広まりました。京都には早くも同年八月中旬、鞍馬口で「いま流行の踊りがある」と聞いた鹿児島藩士たちが見物した（南和男氏の論文『京都の〝ええじゃないか〟』）とあるそうです。鞍馬口にある出雲路鞍馬口は、京都と諸国とを結ぶ主要街道の出入り口である京の七口の一つで、この辺りに古代

に製鉄技術の高い文化を誇っていた出雲族の集落があったといわれています。

慶喜が朝廷に大政奉還した十月になると京・大坂の庶民の「ええじゃないか」がさらに激増し、やがて近畿一円に、さらに山陽道を西進し、備後、美作付近（岡山県）まで、海を渡って四国は土佐（高知県）まで、東は相模（神奈川県）、武蔵（東京都）まで、さらに長野県松本まで広がっていきました。そうして翌年四月二十二日の丹後寺村（京都府）を最後に沈静化しました。

「ええじゃないか」の発祥の地・豊橋市では、地域おこしの起爆剤にしようと、二〇〇六（平成十八）年十月二十一日の「豊橋まつり」から、同市出身の俳優マツケン（松平健）の「マツケンのええじゃないか」のリズムに合わせて踊る「平成のええじゃないか」で、跳んだりはねたりの乱舞を繰り広げています。

仕掛人は討幕派？

このように民衆が狂騒した「ええじゃないか騒動」でしたが、その原型は江戸時代にはやった伊勢神宮参りの「お陰参り」に関連するような気もします。お陰参りブームは、一六一七（元和三）年と一六四八～五二年（慶安年間）、

一七〇五（宝永二）年、一七七一（明和八）年、一八三〇（文政十三・天保元）年というようにほぼ五、六十年周期で到来しています。一生に一度は伊勢神宮にお参りするのが夢だった民衆が、伊勢へ伊勢へと繰り出す現象は、自然発生的に起こったといわれます。享保年間の日本の人口は統計では約二千二百万人であったといわれますが、文政十三年の三カ月間で約五百万人が伊勢に押しかけたそうです。人口の約五分の一弱が伊勢に押しかけるとは異常です。

　お陰参りは江戸のバブル期後の抑圧された世相の下で打ちこわしを避けるための〝ガス抜き〟の意味もあったという説もあります。お陰参りに参加する者に対しては、大商人が店舗や屋敷を開放して弁当や草履の配布も行ったともいわれます。

　鹿児島の民衆もお伊勢参りが一生の夢とみえて、南さつま市の大浦町や笠沙町、加世田南部一帯にお伊勢講の民俗行事がいまも残っており、代参者のお伊勢参りの道行き（馬方踊り）の模様などが演じられています。

　当時、幕臣の一人で後、東京日日新聞（毎日新聞の前身）の記者になって西南戦争の従軍記者として戦況を明治天皇に奏上した福地源一郎（一八四一～一九〇六年）は、「この御札降りは京都方の人々が人心を騒擾《そうじょう》（騒動と同義語）せしむる為に施したる計略なり」としています。しかし、現在のところ「ええじゃないか」に討幕派が関与したことを裏付ける決定的な史料はない、というのが実情です。

　一方、やはり討幕派が仕掛けたとする説も捨てがたいものがあります。その説の論拠のひとつは、「ええじゃないか」が〝起きた範囲と時間の不自然さ〟にある、と『歴史のミステリー六七号』は指摘しています。例えば、この騒動は江戸まで広がっていたことが確認されていますが、西は有力な倒幕勢力の一つである長州藩の手前で止まっています。その上、安芸国（広島県）尾道の「ええじゃないか」は、長州の軍勢が京都へ向けて動き出した十二月一日の翌日に始まっています。しかも全体的にみても、「ええじゃないか」のピークは大政奉還から王政復古のクーデターまでの一八六七（慶応三）年十月から十二月に重なっており、翌年に入ると急速に下火になっているのです。これは、討幕派が「ええじゃないか」を煙幕として利用し、幕府派の目から自らの行動を隠したことを証明するものではないか、と『歴史のミステリー六七号』は論じています。

　先に、討幕派が関与したという決定的な史料はない、と述べましたが『歴史のミステリー六七号』は、黒幕として動いた人物も推定しています。それは西郷隆盛（一八二七～一八七七年）の配下で、江戸市内を意図的に混乱させる工作をしていた鹿児島藩士の益満休之助《ますみつきゅうのすけ》（一八四一～一八六八年）

や伊牟田尚平《いむたしょうへい》（一八三二〜一八六八年）らです。「彼ら討幕派の志士は民衆の心理に通じており、事を有利に運ぶのに巧みに民衆の力を利用し、自ら進める〝世直し〟を宣伝するためにアイデアを絞り出した、というのです。また、長州藩士の品川弥二郎《しながわやじろう》（一八四三〜一九〇〇年）らが考え出した官軍の錦御旗《にしきのみはた》などは「天皇と官軍の存在」を民衆に強烈にアピールし、討幕派の勝利を決定づけました。いわば、彼らは人心誘導作戦を受け持つ専門家集団だったといえるでしょう。

この「ええじゃないか」について村上重良氏は、『国家神道』（岩波書店）の中で、「ええじゃないか騒動は、二世紀半におよぶ幕藩体制支配からの解放を求める民衆のエネルギーの目標を見失った爆発であり、農民、都市民のたたかいは、アマテラスオオミカミの霊威への幻想と期待にそらされていった」として、「この騒動は、幕末の神道興隆の、民衆レベルでの総決算であった。この宗教的興奮と狂騒が去ったときは、伊勢の神はすでに民衆の現世利益神アマテラスオオミカミではなく、国家神道の最高神アマテラスオオミカミに変貌していたのである」と指摘している。

第三章　鹿児島藩の一向宗（浄土真宗）禁制

一　禁制の理由

門徒の「団結力」をきらう？

鹿児島藩では、十六世紀後半の安土桃山時代から一八七五（明治九）年に、鹿児島県が信仰の自由を通告するまで約三百年間、浄土真宗（藩政時代の呼び名は「一向宗」）は禁制になっていました。それは一向宗門徒の「平和主義」と「団結力」が、封建時代の専制支配者（藩主）に都合が悪かったためだったといわれます。鹿児島の廃仏毀釈を論じるとき、鹿児島藩の一向宗禁制とかくれ念仏の存在は避けて通れません。現在は仏教信者の約八、九割近くを占めるといわれる鹿児島の浄土真宗ですが、特に明治維新前の幕末には、密かに信仰された一向宗に対する数度にわたる厳しい取り締まりと弾圧があり、県内各地で講頭に対する断罪や島流しなどの法難が続きました。それはまた、やがて来る「廃仏毀釈の前触れ」でもありました。今では「真宗王国」といわれるまで発展した鹿児島の浄土真宗受難の歴史を追ってみました。

民衆に支持された「鎌倉仏教」

平安時代の末期から鎌倉時代の初期にかけて日本国内で内戦が頻発、それまでの貴族の没落や平家の盛衰などで不安な世相に、庶民はますます末法到来の意識を強め、宗教にすがろうとしていました。しかし、従来の天台宗や真言宗の旧仏教は貴族のための祈祷や法会《ほうえ》に奔走するだけで、大多数の庶民の魂を救う力になり得なかったため、庶民はこれに代わる新しい宗派を渇望していました。この時代の要請に応えるように、誰にでも分かりやすい仏教各派が次々と誕生しました。それは法然（一一三三～一二一二年）がおこした浄土宗や親鸞《しんらん》（一一七三～一二六二年）の浄土真宗、一遍《いっぺん》（一二三九～一二八九年）が宗祖といわれる時宗などを一くくりとした「浄土宗系」と、日蓮がおこした「日蓮宗系」、それに武士社会に信者が多かった栄西（一一四一～一二一五年）の臨済宗や道元（一二〇〇～一二五三年）の曹洞宗などの「禅宗系」です。これら民衆の要請に応えた仏教各派を総称して「鎌倉仏教」といいます。

法然は初め天台宗を学びましたが、「男女貴賤を問わず〝南無阿弥陀仏《なむあみだぶつ》〟と唱えれば極楽浄土に往生できる」と説き、難しい修業や学問を否定した「浄土宗」を創立しました。

その法然の弟子が親鸞です。親鸞は法然の教えをさらに推し進め、「心から阿弥陀の救いを信じ、それに頼りさえすれば、それだけで死後は極楽へ往生できる」と説き、旧仏教ではどうしても仏の救いの対象外のような、戒律を犯した悪業を犯した人も救われるといい、むしろそのような悪人に対してこそ、阿弥陀如来（仏）は救いの手をさしのべているのだと説きました。これを親鸞の「悪人正機説」といいます。そして僧侶の妻帯を許し、僧侶は俗人と同じ生活をしていました。一向宗の「一向」とは、「一心に、それだけを、ひたすらに」という意味で、「南無阿弥陀仏」と一心に唱えることを指しています。

鹿児島藩は「寺請制度」なし

江戸幕府は一六一三（慶長十八）年十二月に全国でキリスト教禁止を打ち出してから、それを取り締まるために一六六四（寛文四）年に「寺請《てらうけ》制度」を実施します。寺請制度とは「檀家制度」ともいい、お寺が「この人は自分のお寺の檀家信徒であり、キリシタンではない」という証明書を発行する制度です。当時の日本国民が誕生したり、旅行したり、結婚したり、移住したり、死亡した場合など、この証明書が必要でした。いわば当時、お寺は役所の職務を代行していた訳で、国民はお寺の檀家になり、常日頃からお寺との付き合いを密にしてキリシタンではないことを示さねばならなかったのです。一方、幕府は一般的にお寺を国教として厚く保護していました。

ところが鹿児島藩では「寺請制度」がなく、代わりに五人組制度があり、寺請制度のようなことを各地に置いた郷士《ごうし》と呼ばれる武士集団や庄屋が行っていました。寺請制度がなかったことで一般庶民とお寺の日ごろの付き合いが疎遠になり、やがてくる廃仏毀釈の嵐にも庶民はほとんど抵抗する姿がみられなかったといいます。

江戸時代に薩摩・大隅・日向の三国を支配していた鹿児島藩は、藩の本拠地・鹿児島以外にも百二の外城《とじょう》といわれる地区に地頭仮屋を設け、麓《ふもと》という武士集落を形成して地域の行政を執り行わせました。これが「外城制度」です。この外城の麓には「郷士」が住んでいました。郷士の身分は武士ですが、日ごろは農業に精出し、いざというときには武士として軍事力を併せ持つという、いわば「人をもって守りと為す」の鹿児島藩の精神が重なった「屯田兵制度」です。麓に住む郷士は、鹿児島城下の侍「城下士」と区別され、城下士から「〇〇のイモ侍が—」と低く見られ、差別されたといわれます。この外城制度のために鹿児島藩は武士の数が多く、全国的に武士階級は人口の平均五パーセントであったというのに、鹿児島藩は実にこの五倍の二五パーセントが武士階級だったといわれます。

幕府は武家諸法度の中のキリシタン禁制の方針を明らかにして諸国のキリシタン改めを実施しましたが、鹿児島藩はキリシタン禁制のための「寺請制度」の代わりに外城制度を活用して、一六三五（寛永十二）年に各郷の役人が「宗門手形改め」を実施していました。これはその人の名前や宗旨を書いた木札（これを宗門手札という）を一人一人に与え、毎年調べるというものでした。これによってキリシタン禁制に加え藩特有の一向宗禁制も徹底しようとします。一六三二（寛永九）年には日向国高原その他で一向宗門徒を処分しています。このようにキリシタンだけでなく一向宗も禁制にしたため、鹿児島藩の庶民はひんぱんに寺院に足を運ぶ機会も少なく、寺院との繋がりも自然に薄くなっていきます。明治維新の廃仏毀釈時も、一般的に庶民は意外と冷静に対応し抵抗は少なかったといわれます。また一向宗の隠れ信者も、壊されるのは自分たちのお寺でもないし、一般的に他宗派の廃仏毀釈にはあまり興味を示さなかったのではないでしょうか。

一向宗の教えは、人間の欲望こそが人生苦の原因であるからそれを否定して、ただただ阿弥陀仏にすべてをまかせて「生かされる」という、他力本願であるといいます。日常の生活の中で信心によって救われ、仏の前に人間みな平等であるといった教義はキリスト教と相通じるものがあります。歴史上、一向宗信者は各地で一向一揆を組織し、暴れまくり、特に北陸（いまの石川県）の一向信者たちは一四八七（長享元）年、加賀国守護である富樫正親《とがしまさちか》の留守中に一向一揆に立ち上がりました。富樫正親は、足川喜尚指揮の近江国の六角蜂起（「長享・延徳の乱」という）に出陣していました。

これに対し、富樫正親はすぐさま軍を加賀に引き返したものの、一向宗に攻められて自害しました。それ以後、織田信長の北陸遠征軍の柴田勝家《しばたかついえ》によって鎮圧されるまで百年近く、加賀国は「百姓の持ちたる国」として、仏法領国としての自治を行い独立することになります。一向一揆はその後も能登国や越中国へと拡大していきます。織田信長はさらに石山本願寺を十一年間も攻めながらこれを陥れることができずに、正親町天皇のご仲介を仰いで和睦せざるを得なかったようです。また徳川家康も三河の一向一揆に苦しめられており、有力戦国大名にとって一向宗の団結力は目の上のタンコブ的存在でした。西国の雄・島津氏がこの苦労話を知らぬはずはありません。

まず島津日新がきらう

鹿児島藩に一向宗が伝わったのはいつごろでしょうか。いろいろ調べてみましたが、はっきりしたことは分かりません。ただ、海江田義広氏は『薩摩のかくれ念仏』のなかで、阿弥陀仏の掛け絵が和歌山県海南市の浄国寺に残されており、裏に「大谷本願寺釈実如　永正三年丙寅《ひのえとら》二月十九日　方便法身尊形《ほうべんほっしんそんぎょう》薩摩国　千野湊《ちがのみなと》願主　釈明心」とあることから、この本尊を本願寺に下さるようにと願い出た人物が、少なくとも一五〇六（永正三）年以前に鹿児島に存在したことになる、といいます。

また一四七一（文明三）年に日向国美々津に一向宗の寺があったことが確認されており、鹿児島でもこれより少々遅れて一向宗の寺院が長島に創建されたという記述が『東町郷土史』にでています。それによると、

「一向宗の崩崎寺《くえんさきじ》は、一五五八（永禄元）年室町時代に創立されたといわれ、門徒は薩摩・天草・琉球等の領外関係を多く持っていた。門徒の領外連絡をみると、薩摩西海岸から海路で、琉球や天草に隠れて渡る門徒が多かった。隠れて夜に船で天草に渡り、天草では上方から下った一向宗の布教者から説教を聴き、本尊・読経文の類を譲り受けていた」

とあります。この記述の後半部分は一向宗禁制後のことでしょうが、浄土真宗本願寺中興の祖として知られる蓮如《れんにょ》の他界後五十年も経たないころ、すでに鹿児島に一向宗の寺院があったことは驚きです。また「民間宗教」として南さつま市坊津町久志に「太閤以前に久志の字桑原に真宗の寺があり、人呼んで桑原寺といっていた記録がある」（『大浦町郷土史』）ことからみて、禁制以前から鹿児島では海岸部分を中心に一向宗が盛んだったことを裏付けています。

鹿児島藩での一向宗禁制の動きは、薩摩・大隅・日向の三州を統一して〝島津氏中興の祖〟といわれる島津日新《じっしん》（忠良＝一四九二〜一五六八年）に始まるといわれます。日新は次のような歌を残しています。

魔の所為《しょゐ》か　天げん（キリスト教）おがみ法華宗
一向宗にすき（数奇）のこざしき

この歌は、日新の菩提寺である南さつま市加世田の「日新寺（いまの竹田神社）」の八世である泰円守貞が一五九七（慶長二）年に編集した『日新菩薩記』の中にあるそうです。これは島津家として明らかにキリシタンと法華経、一向宗をけしからぬものと一蹴して警戒していたことを表しています。『薩摩のかくれ念仏』の海江田義広氏によると、南九州一帯が島津氏の勢力範囲で

一向宗弾圧命令を出すきっかけを作ったといわれる島津日新を祀る竹田神社（廃仏毀釈前は日新寺だった）

はあるといっても島津家はまだ一枚岩ではなく、全鹿児島的に一向宗が弾圧されたわけではなかったらしい、ということです。しかし、日新によって島津氏のお家騒動もある程度収まり、三州を平定して日新の孫の義弘《よしひろ》（一五三五～一六一九年）のころは戦国大名としての確固たる地盤を築いています。一五九七（慶長二）年に、豊臣秀吉の朝鮮出兵に伴い義弘が出陣まぎわに出した「二十ケ条の置文《おきぶみ》」の中に次のような「一向宗禁止」のことが書かれています。

一、一向宗之事　先祖以来御禁制之条、
被宗躰なり候者は曲事たるべき事

「先祖以来」というのは、義弘のおじいさんの日新のことを指しているのでしょう。これが鹿児島藩における最初の一向宗に対する弾圧命令です。

二　一向宗一揆を恐れる？　鹿児島藩

さまざまな原因説

藩政時代に一向宗（浄土真宗）を禁制にしたのは日本全国でも鹿児島藩とお隣の相良藩（熊本県人吉市一帯）しかありません。では、鹿児島藩はどうして一向宗を禁制するに至ったのでしょう。一向宗弾圧の原因について多くの歴史家や宗教学者はさまざまな説をとっています。それを紹介して著者の考え方を述べてみましょう。

①豊臣秀吉が薩摩へ出陣のとき、本願寺宗主顕如上人《けんにょ》や長島の獅子島の門徒が近道を秀吉に教えたので、島津氏が怒って一向宗を禁制にしたという説。

②石田三成と結託して島津氏に反抗心のあったといわれる伊集院幸侃《こうかん》は、一五九九（慶長四）年に島津家久に手打ちにされ、その長子・忠貴は庄内（今の都城一帯）で反逆した。幸侃一族が一向宗信者であったため、一向宗を禁制にしたという説。

③藩主の島津光久とその弟・又八郎は同年だったが、又八郎は世継ぎになれなかった。そこで又八郎の生母は又八郎のことを思うあまりに光久を呪い殺そうした。光久はこのため足を患った。又八郎の実母は一向宗の信者だったので一向宗を憎み禁じた、という説。

④島津日新は桂庵《けいあん》禅師の儒仏に帰依して道義の高揚に努めたが、一向宗は徒党を組み、同宗の僧侶は肉食妻帯して、仏教徒にあってはならない〝堕落ぶり〟だったため禁止したという説。

⑤鹿児島藩は古来、他国人の入国を禁じていたが、僧侶

のみが許されていた。そのため一向宗の僧侶や僧侶に扮した者が入国し、スパイ行為をしたので一向宗を禁じたという説。

⑥藩政時代は上下階級の区別が厳密で、封建政治にとっては、四民平等観に立脚した一向宗の教義は、藩主の施政の邪魔になったという説。

⑦南北朝統一に尽力して功績を認められた石屋《せきおく》禅師（島津氏の菩提寺である福昌寺初代住職）が、後小松天皇に不精進宗の一向宗を禁制にするよう懇願したからという説。

⑧一向宗信者が本願寺へ大量の布施《ふせ》として金品を寄付していたが、一向宗を認めると藩の財政を圧迫する恐れがあったという説。

この八つが主な原因説だと思われます。しかし、著作『薩摩のかくれ念仏』の中で海江田義広氏は、「十六世紀の中葉、戦国時代の日新の時代には鹿児島藩の一部で一向宗禁制が始まったとみていいので、これらのうち①と②、③の説は時期的に禁制の全体的な原因としては成り立たない」と述べています。

例えば②の説で、都城市の庄内地方の弾圧のきっかけとなったのは伊集院幸侃事件とそれに続く庄内の乱（島津氏最大の内乱）ですが、他の地域より都城地方の一向宗取り締まりが厳しかったことの理由に過ぎないだけのようです。⑤の説は、戦国期の一向宗弾圧の原因として考えられます。実際に島津氏と相良氏の諜報合戦には一向宗僧侶が一枚かんでいたとされています。しかし、密偵は一向宗関係者ばかりとは限らず他宗派の僧侶も鹿児島に入っていたと考えられるので、三百年続いた一向宗弾圧を通した原因としては少し弱いでしょう。

④については先に述べた『日新菩薩記』の日新公の歌の注釈に「一向宗徒が父母を粗末にし、これまでの神仏を省みない。これでは人の道に外れているので一向宗門徒たちを根絶やしにしなければならない。彼らの悪逆無道は悪魔の所業である。天下国家を乱す一向宗をただすためには、忠孝を重んじ、これまでの神仏を信仰し、これからの子孫繁栄のための徳を積まねばならない」とあります。これはどうも「一向一揆」を思わせる節があると、海江田氏は述べており、また、数ある鹿児島県内の市町村郷土史も同じような捉え方をしています。

一向一揆に、戦国武将らはきっと、阿弥陀仏だけを頼りにその他の権威を全て否定してしまうと思ったのでしょう。一向宗門徒の団結力と武力を見せ付けられ、封建秩序を守ろうとする戦国武将らは、大きな危機感と嫌悪感を持ったに違いありません。当初はこの恐怖が禁制の最大の理由であったと思います。

鹿児島藩は一向宗に対して天保年間に大弾圧を行っていますが、このときは「宝暦治水」などで藩の借財は超巨額の五百万両に膨れ上がっていました。これを「二百五十年無利子償還」という、いわば踏み倒しで乗り切る「天保の改革」が調所笑左衛門《ずしょしょうざえもん》の手で行われていましたから、これからは「一向宗信者が本山に納めるお布施をさせてはならない」という経済的な理由も弾圧の大きな理由になった、といえるのではないでしょうか。このように鹿児島藩の一向宗禁制の理由は複雑で時代とともにその理由の比重の置き方が微妙に違っていたのでは、と思えてなりません。

「五人組」で締めつけ

鹿児島藩は一向宗信者やキリシタン探索を目的として、「宗門手札改め」をする訳ですが、その方法は、役人が各領内ごとに五人組を決め、人数改めの帳簿を作り、男女すべての木札を作って、その者の名前、宗旨などを記し、武士も百姓も残らず七、八年に一回「札改め」をして宗門の「検断」をするといいます。検断とは、犯人を検挙したり、事件を審理し、判決を出したりすることです。これによって一向宗やキリシタンの信徒であるかどうかを調べていました。この「宗門手札改め」は宗門の検断を図るためですが、同時に当時の戸籍調べも兼ねていました。すなわち、百姓以下の庶民の場合は年齢も記して夫役や軍夫調達にも備えていたともいいます。宗門取り締まりの係を宗門方といい、異人方（キリシタン取り締まり）も兼ねていました。

『日吉町郷土誌』によると、その後、一六五五（明暦元）年、鹿児島藩は本格的な宗門取り調べのために「宗体奉行」（後の「宗門改め方」）を置き、一七二五（享保十）年には諸所の曖《あつかい》・組頭・横目などに「宗門方加役」を命じて取り締まりに当たらせました。後年の決まりでは城下、諸郷とも五人組中でお互いに宗門不審者を訴えさせたり、五人組中に一向宗徒がいないという掛合印形帳（一種の誓約書）をつくらせたりしましたが、これが宗徒摘発には最も有効な連帯責任制度で、五人組の組織でお互いに責任を持たせて監視させ、怪しい者がいたら密告させていました。密告者には褒美をやり、後に密告者自身が信者であることが分かっても、その罪は許されるが、もし他から五人組の中に信徒がいることが発覚したら、五人組を同罪にするという方法で、実に厳しい取り締まりの方法でした。また、民間に間者（スパイ）を放ち検索に努めていました。不幸にして信者であることが分かったり、その疑いをかけられた者は、直ちに役所に引き出され、厳しい拷問を受け、白状すると宗旨替えを強いられていたといいます。

さまざまな拷問

さて拷問とはどのようなものだったのでしょう。疑いのある者は、まず「鞭《むち》打ち」といって係員が樫の棒で白状するまで叩いて取り調べます。幕府では叩き百五、六十回を限度にしていましたが、鹿児島藩では「無制限」で、幾日でも続けるため、それだけで殺されることもあったといいます。次に「石抱き」ですが、『薩摩のかくれ念仏』で海江田義広氏が指摘している、本願寺に保管されている江戸時代の鹿児島門徒使者たちの本願寺との往来が記録されている『薩摩国諸記』にその記述があるのでそれを紹介します。

先男子は宗門座（中略）の庭に木馬を飾り、割り木の上に座《すわら》しめ膝上に五、六十斤（三十〜三十六キロ）の石を乗せ、左右より単棒にて打擲《うちしゃくり》致し、皮肉破れ血流れ、脚《あし》骨は砕ける。女子は赤裸に成って、木馬に乗ったり、或《ある》いは陰門に大縄を挟ませ、双方前後より挽《ひ》き倒し、棒搗《つき》いたし、呵責《かしゃく》に遭ひ候得共《そうろうえども》ー（後略）

これは「石抱き刑」とか「割り木責め」ともいわれ、三角に割った薪を三、四本平行に並べ、その上に座らせて、折り曲げた大腿と下腿との間に薪を挟むこともあったといいます。そうして正座した膝の上に、さらに三十キロ以上の板石を乗せて、それでも白状しなければ石の数を増やしていきました。脛《すね》に食い込む薪の痛さに血が噴き出し気絶する人も多かったといいます。現在、西本願寺鹿児島別院庭には、当時、石抱き刑に利用された石が「涙石」として保存されています。女性の場合は、荒縄をその人の腰の高さに張り、その上をまたいで歩かせていました。全裸で股間を荒縄でごしごしとしごかれるこの刑はむごい鹿児島藩独特のもので、女性にとっては異常な苦痛と辱めを受ける拷問でした。

南さつま市坊津町久志の廣泉寺住職・大八木廣澄氏の著書『鵜飼いの悲しさ』によると、さらに「釣り責め」といって、ちょんまげを縄でしばりつけ、そのまま高くつりあげる刑もありました。さらに、体を縄できつく縛り上げて「鞭打ち刑」を併用したり、ひどいのになると、逆さに吊るし上げてそのまま水槽の中に漬ける「水責め」にすることもあったといいます。水責めの中には、口にジョーゴを押し込み水を無理やりに飲ませてもいまし

西本願寺鹿児島別院にある石抱き刑に使われた「涙石」

た。水で満腹になったところで腹に板をあてて押さえつけると、どっと水を吐き出します。すると、さらに水を飲ませて同じことを何度も繰り返して白状を迫りました。また熱く焼いた瓦を尻に敷かせたり、炭火を入れた甕《かめ》を抱かせたり、モグサを山盛りにして点火したり、ローソクの蝋を垂らしたり、逆さ吊りにして下から松葉で燻《いぶ》すなどの「火責め」もしました。この他、胡椒を煎じて飲ませたり、歯を一本一本抜いていったり、戸板にしばりつけて唐辛子をつけたワラの芯を尿道に押し込む拷問もありました。

これら拷問を繰り返して自白を迫ったものの、ほとんどの信者は秘密講（後述）の仲間の全滅を恐れて、一向宗であることをけっして白状しなかったといわれます。このため、拷問で死亡する人も多かったといいます。拷問を行うのは、他宗派に改宗させ、さらに仲間を聞き出すため、そうして信者にとって何より大切なご本尊を没収するためでありました。このため、家族が拷問を見かねて偽のご本尊を差し出し、本人も偽りの改宗を約束することもありました。

いったん一向宗信者であることが発覚すると、武士は平民に格下げとなり、居住地を移され、平民はこれまで慣れ親しんだ土地から縁もゆかりもない土地へ「所替え」となり、女性は下女とされました。また、戸籍台帳の役割をしていた宗門改め帳に「前一向宗」と朱書きされました（『薩摩のかくれ念仏』）。ひとたび一向宗信者として疑いをかけられ、取り調べを受ける中で、他の宗派への転向を誓わなかった場合はまた拷問です。罪としては、ひどいものになると打ち首の死刑や遠島に処せられたといいます。

三「かくれ念仏」で信仰続ける

さまざまな形で信仰守る

鹿児島藩の厳しい一向宗禁制の中、一向宗信者はどのようにして信仰を三百年余りも守り続けてきたのでしょうか。それは、迫害を恐れず隠れて念仏をあげる「かくれ念仏」という独特のスタイルで信仰を守ってきたのです。『薩摩のかくれ念仏』によると、それには三つの信仰形態が考えられます。

一つ目は、誰にも知られないよう密かにごく小型の阿弥陀仏像を自分のご本尊として秘蔵し、密かに信仰の対象にする方法です。しかし、この場合は本人が死亡すれば記録は残らない訳で、信仰としての広がりは期待できません。

二つ目は、秘密の組織である「講」をつくって、信仰をつづける人々の集団です。このケースが最も多かったようです。この講の特徴は「取り次ぎ役」を通じて京都の本山と連絡を常に取り合っていたことです。講には「仏飯《ぶっぱん》講」や「焼香講」「煙草《たばこ》講」、「椎茸《しいたけ》講」「灯明《とうみょう》講」などいろいろの呼び名がつけられています。これらの名前から、初めはそれぞれの産物を本山に寄進したのであるが、藩庁役人の監督が厳しくなるにつれ、現品送付を廃して、金銭に代えてその講の講頭や番役らが何らかの名称をつけて上京し、本山へ講員の志として上納したようです。講の規模も様々ですが、大体が集落ごとに講組織を持っていました。

三つ目は、海上や水俣、串間など鹿児島藩の役人の目が届きにくいところで念仏を称えて、また帰ってきて鹿児島藩に暮らすという場合があります。この形式をとるのは個人の場合も集団の場合もあります。

まず、講を組織する「かくれ念仏」について述べます。鹿児島では洞窟のことを「ガマ」といっていますが、この「ガマ」という洞穴や人目につきにくい土蔵の二階のスペースにご本尊を持ち込んで、風雨の深夜などに人目をさけて講員が集まり、ロウソクの光に浮かび上がったご本尊を囲むように座り、番役を中心に親鸞の正信偈《げ》など称え合って番役の法話を聞き、しばしの法悦のときを過ごしていました。もちろん藩の取り締まりを警戒して、その講を開くたびに若者たちが要所に警戒に立ち、緊急の場合、中の仲間たちにすぐ連絡できる体制を敷いていました。このような法座を開いたガマを「かくれガマ」といっていました。集落のはずれや山の中の洞穴にあり、現在では「かくれ念仏」の史跡の一つとして観光名所になっているところも多くあります。

また講の中には、禁制であるがゆえに本山の強力なリーダーシップが届かないことから、正統派の教義と少し異なり独自の道をゆく講も生まれました。例えば、阿弥陀仏の救いは自分で感じ取ることができるとする「一念知覚」と、阿弥陀仏へ頼む行為こそが大切であるとする一向宗の一派「三業安心派系統」の講である「細布《ほそぶ》講」、また一向宗と山岳信仰が接し、その後、明治の神国国家政策の影響を受けてさらに神道的要素が加えられ、秘密結社的要素が強い現在の形に至ったといわれる「カヤカベ教」などがあります。「カヤカベ」とは萱《かや》の中に仏像を隠しており、人目には神道を拝んでいるように見えるが、実は中に隠した仏像を拝んでいる様をいうようです。霧島市北部一帯に分布しています。

「煙草講」が最初

では、鹿児島の「かくれ念仏講」はいつごろから組織されて始まったのでしょう。『鵜飼いの悲しさ』によると、鹿児島藩内における「かくれ念仏講」の結成は（本山関係の記録では）、一六九四（元禄七）年の「煙草講」の講名が初見されるといいます。そして一七〇〇年代になって各地で「講」が次々と結成されていったようです。大八木廣澄氏によると、南さつま市坊津町久志の「二十八日講」は、一七一三（正徳三）年に海上航路を経て海岸地帯で結成されて、京都・正光寺（本願寺御門前）との交流と連携が始まったということです。

また禁制時代には鹿児島に一向宗（浄土真宗）門徒がどれほどいたのでしょうか。西本願寺鹿児島別院の推計では、「十九万人」という数字がはじき出されています（五木寛之氏著『隠れ念仏と隠し念仏』）。

各講から本山への寄進では、福岡市浄泉寺の六世住職の曇冥《どんめい》のように、本願寺の命を受けて鹿児島に御法義を広めるために、一八二七（文政十）年正月から六月にかけて鹿児島入りし、密かに北薩を中心に全部で六十九の講を巡回して法義を広め、上納金（寄進）を預かって回りました。日置市日吉町の『日吉町郷土誌』によると、そのときの控え「手元受納覚」が残っています。その中で同年三月十三、十四日に日吉町関係分が二件記録されています。「恐らく何かの伝手《つて》で本山から使僧が北薩に来ていることを伝え聞いた（同市日吉町）草原の信徒たちが、密かに五百文と二朱銀一枚を集めて代表が曇冥に届けたのであろう」と書いています。

五木寛之氏の著によると、一八〇〇（寛政十二）年から一八一〇（文化七）年にかけて、京都の西本願寺では御影堂《ごえいどう》の大修復を行ったが、このときも本山は多額の賦課金を一向宗禁制下、鹿児島の「かくれ念仏」の信者から調達しています。驚くべきことは総額一万一千両という莫大な経費の約一割の金額を、鹿児島の秘密講だけで請け負ったというのです。このため本山は密かに三十人に及ぶ布教師を鹿児島に布教巡回させた（『鶏飼いの悲しさ』）といいます。鹿児島の信者からどうしてこれだけの資金を調達できたのでしょうか。一八一五（文化十二）年に出された本山の「達書」を佐々木智憲氏が『薩摩のかくれ念仏』で、現代文に直して紹介しています。これを読むと、使僧たちの任務が明確になってくるので、少々長いですが次に記してみます。

本願寺の御影堂の修復は、全国の寺院や門徒の方がたの懇志で完成することができ、文化八年の親鸞聖人五百五十回御遠忌も無事に勤めることができた。しかし、修復が大事業だったので大変な出費となり、現在でも借財が残っており、ご門主も苦慮しており、気の毒に思いながらも全国の寺院や門徒の方がたに懇志のお願いをする次第である。これによって薩摩の講への同様の依頼をするので、別紙の講の皆さんが精一杯の納金をして、門主を安心させていただきたい。

（『薩摩国諸記』）

鹿児島藩も宝暦治水などで五百万両の膨大な赤字を抱えており、講をめぐる本山と鹿児島藩の攻防から「天保の大弾圧」の遠因になったといえるでしょう（佐々木智憲氏）。天保の大弾圧以降、鹿児島入りする使僧たちの行動は、肥後の水俣から地理的にも険しい九里（三十六キロ）の山を越えて行き、しかも取り締まりが厳しいため夜間に行動しなければならないなど困難な様子が本山への報告書『薩摩国諸記』に詳しく載っています。

知覧に多かった「細布講」

かくれ念仏講の中で特に南薩に目立って多いのが、一七九七（寛政九）年に西本願寺で信仰上の論争に敗れた大魯《だいろ》が結成の指導に当たった「細布講」です。南九州市知覧町の『知覧町郷土誌』によると、三業安心論を唱えて信仰上の論争に敗れた大魯は生まれ故郷の福岡県久留米市に帰り、さらに天草へ渡り、この地で専念布教に努めました。その後、一向宗禁制の鹿児島に移り、鹿児島市高麗町付近で「細布講」という教団を組織し、その講頭となって講員や信徒の指導に心血を注ぎました。それから日置市吹上町永吉の宮下造右衛門という潜教徒の家に身を寄せることとなり、鹿児島の細布講は知覧町出身の永田正源に譲って、吹上町永吉で「煙草講」という秘密教団を新たに組織しました。その後、大魯は「ご隠居さま」と呼ばれて南さつま市金峰町阿多や田布施、日置市吹上町永吉、同市日吉町日置あたりの信徒から敬愛されていましたが、化導中の一八三六（天保七）年、逝去しています。

南九州市知覧町にある立山のかくれ念仏洞

大魯から「細布講」を譲り受けた永田正源は知覧で講を組織します。「細布講」という名前は、講中の人が毎年細布を大幡様に布施することから起こりました。このことは長く行われ、後には「木綿上げ」といって女人講の人たちが、番役の家に集まり、夜な夜な木綿を紡ぎ、織り上げ、それを進呈しました。夜密かに「かくれ念仏洞」に集合して法話を聞く際、当時の婦女子の毎晩の夜なべである木綿紡ぎで、カモフラージュしたのが始まりともいわれます。後年は木綿を講頭や寺僧に布施する感謝の仏事となりました。

「細布講」の本地になった知覧の講頭・永田正源は熱烈骨身に徹する真剣さで布教に従事していました。そのかいあって信者は日に日に増え、宗徒の団結はますます固くなっていました。「細布講」は、知覧町池之河内から南九州市頴娃町新牧に根拠を移して知覧町は池之河内、二ツ谷、牧、永里、横井場、迫、瀬戸山、浮辺、後迫、麓に、鹿児島市喜入町は新田、弓指、小田代、一倉などの集落に広がりました。さらに鹿児島市谷山の塩屋平川、南九州市川辺町の小田、勝目、屋久島までも信者の範囲は広がっていきます。

しかし、正源はついに頴娃郡の仏法取締役・井上矢七に感知されて検挙、拘束され、知覧塩屋の本陣まで連行されたとき、正源は密かに自決を覚悟していました。それは自分が死んで大幅様の露顕を防ぎ、幾人かの同行者を拷問から救い、講団を守ろうと考えたからです。それとは知らぬ井上は、神妙な正源の態度に気を許し、本陣の木戸口に正源の乗り物を置いていました。このすきに脱出した正源は、塩屋の北方、中尾谷まで駆け上がり、奥の松原で正信偈《げ》を称し、念仏高らかに松の下枝に掛けた火縄で首吊りして五十八歳の生涯を閉じました。ときに一八六〇（万延元）年三月二十六日でした。塩屋には今も正源の首吊り松原の名が残っています。正源は、鹿児島における法縁の恩人と仰がれ、細布講の人々は絶えず墓参していましたが、のち横井場の祖先の墓に移されています（『知覧町郷土誌』）。

秘密の「薩摩部屋」

かくれ念仏の三つ目のケースである鹿児島から隣接藩外の水俣や串間に渡り念仏を称える信者の受け入れ態勢はどうだったのでしょうか。水俣の源光寺や西念寺には米ノ津や阿久根、長島から舟でお参りする人々が大勢いたといいます。

また、出水と水俣の境にある「野間の関所」を避けて、裏道や山越えで夜間、水俣のお寺を目指していました。源光寺には「薩摩部屋」と呼ばれる、抜け道のある特別な部屋が本堂の床下につくられており、鹿児島の役人が不意に踏み込んでも見つからないようになっていました。抜け参りをする鹿児島の信者たちは、お寺近くの門徒宅にご本尊を預ける場合がありました。その家は「親様本家《おやさまもとえ》」といって、盆と正月はもちろん毎月のお寺参りのときは親様本家にも必ずお参りしていました。厳しい監視の目を逃れてお参りする鹿児島の信者を温かく迎えてくれるお寺やその門徒たちの思いやりは、筆舌に尽くせないくらい大きく心の支えになったことでしょう（『薩摩のかくれ念仏』の寺園貞夫氏）。

大口・山野の信者たちは小川内番所の背後の五女木《ごめき》山地を越えて石坂川上流にあった西方寺にお参りしました。また、日向・福島では、志布志、波見、内之浦、岸良などから夜陰に紛れて舟で福島の高松港へ着くと、熱心な信者が正国寺まで案内してくれたといわれています。陸路は海沿いの夏井へ、山越えの道を行くと八郎ケ野や潤ケ野《うるがの》にある蕃所をうまく通過すれば正国寺へ行けたそうです。この寺にも薩摩部屋がありました。

一七九八（寛政十）年に鹿児島藩から飫肥藩領へ二千八百人という大群集が逃げ込んだという「逃散《ちょうさん》」事件が起こっています。その大半は一向宗の信者だったと記録に載っています。鹿児島藩の東側には飫肥藩や佐土原藩、都城島津など小藩がひしめきあって、足を一歩踏み出せばすぐ一向宗信仰の自由の地に行けます。五木寛之氏は『隠れ念仏と隠し念仏』の中で、「この大逃散は、やはり鹿児島藩の真宗門徒の取り締まりの厳しさとその弾圧から逃れようとする、宗教的な逃散行為だったといえるのではなかろうか」と主張しています。労働力不足の飫肥藩では「欠落奉行」とか「逃散奉行」と呼ばれる専門の奉行まで置いて対処していたらしいのです。

四　武士階層にもいた一向宗信者

日置島津四代も信者

藩政時代、鹿児島藩の一向宗信者は時代が下るとともに野火のように広がっていき、藩の方針に反して武士階層にも隠れ信者がいたようです。

特に出水など藩境では、他藩に「抜け参り」する鹿児島の人々が数多くいました。一七五二（宝暦二）年には、夏の宗門改めで国境の出水で数百人に及ぶ信者が発見され、うち五十人ばかりが捕らえられ鹿児島の大門口にあった宗門改所に送られて取り調べが行われました。藩は、その浸透ぶりに驚くとともに「この際、自首して改宗するならば今回限り罪を免じてやろう。ただし、自首せずして後で発覚したならば、本人はもちろん、家族縁者まで同罪と見なして厳罰に処する」むねの布告を村役を通じて繰り返し伝達しました。

『出水の歴史と物語』によると、この布告によって郷内の各村々から自首して出た者は、何と千七百人以上に達し、百姓はもちろん郷士もたくさん含まれていたといいます。平松集落などでも信者でない者は、ほんの四、五人であることが分かりました。このように下級武士の郷士の中には一向宗信者がかなりいたことが文献にも出ています。

下級郷士だけではありません。島津氏の分家の中にも一向宗信者がいました。日置島津の四代目久慶《ひさよし》も一向宗信者だったことが死後分かり、日置島津家代々の系譜から削除されています。日置市日吉町の『日吉町郷士誌』によると、久慶は一五九九（慶長四）年に日置で誕生し、成人後、ときの藩主・家久《いえひさ》の三女を妻としたが、子どもはなかったようです。

一六三一（寛永八）年、隈之城の地頭職につき、東郷の領地(石高一万六百余石)を賜っています。そうして一六三五（寛永十二)年には藩の家老職に任じられています。一六三九(寛永十六）年には日向・末吉の地頭になりましたが、二年後に病気のため、願い出て職を辞しました。しかし、本藩の家老として異邦宗門のことだけは引き続きこれを管掌する立場に立ちました。彼はその後、伊集院の地頭職もしましたが、本藩家老職として異邦宗門のことはずっと司《つかさど》っていました。異邦宗門とは一向宗と同様に禁制のキリスト教のことです。
彼は一六五一（慶安四）年八月十八日に四十二歳で死亡していますが、死後、彼が異邦方宗門方の取り締まり係をしていながら、密かに一向宗に帰依していたことが発覚しました。それで日置島津家一門の系図から抹消されたのです。さらに彼は、後に帖佐脇元で磔刑に処せられた一向宗の僧侶・張本真純を近づけ、上方にも指し上がらせて六条院殿に取り入り、領内一向宗の隆盛を企てたといわれます。

　彼が一門系図から削除された理由として「一向宗に帰依していたから」ということがあげられますが、「キリシタン信者でもあった」という話もあります。果たして久慶自身どちらを信仰していたかは不明ですが、「久慶の父常久（三代）も祖母の影響を受けて神仏を敬い、祖先の祭祀を大切にしたことから考えると、やはり久慶は一向宗信者であったとみるのが一番妥当と思われる」と『日吉町郷土誌』には書かれています。彼は異邦宗門方の取締役の立場にありながら、藩の方針で厳禁されていた一向宗もしくはキリシタンをあえて信仰していたとは、「当時の常識からいえば到底考えられないことで、誠に〝ボッケな〟というほかない」（同書）。いわば、ミイラ取りがミイラになったようなケースですが、取り締まりの立場にありながら、あえて取り締まりを寛大にして自らが藩の法に触れることを承知で己の信仰を貫いた彼は、信者側からみると立派な殉教の人だったといえるのでしょう。

嫁入り道具の中に念持仏

　幕末期に同じ日置島津家の十三代久徴《ひさなり》は、長じて藩の城代家老として多くの要職を兼務し、島津斉彬より最も深く信任された人物でした。しかし彼の妹の時子姫は一向宗に帰依していました。『日吉町郷土誌』によると、彼女は長じて鹿屋花岡の六代領主・島津久誠のもとに嫁ぐことになりました。このとき嫁入り道具の中に密かに念持仏を隠し持って行ったといわれます。その念持仏の大きさは高さ四センチ、横二センチのお厨子の中に、高さ一・七センチ、胸囲わずか一センチほどの手のひらにすっぽり隠し持てるような阿弥陀如来(金仏）を納めたものでした。

　幕末とはいえ念仏禁制の厳しい折なので、もしこのことが藩庁に発覚するようなことになれば、それこそ大変な騒動になるところですが、それにもかかわらず領主夫妻は愛娘の信心を理解し、あえて娘のためにこの念持仏を持たせたのでしょうか。あるいは父・久風や兄・久徴は何も知らず、母だけが知っていたのかも知れません。それとも時子姫の側にいつも仕えた老女がそっと化粧箱の中にでも隠し入れたのでしょうか。もう知る由もありません。

このような事例から察して、日置島津家では一門の中でも一向宗の信者がいた方だとみるべきでしょう。それだけに一向宗に対して他領に比べ取り締まりが寛大でさほど厳しくなかったのでは、と『日吉町郷土誌』には書かれています。

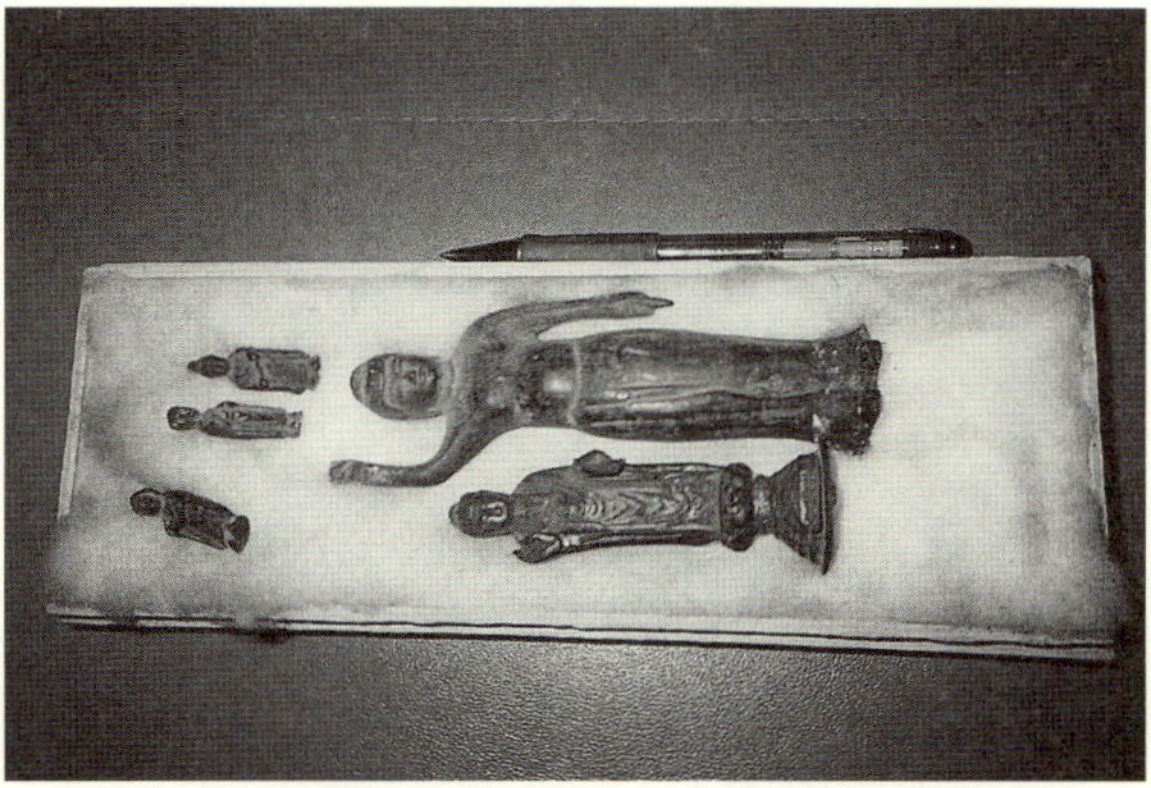
当時の一向宗信者が密かに持っていた手の平サイズの阿弥陀仏像（日置市日吉町の清浄寺所蔵）

なお、時子姫は一九〇四（明治三十七）年、八十一歳で亡くなるまで、この念持仏を朝夕礼拝していたといいます。後年、時子姫の孫に当たる島津久実氏が鹿屋市花岡町の浄福寺にこの念持仏を寄贈し、今も同寺に大切に保存されています。

幕末のころ、南さつま市加世田では一向宗信者が大勢引き立てられ、厳しく糾弾され、何人かの信者が打ち首となって日新寺（竹田神社の前身）近くの池はこれらの人たちの血で真っ赤に染まり〝血の池〟に変わったといいます。この惨状を目にした春成某はあまりのむごさにいたたまれず、一族で密かに話し合い、日置に逃亡してそこに移住することを決めました。春成家は元々、加世田の島津氏に仕えていましたが、「日置島津の殿様は厚く仏教を信仰しておられるそうで、日置では一向宗信者に対する取り締まりも余程のことがない限り、それほど厳しくないと聞いている。我々もそのような殿様の所に住んだら、安心して仏様を拝めるにちがいないから、いっそのこと日置へ逃げて移り住むことにしよう。たとえ万一のことがあっても日置なら殿様から助けてもらえるだろう。そうでなくともこのまま加世田にいるより、罪は軽くてすむに違いなかろう」と考えたのでした。

このようにして春成某は一族を引き連れて密かに加世田を抜け出し、日置の諏訪神社北側の山地に定住しました。当時、この辺り一帯は樹木がうっそうと茂り、人の往来もめったにない格好の〝隠れ家〟になり、ここで春成一族は、朝夕仏様を拝み、開墾と感謝の日々を送っていました。そのころ仏像を安置して信仰していた場所が、今の小字名の「かくれ山」という所だといいます。こうして年を重ねるごとに開田や開畑も進み、耕作地もどんどん広くなり、それにつれて他の地区からの移住者も増えて今の諏訪集落となりました。最初に入植した春成某は事情があってその後隼人に移住していますが、本家の屋敷跡には今も春成一族の氏神を祭っているそうです（『日吉町郷土誌』から）。

郷士信者が起こした「加世田一揆」

歴史上、農民一揆が起こらないほど締め付けが厳しかったといわれる鹿児島藩で、幕末の一八五八（安政五）、一向宗検断（断罪すること）を契機に、南さつま市加世田郷の貧窮郷士が中心になって郷士と百姓を含めて数千人が、麓郷士の圧政に対し決起する一揆が起こりそうになりました。加世田は大揺れに揺れましたが結局、一揆の動きがあって三日目で日新寺のお坊さんの仲裁で何とか収束しました。この一揆の直接的な原因はまだはっきりしませんが、その原因と思われることとして、一向宗の厳禁と在郷郷士の麓郷士に対する反発、百姓の抵抗などが考えられています。

鹿児島藩は一向宗信者に対して厳罰を持って対峙していました。一向宗の信者であることが分かると、拷問によって宗旨替えを迫りました。それにもかかわらず、一向宗は広く浸透していきました。一向宗を取り締まる側の麓地区においてすら、盆になるとわざと魚を焼いて食べて信者でないことを偽装する者がいました。在郷郷士の麓郷士に対する反発ですが、在郷郷士と麓郷士間の格差がかなり目立っていたようです。在郷郷士の大部分は生活に窮していました。なのに麓郷士の威張りようは大変なものだったようです。加世田一揆は以上のようなことが前提になって勃発しましたが、強訴一揆の性格を帯び、また蔵元一揆とか小松原蔵元の上寄《うえより》ともいわれています。

『加世田史』などによると、事件が起こったのは、諸々の税上納の期限である十一月十八日のことでした。それ以前に何があったかは不明ですが、よっぽど麓郷士の態度が我慢ならなかったのでしょう。麓犬追馬場の射場で行われた射納めの式に集まった郷士の面々に、内山田の郷士・尾辻喜太郎の堪忍袋の緒が切れ、「一向宗の信者である郷士や農民を津貫新山に集め、そのまま小松原の蔵元に集合させよ」と緊急結集の檄《げき》を飛ばしたのです。これで日ごろの麓郷士への不満に火がついたのが一揆の始まりです。一揆の集合場所を旧小湊村小松原にしたのは、この地が藩直轄年貢米収納の下代蔵《げでぐら》があったし、また出物蔵《しゅつもつぐら》といって領民から上がる年貢米の収納蔵があったからでしょう。ここに集まった百姓や一向宗の信者である下級郷士たちは三日間謀議を重ねて郷士は刀剣や槍を、農民は農具のナタや鎌を持って麓集落を大挙して襲撃し、藩庁に農政の改善を直訴しようと気勢を上げていました。「もし、この暴動に参加しない者がいたら、その家を焼き払い、終世交わりを絶って村八分も辞さない」と豪語し合っていたので、一揆に加わらなかったのは、赤生木村の加藤新右衛門、内山田村の松山源左衛門と町人三人だけで、一揆は農民も含めて数千人に膨れ上がったといいます。

　謀議に加わらなかった者がことの次第を麓の地頭仮屋に急報すると、麓居住の上級郷士は狼狽するばかりでたちまち大混乱に陥りました。そして川辺の郷士たちにも援助を求め、彼らも武装して加世田の麓に駆けつけることになりました。

　それに対して一揆勢は意気盛んで、一時は麓が灰燼《かいじん》に帰すかの不穏な空気になり一触即発の情勢になっていたので、日新寺方丈某が中に入って交渉、双方を説得説諭しました。結果、最悪の交戦は何とか避けられました。交渉の条件や状況は史料がないので断定は出来ませんが、あっ気ない幕引きではありました。

　首謀者である舞敷野の永田助左衛門、川畑の川野甚七、小湊の平川休左衛門・有馬某、大浦の青木隋右衛門・宇留島《うるしま》千葉助、小浦の川村権左衛門、赤生木の加藤源兵衛・仁礼正五郎・仁礼沢蔵、宮原の池田六郎兵衛らが捕らえられ、後日、鹿児島の藩庁から呼び出しを受け、大門口の獄舎に入れられました。判決は加藤源兵衛が一番の重罪で投獄三年、種子島への流罪四年でした。また平川休左衛門は獄死しています。

　一揆の原因について原口泉鹿児島大学教授は『鹿児島大百科事典』で「事件の表向きは一向宗徒一揆として片付けられているものの、より本質的には郷士の経済的な両極分解の結果であるようです。一部の麓上級郷士と、大多数の在方居住郷士との対抗関係が基本的な矛盾である」と主張しています。原口教授によると、一八七二（明治五）年の『加世田士族明細帳』によれば、全士族九百十七戸のうち二百八十四戸（三一パーセント弱）が麓郷士であり、六百二十戸（六八パーセント弱）が在方士族として各村（集落）に散在しており、残りは他所居住や居住地不明の者です。そのうち四石以上の高持は麓士族では半数の百四十二戸であるのに対して、在方士族では、わずか七・四パーセントの四十六戸だけで、全体の約九二・六パーセントにあたる五百七十四戸が四石未満か無高であり、高持の麓偏在は歴然としていました。それゆえ、在方士族は鍛冶屋や大工、紺屋《くや》などの「職人郷士」として生活せざるを得なかったようです。加世田一揆は郷士と農民という身分秩序を越えて結集したところに特徴があるといえるでしょう。

五　度重なる法難　その1

天保の大法難

鹿児島藩が一向宗禁制のために、宗体奉行を一六五五（明暦元）年に設置してから厳しい取り締まりが本格化しました。江戸中期から幕末に至る間の天保・嘉永・安政・万延・文久などの時代に一向宗信者への弾圧が特に厳しかったようです。

「天保の大法難」といって、天保時代（一八三〇年～一八四三年）の弾圧がことの他顕著で、一八四三（天保十四）年までに、一向宗信者が合わせて十四万人検挙され、ご本尊（阿弥陀仏画）二千余幅が没収された記録があるそうです（大八木廣澄氏著『鵜飼いの悲しさ』）。西本願寺鹿児島別院は念仏禁制時代の鹿児島県内の一向宗信者数を「十九万人」と推計していますから、いかに天保年間の弾圧が厳しかったかが分かるでしょう。だから鹿児島県内の市町村の『郷土誌』には、決まってこの時代に関係する一向宗法難の記述が一つや二つは掲載されているのです。

天保年間に弾圧がひどくなったのは、その直前の一八〇〇（寛政十二）年から一八一〇（文化七）年にかけて京都の西本願寺が御影堂《ごえいどう》の約二百年ぶりとなる大修復を総額一万一千両で行っており、その費用の約一割に当たる金額を鹿児島の秘密講に負担させるという本山の秘密文書を藩が入手したことが関係するでしょう。藩自体も木曽川治水などで五百万両の借財を抱え、調所笑左衛門が「天保の財政改革」を実施している最中でした。藩の一向宗信者への締め付けがきつかったのもこの財政問題が原因とみられます。

特に甑島（薩摩川内市）の法難は〝集落ごと焼き尽くすほど〟でした。『鹿児島百年　幕末編』（南日本新聞社編）によると、甑島は一向宗信仰が自由である天草に近かったせいか、門徒が多かったようです。信者が多かったのは、離島のため藩の役人の目が届きにくいということもあったでしょう。

最初の集団法難は、一八三五（天保六）年に全島が検索された際、下甑町長浜では、宗門改め役の厳しい拷問にもかかわらず、島民が一向宗信者であることを白状しないため、血迷った役人が集落に火を放ち全戸を焼き払ったといわれています。島民は炎が渦巻く中で我が家を飛び出し大騒ぎしていました。『柱ほとけの光～薩摩のかくれ念仏』（『柱ほとけの光』復刻委員会編）によると、悲鳴をあげて逃げ惑う住民を尻目に、役人は島民が炎の中からご本尊や聖教類を持ち出しはしないかと、鵜の目鷹の目になって注視していました。その混乱の最中に、かねて家の天井裏に御絵像を箱に納めて隠し持っていた老女が、炎の中をこの箱を持ち出し、泣きながら村はずれの山奥の隠れ場所を目指して駆け出しました。この様子を遠くから見ていた宗門奉行の役人は「逃がしてはならぬ」と老女へ駆け寄って来ました。「しまった！」と老女は、すぐに「汚らわしいけど、しばらくのご辛抱を」と心に中でささやきながら、自分の腰巻を取り外し、御絵像を納めた箱をぐるぐる巻いて役人の目を避けようとしました。何か手にかかえて走ってくる老女に、役人は「バアさん、お前の手に持っている物は何だ」と尋ねました。胸に五寸釘が刺さった思いの老女は機転を飛ばし、すかさず「あらー私としたことが余りにうろたえて、こんな汚い物を持ち出して！」といってカラカラと大声上げて笑いで誤魔化しました。役人は老女の機知に騙されて、カラカラ笑いながら「そんな物は捨ててしまえ」といって去っていった、という話があります。

また『鹿児島県史　第二巻』にも老婆の話をカットして次のようにこれを転載しています。

　就中、天保六年の法難崩れには、広く藩内各地に亙《わた》り、下甑島の長浜では、藩吏の拷問、其《そ》の他の手段を尽すも本尊・経文・道具類を発見し得ず、遂に民家に放火し、一村を焼き払って、門徒の本尊を持ち出すを捕へんとしたといふ。

しかし、これに対して古文書に詳しい鹿児島民俗学会代表幹事の所崎平氏は、横目役だった奥田善行院の通称「横目日記」の研究を串木野郷土史研究会編の機関誌『くしきの二十二号』で発表し、「一村放火は史実だったか？」と、『柱ほとけの光―薩摩のかくれ念仏』や『鹿児島県史　第二巻』の記述に疑問を投げかけています。

その日記は、山伏でもあった奥田善行院が横目役を始める一八三四（天保五）年正月二十八日から横目役が終わる一八四四（同十五）年までの十年間に、管内で自分がかかわった事件やその他の事件を克明に記録したもので、その中に串木野郷はもちろん甑島の一向宗取り締まりのことも書いてあるのですが、長浜の一村放火については一言も触れていません。そのうえ、当時の取り締まりの方針は、一向宗のかくれ念仏の講頭を逮捕して一般農民への見せしめにして本山への金品の流れを断つのが第一だったはずです。一般の人たちは自ら「一向宗の信者でした」と申し出る「自訴」をして証拠となる本尊などを差し出し改宗すれば、罰せられず許されたようです。確かに講頭には拷問など行い、死亡させるケースもあったでしょう。取り締まりもその厳しさの程度には、かなり地域差や取締役間の格差があったようですが、甑島を含む横目としての奥田善行院の管内には、他の一向宗取り締まりの実績を見ても、他地域に比べてかなり緩かったようです。甑島長浜の一村放火については奥田善行院の日記でも触れていないし、鹿児島民俗学会員の小川三郎氏に伺っても「長浜のまああの人に尋ねてみましたが〝そんたなかった〟といわれた」そうです。『下甑村郷土誌』にも長浜の一村放火のことは一言も触れられていません。「この天保のひどい事件のことが後々までなぜ伝えられないか？」と所崎氏は不思議に思っています。そこで所崎氏は「たった一人の講頭を逮捕するのに、いかに苦労して調査し、確かめて捕まえたのかという記録を読めば、簡単に人を焼死させるようなことはできない。もっとも、気のふれた役人ならば別であろうが、そういう役人はすぐ更迭される」として、「天保度の甑島・長浜の一村放火はありえない話だ」と結論づけています。果たして事実はどうだったのでしょうか。「天保の法難はひどかった」を強調するための〝つくり話〟だったような気もするのですがいかがでしょうか。

さて、一八三九（天保十）年には甑島の里町で大法難が発生しています。里町では容疑者が無差別に責められましたが、ここでも島民の口が堅くて中々白状しません。そこで役人は何を思ったのか、片っ端から牢にぶち込んでしまいました。離島の小さな牢ゆえ大変手狭です。そこに数百人もの島民が突然入れられたからたまりません。「畳一枚に七、八人」という無慈愛のギュウギュウ詰めでした。しかも三歳以下の幼児も母親と一緒に入れられたから、幼児の泣き声で牢内は喧騒を極めていました。中には臨月の妊婦もおりましたが容赦なくぶち込まれました。喧騒の牢内で産気づき、そのまま出産するということも起こりました。

その上、牢内で最悪の熱病も発生して死ぬ者も増えていきました。死体は俵に入れられ、野山に無造作に捨てられたのです。甑島ではそのころ、オオカミに似た野犬が多かったのですが、野犬たちが死体に群がり食いちぎるというまるで地獄絵で、目も当てられない光景であったと『里村郷土誌』は述べています。同誌によると、里村への取り締まりは奥田善行院ではなく出水郷士の山田静治有秀だったといいます。

また、同市鹿島町藺牟田では、かくれ念仏の「番役太次郎が証拠物件のご本尊を前にして恐れる様子もなく一心に正信偈《げ》を唱えたので、改め役の役人は彼のその気迫に押されて彼を殺すこともできなかった」という宗門改め役の郡奉行・白尾金左衛門と串木野郷宗門方掛横目・奥田善行院が関係している文書が残されています。さらに一八六二（文久二）年には上甑島で法難があり、二十三座講の番役で中野村・野口門の仲吾左衛門と川畑源兵衛が逮捕され、拷問と仏像・経文の焼却を受け「十五歳以上の者は、今後一向宗を信仰しない」という誓約血判を押したといいます。

大淀川の渡り場で御用

一向宗の取り締まりがことのほか厳しかったといわれる加世田地方では、どの講でも番役が拷問を受けており、その模様が『加世田市史』に出ています。そのうちの二つ紹介をしてみましょう。

南さつま市加世田内山田東山の代々かくれ念仏の番役を勤めていた唐仁原家の儀兵衛は、一向宗禁制時代に厳しい刑罰を受けた人です。ある日、野町の会所《えしょ》から使者が来て、直ちに出頭せよとの命令が下りました。覚悟はしていましたが、儀兵衛は後のことを妻に頼んで会所へ出かけたそうです。まもなくこのことが方々の信者たちの耳に伝わって、上を下への大騒ぎになりました。

儀兵衛が会所に着くと、さっそく拷問にかけられて信仰の白状を強要されました。儀兵衛は「白状することは仏法を破ることであり、自らの後生を誤るものである。どんな責苦にあっても死んでも白状しない」と決意が固く白状しなかったので、役人はついに水責めに移りました。水責めというのは漏斗で水を一、二升無理に飲ませ、それでも白状しないとさらに水を無理やり飲ますという厳しい拷問。そのうち、儀兵衛の体は膨れあがり青白くなって肉が割けて鮮血が流れ、見るも無残な光景だったといいます。始末に困った役人たちは、ついに一向宗専用の鹿児島の大門口にある宗門改めに送りました。

加世田の会所での儀兵衛の強情ぶりを知っていた大門口の役人は、さっそく「割り木責め」を行いました。儀兵衛は三本の割り木の上に座らされ、足の折り目に薪を挟まれ、ヒザの上に十貫（三七・五キロ）から十五貫（五六・二五キロ）程度の石を乗せられました。儀兵衛は心の中で念仏を称えながら懸命にこらえていました。もし自分が白状すれば、加世田はもとより、知覧、川辺、喜入までの講が全滅すると。なかなか白状しない儀兵衛に役人は、積み石を次々と積み重ね、ついに十二枚になったとき、儀兵衛は人事不省に陥りました。我慢強い儀兵衛に役人はついにサジを投げて庭に放り出してしまいました。

南さつま市加世田相星のかくれ念仏ガマ跡

息子の弥吉らが本人引き取りに来たときは、儀兵衛の体は膨れ上がり、尻は爛れ果て、胸の辺りがひどく痛み、呼吸困難で哀れなありさまでした。儀兵衛は多くの人に守られ、密かに夜道を加世田に帰り、手厚い看護を受けました。痛みを和らげるため、胸に金輪をはめて寝たため身動きもできず、長い間、床に伏していましたが、不自由な体を押してその後も駕籠に乗って講に出ていたということです。

同じく加世田益山の講の番役を務めた寺園家の伝蔵は一九一五（大正四）年九月に八十四歳で亡くなりましたが、一向宗禁制が解けたときは四十五歳で、それまでに十八回もの拷問に耐えたつわ者でした。

一八五七（安政四）年六月二十九日に伝蔵が捕えられたときは、割り木責め、抱き石責めを連日受けましたが、「娑婆《しゃば》一旦の苦しみのために、永劫《えいごう》の親を出してはなるものかと思い、いかなる拷問も何ともありませんなんだ」と、大崎顕証寺住職だった藤等影氏著の『薩摩と真宗』のインタビューに答えています。そのときは、尻は膿《うみ》血でぶくぶくただれ、戸板やモッコで運ばれました。

その後の一八六〇（万延元）年、伝蔵はまた捕まってしまいます。ことにある郷士は私怨を込めて暴行したので、伝蔵は「今度は打ち殺される」と覚悟しました。その拷問ぶりは『日本残酷物語（第三部）』に「寺園伝蔵の思い出」として詳しく書かれていますが、半月くらい人事不省のまま寺の境内に掘った穴に入れられました。ノドの渇きで我に返って気がつくと、兄弟がやって来て水を飲ませてくれました。兄弟は藪に隠れて拷問される伝蔵をじっと見守っていたといいます。いつも責苦の決着は「胸代《きょうだい》」という儀式で済みました。胸代といえば、御安心代えです。「南無帰依仏《なむきえぶつ》・南無帰依法、南無帰依僧」と三帰戒《さんきかい》を一口ずつ禅宗の和尚が称えて、小僧が伝蔵の代わりに称えてくれます。つまりこれで真宗を棄てて禅宗に転じたことになるのです。

南九州市知覧郷の佐多兵右衛門は、同地迫の「灯明講」の初代の講頭を務めるほどの信者でした。京都の本山に上りご本尊を頂いて、帰りは無一文になり野宿しながら乞食同然で帰郷しています。それだけに同郷の信者たちはその後この本尊をことの他大事にしていました。

その兵右衛門が最初に検挙されたときは「知らぬ、存ぜぬ」で押し通しました。しかし、それですむはずはありません。実に五十三日間も連日、拷問につぐ拷問を受けた兵右衛門は全身不随の身体不自由者になりました。そのころ、頴娃の浦芝原の人で、日向の福島に逃散していた信者の荒嶽四郎兵衛が、仏絵をよく描いていたので、兵右衛門の無残なありさまを救い出そうと、親類の人が密かに福島に行き、ご本尊に似せたものを描いてもらった似せ絵を、「これが本物です」と差し出してようやく許されました。

その後十五年たったとき、取締役人が上方から下ってきた僧に化けて巡回して来ました。善人の兵右衛門はご同行と信じて講の座を開きました。これで兵右衛門は証拠を突きつけられてもう万事休すです。鹿児島に呼び出されて素直に白状しました。このときは、罰として「杉の挿し木七万五千本を山に植えること」を命ぜられました。それからというもの、拷問により不自由になった体を引きずりながら、念仏とともに毎日、七万五千本の杉を一本一本と、挿し木をする兵右衛門の姿が見られたということです。同郷の山仁田の上手に永里共有会の「七万五千」という字地は、それに由来するものだそうです。

西本願寺直属の門徒の指導していた「仏飯講」は始良地区や曽於地区、それに宮崎県の西諸県地方までの広い範囲をカバーする念仏講です。それは一番から三番までグループごとに分かれており、年一回は三つのグループが合同の講を持っていました。始良・曽於地区で組織している三番組の講の総代をしていた曽於地区の末吉郷深川の直右衛門が一八三五（天保六）年ごろ、布教活動を始め、大隅、日向一帯で「仏飯講」を熱心に広めていました。

曽於市末吉町の『末吉町郷土誌』によると、一八四一（天保十二）年は「仏飯講」の各グループに対する藩庁の追及が急でありました。宮崎県野尻から一信者と名乗る男が直右衛門を自宅に訪ねて着ました。「藩庁の回し者では」と家族は警戒して「居ない」といって最初は取り合いませんでした。「わざわざこうして会いに来たのに」と声を立てて泣き出すので、仕方なく付近の山中の洞穴に隠れている直右衛門に案内しました。そして二人は追及が厳しくなったので検挙を逃れるために当分、豊後（大分県）に逃げることにしました。直右衛門は生歯を抜いて、面相まで変えていました。この野尻の男をすっかり信用していたのです。

四月、二人は都城を無事に過ぎて都城市高崎町綱瀬の大淀川の渡り場で渡し舟に乗ろうとしたとき、背後から「直右衛門どの！」と、大声で呼ぶ者がいました。何気なくひょいと振り向いたのがいけません。追っ手の藩役人に捕まってしまいました。「直右衛門などと申す者では、ござりもさん」と頭を横に振っても容赦なく捕まって都城の会所に連行されました。実は野尻の信者というのは真っ赤なうそで、藩が派遣したスパイだったのです。

直右衛門は来る日も来る日も拷問にかけられ、仏様（御名号と連座像）の在りかを白状せよ、と迫られました。白状しないのでさらに拷問が続きましたが、ついに直右衛門は「もう逃げられない。この身を捨てるよりない」と決意し、牢番が居眠りしたすきに切腹して果ててしまいました。直右衛門が四十四歳のときでした。それから約一世紀後の一九二三（大正十二）年四月に、仏飯講三番組の手で末吉町高之峯に、直右衛門の記念碑が建てられ、本山から直右衛門に「釈雲道」の法名が贈られたということです。

六　度重なる法難　その2

各地で摘発

一八四九（嘉永二）年に行われた宗門改めは過酷の中でも過酷であったといいます。『柱ほとけの光』にその過酷ぶりが載っています。南九州市川辺町は禁制時代からかくれ念仏が盛んな土地柄でしたが、同町野崎の郷士に宮内弥右衛門という一向宗信者がいました。彼がかくれ念仏の信者だということが分かり捕らえられ、牢獄に入れられました。彼は取り調べで信者であることを否定しますが、例によって拷問は残酷で、石抱きなど毎日々々苦しい拷問が続きました。

余りの拷問の苦しさに耐えかねた彼は「生きてこの苦しみを受けるより、死して阿弥陀さまの浄土へ行こう」と死を覚悟して、牢屋の番人に「私はいずれ拷問で死ぬだろうから、せめて私にたばこを一服吸わせてくれ」と頼みました。牢屋の役人は厳しい獄の規則があったものの、弥右衛門を不憫《ふびん》に思い、「それではほんの一服だけだよ」といって煙管《きせる》を貸し与えました。弥右衛門は礼を言い、煙管を口中に入れ、くわえたかと思った瞬間、そのまま牢内の柱めがけて力任せに突進し、自分のノドを突き刺し自殺を図りました。同じ法難崩れに久松某という者がまた同じく捕らえられ、牢に入れられました。ところが久松某は投獄されるや否や腹を真一文字にかき切って自害しました。

慶応にも法難があり、出水市野田町の西畠宗太郎がその犠牲者になりました。『野田町郷土誌』によると、西畠家は大変信心深い家族で小さな仏像があり、その仏像を仏間に安置して毎日ご仏飯を供え、お参りが終わると、早々に仏像を臼の底に移動させてその上に白米をかけて隠し、役人が来ても分からないように工作していました。しかも藩庁の手入れを恐れて偽仏を準備するほどの用意周到ぶりでした。それで西畠家には近郷在所から多くの人々がやってきて、密かに一向宗に帰依していたのです。宗太郎にはすぐ下に伝次郎という弟がいました。

「西畠どんの家によく信者が集まるらしい」。隣村の目付役がかぎつけて、一八六六（慶応二）年五月十五日に二男の伝次郎が会所に呼び出されて取り調べを受けました。信仰を否定したので役人は拷問に次ぐ拷問を行いました。苦しさにたまらず、家には偽仏もあったことを思い出した伝次郎は、ついに「仏様は以前拝んでいたこともあったが、今はその仏は天草の方に預けてある」と、自白しました。これには役人も「それなら直ぐその仏像を取り戻してここに差し出せ」といって一旦家に帰しました。

今度は長男の宗太郎が目付役の所に行って、用意してあった偽物の仏像を差し出しました。しかし、余りにも早く差し出したので、役人は「これは偽仏に違いない。天草から取り寄せるにはあまりに早すぎる。本物を持って来い」と、偽物であることを見破りました。宗太郎は「いやこれはご本尊である。決して偽りは申しません」と懇願したが、怒った役人は「それでは本当のことを白状させてやる」といって、野田つけ原という所で、宗太郎の足の間に割り木を挟み、割り青竹を持って、ところ構わず叩きました。このときは叩き役は中尾吉兵衛という人で、憐れみ深い人でしたので、なるべく宗太郎の身体の大事な所を外して他の所を叩きました。これを見ていた目付役は「そんな叩きようがあるものか。もっとしっかり叩け」というが早いか、傍にあった水の入ったタンコ（水桶）を高く差し上げ力一杯、宗太郎めがけて投げつけました。そのとき、宗太郎は肋骨を二、三本叩き折られたらしく、そのままぐったりと前のめりに倒れました。叩き手の中尾吉兵衛もこの傍杖《そばづえ》を食って足を傷つけられ、その後湯治に行って養生する始末でした。

目付役は「今日はこれで引き取れ」と宗太郎に声をかけましたが、宗太郎は打ち所が悪かったのか、また一撃ですでに急性の心臓麻痺になってしまったのか、即死状態で息絶えていました。他の兄弟や親類は後難を恐れ、面倒なことになると耐え忍びながら、無言のまま亡骸を引き取ったのでした。

そのころ、野田郷上名青木の信者・上籠藤五郎兄弟も「人々に法を説き聞かせている」ということで、役人から調べを受けていました。宗太郎のことを風のうわさで聞いて、同じ憂き目になることを恐れた藤五郎はその夜、野田川で入水自殺してしまいました。

南さつま市坊津町博多浦は藩政時代から「一向宗の堅固な博多浦」として、近隣の一向宗徒の間では、よく知られていました。博多浦にあるかくれ念仏の「淳心講」は常に京都の本山と海上交通網で直結していました。しかも博多浦は藩の御用船が多く、持ち主の七軒には苗字帯刀が許され、侍分の格式を与えられていました。さらに博多浦は大坂・堺のように一種の治外法権地域を形成していたといわれ、幕末当時では「淳心講」の講活動は半ば公然のことであったといいます。

『坊津町郷土誌』によると、講頭の入来源右衛門は、純金製の念持仏である高さ四センチの阿弥陀像を秘蔵し、講の人たちとともに信仰の日々を送っていました。源右衛門は学問に長じ特に浄土真宗の信仰において、講中に説教を説き、さらに京都・本山で説教するほどの学者だったといわれています。

しかし、一八六九（明治二）年、禁令がいよいよ厳しくなり、坊泊の曖《あつかい》伊瀬知直之進は藩命で源右衛門宅を家宅捜索し、この仏像を探し出しました。この仏像を証拠品として、源右衛門は川辺町勝目での調べを受けましたが、それは厳しいもので半死の状態になって、ついに白状することになります。源右衛門は身体の衰弱が甚だしいという理由で許されて帰宅しましたが、日ならずして死亡しました。

戦後、博多浦公民館に浪曲師が巡業にやって来て「源右衛門の殉難」と題して公演が行われました。この浪曲師は「その内容は、真宗大谷派本山所蔵の資料をもとに脚色を加えたものだった」と証言したそうです。

明治に入っても弾圧つづく

こうして明治になっても依然、浄土真宗（明治以降、一向宗はこのように呼ばれるようになった）は弾圧されましたが、一八七三（明治六）年九月に伊佐市で鹿児島県士族が布教中の浄土真宗の僧侶を逮捕したのに住民四、五百人が僧侶を奪い返そうと決起する一揆が発生しました。この事件は同年十月二十二日の東京日日新聞に載っていることが『鹿児島百年（中）明治編』に記載されています。その事件の概略というのは、

伊佐地方の隣県の熊本、宮崎県は浄土真宗が自由になったので、公然と僧侶による布教活動を行っていた。そこで大口地方でもこれに倣って僧侶を招いて説教を受けても差し支えないと思った住民は説教所に僧侶を招き入れていた。九月三十日になって鹿児島県士族三十人ほどが「国禁を犯した」として僧侶を連行していった。僧侶を気の毒に思った伊佐市菱刈町の住民四、五百人が「お坊さんを取り返そう」と決起して押しかけてきた。そこで士族たちは大砲などをかまえて発砲した。そこで住民は山林に逃走していった。

（『菱刈町郷土史』）

これとよく似た事件が明治元年のできごととして『大口市郷土誌』に述べられています。また『鹿児島百年』には、

当時、一人の僧が牛山郷山村（現・伊佐市菱刈町市山）

に潜入、藩の国禁を犯して信徒を集めて布教していた。これを知った有村隼治・松下助治らは市山に急行、かくれていた僧を捕らえて大口の牢（現・伊佐市中町中央通り付近）にぶち込んだ。

信徒たちは僧を奪い返そうと鎌やナタを手に松明をかざして青木方面から篠原を通り、木崎原（常備隊練兵場跡）へ向かった。市山の信徒を中心に青木・篠原の農民信徒も合流、その数は数百人に達した。これを知った常備隊では隊員を集め大砲三門を水の手・仮屋・町入口に配備し、木崎原に向けて発砲したので、たちまち信徒の集団はクモの子を散らすように逃げてしまった。翌日、僧は仮屋に引き出され小隊長・大脇宗八郎が吟味役となって取り調べ、鹿児島へ護送して、海路追放の途中船上でこれを殺したという。

（『鹿児島百年（中）明治編』）

この事件について発生年は不思議なことに二つの説があります。一つは明治六年説の『鹿児島百年』と『菱刈町郷土誌』で、明治元年説を採るのは『大口市郷土誌』と『伊佐郡史』『菱刈史』（大正十三年刊）です。明治元年説を採用した場合の疑問点は、①大山県令から宍戸教部大輔にあてに提出された同事件の報告書の日付は「明治六年十一月」となっている②この事件を報じた東京日日新聞の日付は「明治六年十月二十二日付」となっている――ことです。

また明治六年説の疑問点は①大口常備隊は明治三年十月解隊となっている②当時、人別調査掛の職にあった須佐美行正（嘉永四年九月生まれの大口郷士）の履歴書によれば「明治三年十一月、真宗僧捕捉シ筋々へ訴出且陰謀客ヲ廉ニ依リ金五拾銭下賜事　鹿児島県庁」と記録されている――などです。著者は、やはり当時の新聞が速報の面で現在より遅かったとしても東京日日新聞の日付が正しいだろうし、また、大山県令の報告書の日付も正しい、よって「明治六年説」の方を採りたいと考えています。ただ明治元年ごろ県境の付近では同様の事件が起こっても不思議ではありません。

三百年以上続いた鹿児島藩の浄土真宗禁制は一八七六（明治九）年九月五日に県参事・田畑常秋の名で「各自宗旨の儀、自今人民各自の信仰にまかせ候条此段布達候事」と布達して、ようやく信仰の自由を勝ち取りましたが、姶良市蒲生町漆では、浄土真宗解禁直前に園田八太郎と川崎市六、山口勇之進の三人の浄土真宗信者が密告で鹿児島の牢につながれ、割り木責めや釘責めに遭ったことが、『蒲生町郷土誌』に出ています。

浄土真宗解禁後、まもなくわが国最大最後の内戦・西南戦争が勃発しました。晴れて布教を、と県内に入り活動していた本山派遣の布教師がスパイ容疑で私学校組らに捕らえられ、殺されたケースもあります。恐らく県外から来た僧侶はすべてスパイだと一方的な罪名で殺されたのでしょう。「彼らは、わが国最後の〝殉教者〟だ」(『鹿児島百年』)、といわれています。

島津日新の菩提寺だった日新寺跡に立つ「いろは歌」の碑入り口「いにしえの道」

「浄土真宗は教義直裁簡明で信仰も熱烈であり、勢いのおもむくところ、ついに治安を害する恐れがあるから、禁制にした」と『日新菩薩記』が述べている事情から、鹿児島藩の藩主、士族と一向宗門徒の間には、越え難い対立が三世紀以上という長い間生み出されてきました。

城下士で、宮中御歌掛にも命じられた、幕末から明治初期にかけての郷土の文化人の八田知紀《はったとものり》は、一向宗のかくれ念仏の盛んな土地は「間引き」が少ないことに触れて、農民の側から見ると、「牛馬不足、生子間引き、豊年無貯の悪習同様、百姓の一向宗信仰も、要するに貧困が原因だ。これを農民疲弊の病根とするのは本末転倒である」と述べています。

第四章　鹿児島藩の廃仏毀釈

一　早かった種子島の寺院整理

島の経済的負担減らす

鹿児島藩の廃寺実施より半世紀前に種子島では、早くも「寺院整理を行いたい」という〝伺い書〟を鹿児島藩庁に送っていたことが、『種子島家譜』という古文書に出ています。『種子島家譜』は、鎌倉時代の初代島主・種子島信基《のぶもと》から二十七代守時の一八九一（明治二十四）年まで約七百年間、種子島の領主だった種子島家の政治、経済、法制、宗教、年中行事、島内の諸事実、鹿児島、大坂などとの対外関係などを物語る歴史上貴重な史料となっており、鹿児島県の指定文化財にされています。『種子島家譜』は、戦災や火災で大部分を失ってしまいましたが、「家譜復元委員会」が設置されて、『種子島家譜』に関するいくつかの写体をもとに、故・鮫島宗美氏が漢文体を仮名交じりに書き下ろして原稿化、復元したようです。その「家譜」の一八〇八（文化五）年八月二十九日の項に、下記のような記述が見られます。

八月　書を奉る。種子島廿八ケ寺（本源寺、慈遠寺、大会寺、妙法寺、妙久寺、満徳寺、妙泉寺、本法寺、本蓮寺、隆興寺、大聖寺、妙泰寺、蓮勝寺、本成寺、妙昌寺、日輪寺、本隆寺、浄光寺、善福寺、遠妙寺、本善寺、清浄寺、極楽寺、本因寺、隆泉寺、金剛寺、本妙寺）は、往昔薩府寺社奉行所に聞し、正に由緒旧跡ある所の寺院なり、しかるにこの他、或いは未だ其の祟主を知らず。将に廃墜に至らんとするの寺院許多《あまた》にして、其の修理を謀らんが為に世を欺き民を誣《し》ふ。何となれば即ち寺の多きを以てなり。故に今議して之を措《さしお》かんことを訴ふ。許しを得たり、左に記す。

とあります。なお、「種子島廿八ケ寺」なのにカッコ内は二十七カ寺しかなく一カ寺足りません。『鹿児島県史料　家わけ四』を見ると、「奉書」として「伺い書」の内容が出ています。それを見ると、抜けている寺は「善林寺」というお寺でした。多分、鮫島氏が写したときに抜けたのでしょう。種子島側の「伺い書」で、種子島久柄の口上書は、左記のように書いています。

○八六二　　種子島久柄口上覚

口上覚

種子島之儀、古来より由緒等有之差立候寺数廿八ケ寺、別紙之通ニ御座候。其外由緒等茂無之寺院多数有之、廃寺同前ニ而、修覆不相調、是迄兎哉角所修甫ニ而召置候も有之候得共、嶋中近年一統之困窮ニ而、下々極々相労、今躰ニ而者、寺々零落之基ニ而御座候間、右躰廿八ケ寺外、由緒等茂無之、及破壊候寺院者、一往取除申度、左候ハ、是迄致勧請候本尊仏躰者、右廿八ケ寺之内江致安置候筋可仕候間、此旨被仰上被下度、此儀御申可被下候、以上。

種子島佐渡

八月

とあり、さらに九月十三日付で藩庁の寺社取次ぎ役の安藤左平次が、種子島佐渡へ次のような返書を送っています。

種子島佐渡
役人江

口達之覚

右者、種子島江古来より由緒有之寺数廿八ケ寺有之、右外修補等茂不相調、及破壊候寺院者、一往取除候儀被申出、遂披露候処、寺社奉行被承置候、左候而取除相済候寺院者、其届可被申出旨申達候様致承知候。

寺社方取次
安藤佐平次

辰

九月十三日

種子島には異常なほど大小の寺院があり老朽化して壊れているものも多く、その修理もままならないで、寺側が言葉巧みに檀家にその改修を強要して農民を苦しめているというのが現状だったようです。すでに朽ちて使い物にならない堂宇などもあります。そこで由緒ある二十八カ寺に仏像など残った仏具を集中させて、後はもう廃止したい、という「伺い」を出し、それに藩庁が理解を示して許可を与えた様子が窺えます。

これを受けて種子島では一八一〇（文化七）年九月から寺院整理に入っています。『種子島家譜』を見ると、「島中、寺院多きの故を以て、民、財を費すこと少なからず、故に之を官に請ひて、寺廿六宇を毀つ」として、壊した堂宇名をすべて列挙しています。

本源寺の坊二軒、慈遠寺の坊二軒、納官村の坊三軒、野間村の坊四軒、油久村の坊二軒、坂井村の坊二軒、平山村の坊三軒、茎永村の坊四軒、中之村の坊三軒、島間村の坊一軒このような、由緒ある寺院以外の廃寺はその後もたびたび行われたようです。「寺多き」となっていますが、島にはどれほどの寺関連施設があったのでしょうか。島の歴史に詳しい西之表市の高重義好氏は「詳しい史料がなく、寺の実数はなかなかつかめませんが、私が若いころに南種子町島間の古老から〝南種子だけで三百施設があった〟と聞いています。（〇〇寺畑・寺前・寺下などと）各地に寺の所在を思わせるような地名が多いこともそれを物語っているようです。これだと、全島では堂宇を含めて約一千ばかりの寺関連施設になると想像していいですね」と話していました。あの規模の島に、由緒ある寺院が二十八カ寺あったのも驚きですが、それに関連する大小寺院施設が約一千カ所もあったとは、さらに驚きです。

種子島にそれほど寺院が多かった訳は、十五世紀中葉に島主の種子島氏が全島をそれまでの「律宗」の寺院からすべて「法華宗」の寺院に改宗させた影響も無視できません。これ以来、島は〝法華宗の牙城〟になっており、その影響は屋久島や口永良部島にまで及んでいます。なぜ法華宗のみ認めたか、については後ほど述べます。

種子島は村ごとに由緒ある寺院があり、その末寺やお堂などが集落や門《かど》ごとに、競うように出来たことにもよるでしょう。そうすると、その堂宇の修理がたびたび行われ、その中には朽ちて修復不可能な堂宇などもあり、その再建には檀家の農民に負担が重くのしかかっていたらしいのです。さすがの種子島氏もこれは見過ごすことができず、寺院整理を願い出たと思われます。「思想的意味の寺院整理」とは一味違った、いわば、民衆の経済的負担を軽減したいという政治的、経済的な側面が強く見られます。明治時代の島出身のジャーナリストの一人で、朝日新聞のコラム「天声人語」の名づけ親でもある西村天囚《てんしゅう》（一八六五〜一九二四年）が書いた、島の有名な偉人の功績や歴史的事実をまとめた『南島偉功伝』によると、幕末の「総寺院数二百七ケ寺」とあり、高重氏は「文化年間に寺を整理した上でも、まだこれだけの大小のお寺やお堂があったということでしょう」と話しています。

法華宗を広めた日良上人

種子島はなぜこうも寺院が多かったのでしょうか。それを理解するには、島の宗派の変遷を知っておく必要がありそうです。種子島の寺院は、戒律の研究と実践を行う仏教の一宗派「律宗」が主流でした。しかし、一四六九（文明元）年、第十一代種子島・島主の時氏が、全島を律宗から「法華宗」へ一種の「大改宗」を行いました。高重義好氏はこれを「律宗の貴族仏（武士階級の独占）から庶民仏教の法華宗（島民への開放）への大転換であり、単なる改宗ではなく、一種の〝宗教改革〃と考えた方がいい」と話しています。以後、種子島の寺院は法華宗一色になり、「法華宗の島」と呼ばれるようになりました。

種子島に法華宗の〃タネ〃を蒔いた先覚者は、西之表市川迎出身の日典上人で、その〃芽〃を大樹にまでに育てたのが、その弟子の日良上人でした。

岩下永徳氏の著『種子島の法華小史』によりますと、日典上人は幼名を林応といい利発な子どもでした。島にあった当時、律宗の慈遠寺（現在の八坂神社）に入り、「義賛坊」の法名を授かって仏門に入りました。

慈遠寺は種子島最古最大の律宗の寺院で、本堂はじめ祖師堂、社壇、拝殿、庫裏、宿坊など四ヘクタールに広がる〃島の迎賓館〃の役割も果たす由緒ある寺院でした。キリスト教が日本に伝来した十六世紀中葉にはフランシスコ・ザビエルも滞在したといわれています。

日典が律宗を「国賊」と批判し、破門されたという慈遠寺跡の手水鉢（廃仏毀釈後は八坂神社に変わった）

やがて島主は義賛坊の非凡な才能を知り、一四四一（嘉吉元）年に修学僧として奈良の興福寺に派遣します。しかし、寺では律宗的な規範を逸した熾烈な武闘を繰り返しており、義賛坊も失意の中、戦乱の都を脱出せざるを得なくなり、戦火すさぶ興福寺を後に、西海道へと旅立つのでした。その旅の途中に盲目の老按摩師に勧められて顕本寺の日浄上人の門を叩くことになります。義賛坊の非凡を認めた日浄上人はさらに法華宗再興の師・日隆上人に彼を預けました。日隆上人は義賛坊に「日典」の名を授けて、尼崎本興寺の勧学院学頭にすえています。ともに修学院で学ぶ日典と後輩の僧「日良」は固い師弟関係にありました。

日典上人は種子島でも法華宗を開教しようと、一四六二（寛正三）年春に故郷に帰りました。「二十年ぶりに今をときめく林応（日典上人の幼名）の天晴れの修業ぶりと律宗の奥義を聞きたい」と、説教所・慈遠寺へ多くの群衆が詰めかけました。

しかし、日典上人は律宗の奥義を語るどころか、「律国賊、法華真実、救国の宗教なり」（松井孝純氏著『南海の聖　日典上人伝』）と律宗を真っ向から批判して、遂に折伏（悪人・悪法をくじき、心服させること）の大鉄槌をふりおろしたのです。これには色をなして島主・時氏は憤然と席をけり、群集も激怒して収拾しがたい不穏な雰囲気となりました。これで日典上人は慈遠寺からは即刻破門にされ、島主からも追放、親類縁者からも見捨てられてしまいます。

日典上人は〝気違い坊主〟と蔑まれながらも「我もとより身命を惜しまず。ただ無上道を惜しむ」と島内を、合掌し「南無妙法蓮華経」と唱えて折伏して回っていました。そして一年後の一四六三（寛正四）年四月、最悪の事態が発生します。暴徒の群れが日典上人の草庵に押しかけて「全島の信仰を讒謗《ざんぼう》（あしざまに言って人をそしること）し、豪勢を振る舞っている。今こそ思い知らせてくれる」と息まき、草庵から引きずり出して、川迎の浜辺に穴を掘って、日典を放り込み、石や砂を次々投げ入れて埋めたのです。「石子詰め」です。この間日典の「南無妙法蓮華経」とお経をあげ続ける声が地底から響いたといわれます。間もなくお経の声も聞こえなくなり、ついに日典上人は、窒息死したのでした。これは凄惨なリンチです。このリンチで日典上人が入寂（僧の死）したのは六十三歳だったといいます。高重氏は「日典は食を断ち、身命不惜の法に準ずる実修を敢行した、と理解しています」と見ていました。

尼崎にいた弟子の日良上人は、師・日典上人の身の上に不安を感じて、消息を確かめに一四六五（寛正六）年、種子島に渡りました。そうして日典上人は故郷で、無残にも「石子詰め」されたことを知らされるのです。日良上人は日典上人が尼崎で別れの際に「二陣になってくれ」といった言葉を思い出し、そのまま島に滞在して布教の第二陣になることを決意します。

まず島主・時氏への接近を図り、運良く、心得のあった茶道を以って仕えることになります。茶道師範になって三年目のある日、日良上人が日典上人の石子詰めされた付近で供養の題目を唱えていると、これに唱和する声が聞こえてくるではありませんか。まさしく日典上人の声です。

この噂は時氏の耳にも入り、日良上人に「貴僧は高僧と思われるが、なぜこの辺地までおいでになったのだ。何か故あってのことであろう。仔細にお話あれ」といいました。日良上人はチャンス到来とばかり、「何を隠そう。拙僧こそは先般〝石子詰め〟で惨死を遂げた日典上人の弟子、浄光院日良と申すもの。師・日典との約束により大法弘通のため当地に参ったものである」と、熱く妙法の正義を諄々《じゅんじゅん》と時氏に諭すのでありました。「大法弘通」とは、法華経で〝南無妙法蓮華経〟の七文字を命がけで広めるという意味です。

これには、さすがの時氏も深く感銘を受け、日良上人を上座に導き、「かかる貴僧とは知らず、茶道に侍《はべ》らせしめたること懺悔《ざんげ》の至りである。上人よ願わくば我を許し本化の慈光に浴せしめよ」と、詫びました。

ここにおいて日良上人は、時氏に授戒（仏門に入る者にその宗派の戒律を授けること）の法をなし、時氏に「金山院日翁」

の法号を授け、時氏の奥方や子息、家臣もすべて授戒されたのでした。時氏は同時に「全島十八ケ村悉《ことごと》く本門法華の徒となせ」と「高札」したのです。一四六九（文明元）年のことでした。それ以降、種子島の寺院はすべて法華宗に改宗し、その後同じ宗派の堂宇など寺院施設はどんどん増えていくばかりでした。

日良上人は二十年間も全島村々を折伏に回り、島を法華宗一色にしました。さらに日増上人が屋久島に来島して屋久島の九十九岳の鳴動を鎮め、口永良部島を含めて種子・屋久の三島全部の寺院が法華経一色になったのです。

日吉町に伝わるA氏宅の観音像

鹿児島市在住のA氏宅には、種子島で拾った法華宗の慈遠寺のものと思われる観音像が大切に保管されているといわれますが、音信不通で残念ながら現在の姿は撮影できませんでした。

A氏の祖先の乙助氏は廃仏毀釈の嵐が吹き荒れた明治の初め、日置市日吉町帆ノ港を拠点に、交易船に穀類や衣類、焼酎・雑貨など多くの商品を積んで種子島で売りさばく商売をしていました。『日吉町郷土誌』によると、この時も乙助は加勢の人夫一人を連れていつものように商品を積み込み、帆ノ港を出港して種子島に向かいました。

二人は種子島に着くとすぐいつもの旅人宿に入り、早速、翌日から陸揚げされた商品類を手車に満載し、島内の店屋へ卸して回るのでした。何処へ行っても顔なじみの小売店は乙助たちを喜んで迎え、いろいろな品物を仕入れてくれるので、品物は面白いように売れました。焼酎屋は前回仕入れて空になった樽を返して新しい焼酎樽を受け取り代金を支払うのでした。

島に着いてから二、三日後のこと、二人は前日のとおり手車に商品を積んで出かけました。夕方、最後の小売店へ品物を届け終わってホッとした二人が宿屋へ帰る途中、乙助が何気なく道端の竹やぶを見ると、何か黒い物が見えます。何だろうと不思議に思い近づいてみると、黒光りのする古い仏像です。かねてから神仏を敬い先祖の供養を怠らず、ことに仏様の教えを深く信じていた乙助は、「アッ、これは仏様だ。誰がどうしてこんな所に捨てたのだろう。もったいない、こんなことしたら罰が当たるぞ、これは放って置けない」といいつつ両手を合わせて拝みました。

種子島寺院のものと思われる観音様（『日吉町郷土誌』から）

そこへ付近の集落の人らしい一群が通りがかったので、「どうしてこんな大切な仏様を捨てたのか、こんなことをしたら罰が当たるよ」というと、「とんでもない、これを祀ったら私共がお役人から罰を受けるのでここへ捨てたのだ。欲しかったら早く何処へでも持って行ってくれ」と、いかにも厄介者だといわんばかり。「では、私が仏様をいただいて拝んでもいいんだね」というと、島人たちは「ああ、いいとも、いいとも、早く他所へ持って行ってくれ」といって立ち去りました。乙助は非常に喜び、人夫と二人でその仏様を空き樽に入れて手車に積み、宿屋へ帰りました。宿屋で聞いたところによると、政府の命令で何処の寺院も打ち壊され、仏像や仁王像、お経の本などもみな壊したり焼いたりで大変だといいます。

　これを聞いた乙助たちは島での商いをすませると、仏像を入れた空き樽にフタをして分からないようにし、売れ残りの焼酎のように見せかけて西之表の港から郷里の帆ノ港へ運びました。そういえば、日置でも同じような寺壊しがあったと聞きます。乙助らはこっそり仏像を我が家へ運び、人夫と「この仏様はご縁あっていただいたのだから、両家が一年交替で祀って拝むことにしよう」と約束し、初め乙助の家が祀ることにしました。ところがその人夫は一年経たぬうちに病気で死んだため、この仏像はそのまま乙助の家で祀ることになったのです。拾った場所から推定すると恐らく現在八坂神社になっている慈遠寺のものと思われますが、まだどの寺の仏像か確定しません。

　この仏様、実は観世音菩薩でA氏の母、すなわち乙助の子・蔵吉の妻が自分の部屋の仏壇に祭壇を設け、香華を供えて朝夕大切に祀っていたといいます。像の高さ約七十センチ、蓮台から約一メートルで、いかにも慈愛の心に満ちた柔和優美な温容の中にどことなく凛としたものを感じさせる見事な観音像だそうです。

二　鹿児島藩の廃仏毀釈　その1

日本における神々と仏たちの関係

一九五八年（昭和三十三年）のプロ野球の「日本シリーズ」はセ・リーグの巨人とパ・リーグの西鉄（現・西武）の間で争われました。勝敗は巨人が三連勝し王手をかけましたが、西鉄が奇跡の四連勝をしてシリーズを制覇しました。このとき、第三戦から五連続投げ込んだのが、西鉄の鉄腕・稲尾和久投手（二〇〇七年十一月十三日、満七十歳で没）でした。当時の地元新聞は彼を「神さま・仏さま・稲尾さま」とヒーローとしてもてはやし報道したものです。この言葉は流行語になり、その後、事あるごとに、「稲尾さま」を自分が強調したい人や物の名前に代えて「神さま　仏さま　〇〇さま」

と、常とう語として使うようになりました。

また、日本人は窮地に追い込まれて活路が見いだされない最悪の状態になったときなど「神も仏もあるものか」といって悔しがるようです。このように、日本人は心の中でいつも神と仏に差を認めず、同列で平等に扱ってきたのです。神も仏も信じるのが日本人であるようです。

神と仏の関係について臼井史朗氏は、その著書『神仏分離の動乱』の中で、同棲夫婦に例えておおよそ次のようなことを趣旨として説明しています。

日本における神と仏とは、まったく異質なものでありながらも、長い間連れ添ってきた夫婦みたいに暮らしてきたのでした。それは皆から祝福された正式な結婚とは違い、一種の馴れ合いの状態で夫婦気取りの〝同棲生活〟だったようです。そして神とも仏とも見分けもつかない混血児的な子どもも沢山生んでいたのです。最初は骨肉相食むような悲劇や、悲しい別離に襲われることもなく平和に暮らしていました。

（『神仏分離の動乱』）

このように語ると、日本における神々と仏たちの関係がよく理解できるでしょう。

本地垂迹説

インドで生まれた仏教は西域から中国へ、さらに六世紀半ばの欽明天皇期に朝鮮半島の百済の聖明王が釈迦仏と経典を倭国（古代日本）朝廷に献上したことに始まるといいます。

しかし仏教はスムーズに日本に受け入れられた訳ではありません。「それぞれの豪族が信仰する八百万《やおよろず》の神々を大切にすべきだ」とする排仏派の豪族・物部《もののべ》一族と、仏教導入を主張する崇仏派の豪族・蘇我《そが》一族の抗争の末、蘇我一族の主張が勝ち、物部一族が滅亡したことで、他の豪族たちもこれを契機に競って寺院を建てるようになり、仏教がようやく飛鳥に根付き始めました。聖徳太子も仏教への造詣が深く、仏教の教えによって政治的な動きをしたのではないでしょうか。聖徳太子は六〇七（推古十五）年に推古天皇とともに法隆寺（斑鳩寺ともいう）を建立したことで知られます。

仏教が国家の宗教になったのは奈良時代で、東大寺を建立した聖武天皇のときからでした。さらに聖武天皇は国家安泰のために各国に国分寺や国分尼寺を建てて行き、しだいに仏教を日本の国教とする体制が固まってきました。そうはいっても、天皇はアマテラスオオミカミを祖とする神道を祀る中心的な存在にかわりありません。各地の豪族たちもそれぞれの祖先から信じている神がいたでしょう。政治的な意味で仏教を国教にしたとはいえ、やはり、すべて百パーセント仏教ばかりとはいかなかったことでしょう。他の貴族や豪族たちも、みな「うちのご先祖さまは、○○神という神さまだ」と主張していたからです。

それで、実際に「神さま」と「仏教」が政策的に歩み寄る必要が生まれました。歩み寄ったのは神さまの方でした。その最初を担ったのは「八幡神」だったようです。八幡神は、応神天皇のことだといいます。八幡さまが「私は元々、インドの神でした」と告白したことで、他の神さまも右へ倣えしたといわれています。神さまの側からすれば、元々、日本の神道には教義もなければ教祖もいない、〝八百万の神さまがおわします〟とするだけ、ということでしたから、歩み寄りもさほど気にならなかったのかも知れません。

そこで、神さまの立場を「本当は仏教（本地《ほんじ》）ですが、日本では神道の神としてやっています（垂迹《すいじゃく》）」ということにしたのが、「本地垂迹《ほんじすいじゃく》説」の考え方です。つまり、本地垂迹説は、神道と仏教の両立をはかるために、奈良時代から始まった神仏習合（神と仏を同体と見て一緒に祀る）という信仰行為を理論付けし、整合性をもたせた一種の合理論で、平安時代に成立しました。言葉を代えて説明すると、仏菩薩が人々を救うために、いろいろな神の姿を借りて現れるというのです。これは神々と仏たちが共存するのに都合のいい平和共存主義的な政策であり、一つの「ご都合主義的」な政策でもあったのです。これが日本人の、他人を気にして態度を〝あいまい〟にする性癖にもつながっているのではないか、とも思います。仏教自体がヒンズー教一派から沢山の神々を入れていましたから、如来や菩薩など名前を変えて日本の神さまになっても可笑しくない、と考えていたのではないでしょうか。だから、明治政府が神仏分離政策を行った当時の神社のご神体はほとんどが、大日如来などの仏像だったようです。特に鹿児島の神社で鏡をご神体にしている神社は霧島市隼人町の「なげきの森」にある蛭子神社だけだったといいます。

宗門人別帳制度の導入

それまでの千数百年間、神と仏は喧嘩しながらも不自然な〝同棲生活〟を送っていました。仏教は、宗派によって時の権力側に禁制されたことが一部あったものの（例えば鹿児島藩の一向宗禁制など）、一貫して権力側の庇護を受けてぬくぬくと我が世の春を謳歌していました。一六一三（慶長十八）年、江戸幕府がキリシタン禁制を敷き、一六六〇（明暦六）年に「宗門人別改帳」を寺院に作成させるようになってからはなおさらです。

「宗門人別帳」というのは、その人は「何宗の信徒であり、邪宗門信徒ではない」と証明をするために、家族ごとに出身地・生年月日・続柄・宗旨・身分・収穫高が記載された帳簿です。各寺院に備えさせるもので、現在の戸籍に記載されているものとほとんど同じ内容のものです。つまり、戸籍謄本＋税務徴収台帳＋宗旨＋身分台帳を合わせたもので、寺院がそのまま現在の役所のような役割を担ったようです。

さらに幕府は一六六四（寛文四）年に、キリシタンや仏教の日蓮宗不受不施派を禁制にして、信徒に対し宗旨を強制することを目的とした「寺請《てらうけ》制度」を制定しました。寺請制度は檀家《だんか》制度や寺檀《じだん》制度ともいいます。寺請制度は、当人がキリシタンなどの〝邪宗〟ではなく自寺の檀徒であることをその檀那寺に証明させた制度で、これによって人々はいずれかの仏教寺院の檀家であることが義務付けられるということです。

登録された住民は、宗祖忌や仏忌、盆・彼岸・祖先忌には檀那寺のお参りを義務付けられ、そのたびに寺院にお布施を強要されたといいます。この檀那寺制度の導入によって檀那寺の伽藍《がらん》築造費や本山への上納金その他の名目で、住民の経済的負担は増えるばかりだったといいます。檀那寺が発行する寺請証文がないと、結婚や奉公、旅行など住民の異動も出来ないから、自ずと寺院周辺の住民と檀那寺との関係がどうしても各方面で密にならざるを得なくなっていました。また、幕府も檀那寺には寺地を許可するなど優位な地位を保障しており、実質的に仏教が国教の形になっていました。寺院は権力の庇護の下、ますます裕福になり、一部の寺院では裕福ゆえの堕落坊主も生まれています。

このように住民は結婚したり、奉公に出たり、旅行するなどする際は、身分を証明する「寺請証文」を提出しなければならなかったのです。ところが、この寺請証文は鹿児島藩にはなかったようです。中村明蔵氏著『薩摩民衆支配の構造』によると、鹿児島藩では形式的には、幕府の政策に従って一向宗を除く仏教各宗派のいずれかに属することを強制されましたが、宗門改めに寺院の関係するところは少なく、手札改帳にも各人の宗旨のみ記載してあって、檀那寺の名もなければ捺印もなかったようです。寺院ではなく、各郷に配置された郷士などがその役割を果たしたため、葬式以外に住民と寺院との日常的な結びつきは他藩に比べて比較的に薄く、これが、廃仏毀釈が行われたときも、「お上のやることに住民は見て見ぬ態度の人が多く、あまり寺壊しに抵抗はなかった」と一部の識者にいわれる理由の一つと見ていいでしょう。

鹿児島藩の廃仏政策始動

鹿児島藩は古来、一向宗（浄土真宗）を除く仏教を手厚く保護していました。ほとんどの藩主は禅宗に帰依しており、島津氏第十五代当主・島津貴久《たかひさ》（一五一四～一五七一年）に至っては「仏を信じざる者は我が子孫に非《あら》ず」と断言しているほどです。幕末の鹿児島藩第十一代藩主・島津斉彬《なりあきら》（一八〇九～一八五八年）と最後の藩主で第十二代の島津忠義《ただよし》の二人以外の藩主は、引退後すべて仏門に入っており、多くが剃髪し、法名を持っています。貴久の菩提寺は松原山南林寺でしたが、廃仏毀釈に遭って廃仏後は松原神社に変わり、いまでは鹿児島市の一町名として残っているだけです。しかも貴久は、一五四九（天文十八）年、来日中のフランシスコ・ザビエルと日置市伊集院町の一宇治城で会見し、キリスト教の布教に許可を与え、キリスト教の〝平和と愛〟を説く教えに感銘するなど一時、異国の宗教の教えにも理解を示しています。しかし、キリスト教の布教を認めることには寺社や国人衆からの激しい反対もあり、また期待したほど南蛮船の訪れもなかったことから、貴久はキリスト教布教をまもなく禁止しています。

　幕末になると幕府に対する諸外国からの開国要求が厳しくなり、攘夷論も盛んでした。さらに、国学が隆盛して平田篤胤が興した平田神道のように、「この地球上で、日本こそが唯一無二の〝神の国〟であり、儒教や仏教、キリスト教も神道から派生したものに過ぎない」とする狂信的な日本至上主義的な考え方が当時の雄藩の武士階級に広がり、水戸藩が天保年間（一八三〇年～一八四三年）に寺院整理を先行させていました。

　鹿児島では、仏教と対置される儒学や賀茂真淵や本居宣長によって体系づけられた「国学」と平田篤胤の復古神道の動向も注目されます。鹿児島には桂庵玄樹《けいあんげんじゅ》（一四二七～一五〇八年）に代表される儒学の伝統がありました。幕末期に鹿児島では国学は儒学と対立する要素をもちながらも「廃仏」という点では共通しており、これと神道の接近する傾向も見せていました。鹿児島藩の国学者には白尾国柱《くにばしら》がおり、平田門下には後醍院真柱《ごだいいんまばしら》に代表される数多くの人物が輩出していました。

白尾国柱の墓＝福昌寺墓地

　白尾国柱（一七六二～一八二一年）は鹿児島における国学の先達で、文武両道に秀でて白尾国倫の養子となり、記録方見習いとして江戸藩邸の修理などに当たり、この間、盲目の国学者・塙保己一《はなわほきいち》や村田春海《むらたしゅんかい》につき国典を研究しました。また『麑《げい》藩名勝考』や『成形図説』『倭文麻環《しずのおだまき》』などの名著も著しました。

　後醍院真柱（一八〇五～一八七九年）は平田篤胤の門に入

って平田国学を学び、後醍院良次の養子となり、その後、造士館訓導師となって斉彬に『古事記』や『日本書紀』を講義していました。明治維新後には、鹿児島の廃仏毀釈政策の思想的な中心人物として廃仏を指導しました。鹿児島藩に急速に廃仏の動きが強まった時期の一八六六（慶応二）年九月十七日、後醍院真柱は霧島神宮に赴き、その神前で祭文を捧げて仏法僧侶の非を難じ、由緒なき寺院の取り壊しと神道の宣掲を告げています。その祭文は後醍院真柱の作だといわれています（中村明蔵氏著『薩摩民衆支配の構造』）。また明治政府にも仕え、一八七七（明治十）年に備中吉備津神社（岡山県）の宮司になっています。この他の国学者・神道学者として田中頼庸《よりつね》がおり、後醍院・田中の思想は鹿児島藩の神仏分離・廃仏毀釈に多大な影響力を発揮したといわれています。真柱の生誕地は鹿児島市薬師一丁目の鹿児島高校裏手の住宅地に今もあり、「後醍院真柱生誕地」の碑と案内板が立っています。

鹿児島の廃仏毀釈に多大な影響を与えた後醍院真柱の生誕地（鹿児島市薬師一丁目）

神道に傾倒した重豪、斉彬

『薩摩民衆支配の構造』によると、鹿児島藩でも復古神道思想は漸次藩内に浸透していきましたが、早くは第八代藩主・島津重豪《しげひで》（一七四五～一八三三年）にその傾向があったように、藩主の受け入れるところとなっていました。その一人が斉彬であったようです。斉彬は一八五七（安政四）年の藩校造士館布告で、儒教の「五常之本領を守る」ことを説きながらも、儒者のなかに〝我朝をも夷狄《いてき》〟同様に心得違いするものがあることを指摘し、「第一天照皇太神之御明慮も可畏《かしこむべき》儀にて、右等之所、一同深く致分別、学風令振起」（『鹿児島県史』）と告げています。

蘭学に通じながらも、その一方で国学や神道に傾倒していった重豪や斉彬らの考え方は、藩内の廃仏の動向を次第に決定的なものにしつつありました。それに拍車をかけたのが水戸藩の廃仏の動きであった、といわれています。水戸藩は教学や道徳の核として、廃仏思想を醸成させて早い時期の光圀の時代から独自の宗教政策を実施、僧侶を還俗させて兵士などとし、葬祭を仏式から儒式に替えたり、天保年間になると、ついに領内の大寺院を破壊し、それに伴って末寺も廃寺に追い込み、また領内の寺院から撞鐘《つきがね》を徴集して大砲の材料にあてました。斉彬はこれに倣い、「時報鐘を除く他、あらゆる梵鐘を徴して武器製造に充てようとした」（『鹿児島県史』）といいます。しかし、その斉彬の計画は一八五八（安政五）年、斉彬の急死で頓挫してしまい、即実行は叶いませんでした。ただ、南さつま市坊津町にあった栄松山興禅寺の釣鐘は徴集されて鹿児島で大砲になったといわれています。これから「鹿児島の廃仏は斉彬に始まった」といっていいでしょう。

ちなみに、それまで薩摩藩はキリシタンと一向宗に対する禁制は厳しかったものの、その他の仏教諸宗派は公認されており、特に禅宗と真言宗は、藩主の菩提寺や祈願所として厚く保護されていました。『鹿児島市史Ⅰ』にある一八二六（文政九）年ごろの宗門手札改めによる幕末期の鹿児島藩の「御領国惣人数及び宗旨」を見ると、以下のような数字となるようです。

薩州

曹洞宗　二五万二八三二人　　天台宗　二二一一二人
臨済宗　四四一五人　　黄檗《ばく》宗　一〇人
真言宗　三万〇五九四人　　律宗　二四人
浄土宗　一万一一三〇人　　時衆宗　一万二〇九一人
法華宗　二〇六六人　　修験宗　二一五人

隅州

曹洞宗　一二万七七二七人　　天台宗　二七九六人
真言宗　三万一八一三人　　時衆宗　四六七五人
浄土宗　七〇九八人　　法華宗　二万二四九七人
律宗　六七九人　　臨済宗　一四三人

日州

曹洞宗　五万〇七二一人　　真言宗　二万三七六〇人
律宗　七六七人　　法華宗　四八二人
天台宗　二〇九二人　　時衆宗　三七四六人
浄土宗　一三一五人　　修験宗　一七二人

江戸御定府

曹洞宗　七〇人　　法華宗　七七人
浄土宗　四二人　　天台宗　一〇人
真言宗　八人

京都邸定府

曹洞宗　二人　　法華宗　二四人
浄土宗　四人

大阪邸定府
法華宗　一四人　浄土宗　六六人
曹洞宗　三人　総人口　八七万二〇八三人

このように鹿児島藩では、表面上は曹洞宗が圧倒的に多く、真言宗がこれに次ぐのは当然のことですが、宗門改めでは曹洞宗などの禅宗になっていても実際は一向宗の「隠れ信者」のケースは多かったようです。隅州に法華宗が意外に多いのは、「法華宗の島・種子島」の種子島領が含まれているからでしょう。

非常事態の勃発

明治新政府が誕生しようとしていた幕末期、「富国強兵」の推進が次第に浸透していた鹿児島藩にとって、水戸藩の宗教政策が生きた教訓になったのはいうまでもありません。つまり斉彬の仕事は藩主・島津忠義と、その父で国父と呼ばれた島津久光《ひさみつ》（一八一七〜一八八七年）に受け継がれました。廃仏毀釈に関する史料は非常に少ないのですが、斉彬や久光の側近の一人・市来四郎（一八二九〜一九〇三年）が一八九二（明治二十五）年十二月二十二日、鹿児島史談会で廃仏政策を実施するきっかけを生々しく、誇りを込めて証言しており、それが史談会編集の『史談速記録十三集』として残っています。市来は、青年期に高島流砲術など火薬に関する勉学を修めて斉彬に認められて側近になり、製薬掛や砲術方掛、集成館事業に携わるなどの要職を務めています。また一八五七（安政四）年に「日本人が最初に写った写真」といわれる斉彬のダゲレオタイプ（銀板）写真を撮った人物として知られています。その市来の証言は次の通りです。

「私共友達中壮年輩の所論に、斯ふ云ふ時勢に立至って寺院又は僧侶と云ふものは不用なものである。或は僧侶も夫々国の為め尽くさせなくてはならぬ時勢になった。先年水戸家にても寺院廃合の処分あった真に英断である、皆な人感賞する処である、此の時に当って断して廃すべき時である」

（史談会編集『史談速記録第十三号』）

執拗な外国の開国要請、幕府の弱体化を受けて国防や日本国のあり方をめぐって「国家存亡の危急を感じ取った鹿児島の士族の中では、水戸藩の廃仏政策を見習って右のような国が緊急時のいま、鹿児島の寺院や僧侶も国に尽くすのは当然である。金食い虫のお寺は断じて廃すべきで、僧侶は国防や教員、農民に還俗すべきある」といった極端な廃仏論が盛んに吹聴されていました。

そこで一八六六（慶応二）年春、同じ意見を持つ市来や黒田清綱（一八四〇～一九〇〇年）、橋口兼三、千田暁夫らが集まり、時勢切迫の状況を論議しました。

寺院や僧侶はただうまく口ばかりを使い、ただ飯を食っているだけではないか。緊急を要する時世からそれでは断じて済まないことから、僧侶のなかで若年層の坊主は国防のために兵役に使い、年老いた坊さんは郡部の教員とし、子どもたちの教育にまい進すべきだ。また寺院に与えている録高は軍用にあて、仏具は武器にあて、寺の地所などは貧乏な士族も多いので、貧乏士族の宅地や耕作に与えるべきだ——そんな話になりました。軍事的または経済的な理由による「寺院不要論」です。黒田清綱は、宮中御歌掛に任じられた垂水出身の八田知紀《はったとものり》（一七九九～一八七三年）に和歌を学び、明治・大正両天皇のお歌所の一人として活躍しています。画家の黒田清輝（一八六六～一九二四年）はその養子（『鹿児島大百科事典』）だといいます。

「建白書」には、廃仏後の僧侶の具体的な身のふり方までも細かく提案されていました。この案に大賛成した家老の桂右衛門（久武）はその日のうちに忠義と国父の久光にこの案を披露しました。桂は一八七一（明治四）年都城県参事、次いで七三（同六）年、豊岡県（兵庫県の北部地方）権令に任じられましたが、病と称して豊岡には赴任せず、その後、西南戦争では薩軍の大小荷駄隊長として参戦し、七七（同十）年九月二十四日の最後の城山攻防戦で西郷隆盛らとともに戦死しています。

さっそく「寺院処分取締局」設置

ところで、『史談速記録十三号』によると、「久光が申されるには、自分も長年の（同じ）考えであった、わが国は皇道であるから仏法の力を借るに及ばぬなどといわれました。それで即日桂久武をはじめ、みなに寺院の取り調べの命令を受けました」。同年五月十五日には、藩に正式に「寺院処分の取締局」を置き、調査を行わせました。調査を担当する市来は「誠に愉快なことでござりました。さうして直ぐに調査に取掛りました」と証言しています。ジェームス・E・ケテラー著『邪教／殉教の明治』には、次のように記されています。

> この活動のねらいはあきらかに、藩内の寺院をさらに排斥することにあった。薩摩の取締局の特任の目付役であった家老桂右衛門（久武）はこの時、「廃寺後僧侶の帰省する所あれば不可なるべし、若し僧侶が路頭に迷ふが如きことあれば仁政の趣旨でない」
>
> （ジェームス・E・ケテラー著『邪教／殉教の明治』）

四、五年かけた調査の結果、鹿児島藩（宮崎県諸県地方を含む）について、次のような数字がはじき出されました。

・寺院総数　一〇六六カ所
（その内　鹿児島城下各町にあるもの　一一八カ所
薩摩国各郡郷村にあるもの　三九〇カ所
大隅国各郡郷村にあるもの　三一八カ所
日向国諸県郡にあるもの　二四〇カ所）

・寺社所領石高　一万五一一八石余
（その内　大小神社別当寺等所領　三三七二石余り
二七三カ寺所領　一万一七四六石余り）

・神社総数　四四七〇社
（その内　鹿児島城下各所にあるもの　六五社
薩摩国各郡郷村にあるもの　二二八〇社
大隅国各郡郷村にあるもの　一〇七九社
日向国諸県郡にあるもの　八九八社）

・堂宇総数　四二八六宇
（その内　鹿児島城下各所にあるもの　一五〇宇
薩隅日各郡郷村にあるもの　四一三一宇）

・僧侶総数　二九六四人
（その内　十八歳以上四十歳までの壮年で
兵員に充てるべき者　四分の一
学識があり教員などに充てるべき者
四分の一
老年にて養料を与えるべき者　四分の一
農工商各所好きに任すべき者　四分の一）

（天台宗　曹洞宗　臨済宗　真言宗　時宗
黄檗宗　律宗　浄土宗　法華宗の九宗派）

（『明治維新　神佛払分離史料　上巻』より）

また藩庫より寺社にあて行う玄米約三千百余石、神社祭料などに出す米穀二千余石、寺社の用途に支出の金銀銭一万余両、寺社堂宇修理費米金銀等支出高三万余石、総計六千五百余石の支出を必要とし、さらに寺院あるいは堂宇の敷地または山材等の地所を全て免租（御朱印地または無免地という）するので、この石高を加えると約十万石の巨額に及ぶものでした（星野元貞著『維新期薩摩藩の宗教政策と真宗の解禁』）。

そこで僧侶を年齢別に分類して、「十八歳以上から四十歳までの僧侶で、兵士になれる者」、「学識があって教師になれる者」、「農工商業に従事出来る者」、「老年で藩が扶養すべき者」と単純に四等分して、それぞれの還俗後の生活が成り立つよう方策を考えました。また十八歳以下の者は出身地の農村に送り戻すようにし、さらに藩主・忠義は同年十二月には家老の桂久武以下十四人から十五人の「寺院廃合掛」を命じています。いよいよ鹿児島藩における特異な「廃仏毀釈」の始まりです。この〝調査〟の名を借りた〝仏教排斥〟は即座に始まりました。

一夜にして仏教排斥

仏教排斥という〝人間の心に関する重要なこと〟なのに、明治維新の最中とはいえ、いとも簡単に超スピードで藩の方針が決定・実施されました。それは『神仏分離の動乱』の著者・臼井史朗氏風にいうと、「千数百年もの長い間、睦まじい同棲関係にあった神と仏の関係を、ある日突然他人が強引に力で別れさせるようなもの」だったのです。これはまた、この陰に天皇を中心とする強力な中央政権をめざした「国家神道」の構築も見えてくるのでした。

それまで、本地垂迹説に基づいた寺院は、幕府の庇護の下、神道の大権現や八幡大菩薩などに別当寺が置かれ、そこの僧侶が神職者を管理して身分的にも常に上位にあり、わが世の春を謳歌していました。しかし、廃仏思想の高まりの中で両者の形勢は逆転して、大権現や八幡大菩薩などは全て仏教的なものを排斥して純粋の神社と名前を変え、鹿児島藩では徹底して廃仏毀釈まで及んで、寺院や仏像など仏教関係の備品などもその姿を失い、僧侶は一般人に還俗させられて、一時、神職者の権力が強くなりました。

一橋大学名誉教授の安丸良夫氏は『神々の明治維新』（岩波書店）で「神仏分離と廃仏毀釈を通じて、日本人の精神史に根本的といってよいほどの大転換が生まれた」と主張し、「それがやがて多様な形態で定着していった。そして、そのことが現在の私たちの精神のありようをも規定している」と述べています。

今日の日本人は、例えば神前結婚をしながら葬儀は従来通りの仏式で行ったり、神葬祭をしながら彼岸供養をするというように、一種奇妙な生活を送っても何とも思わないようです。さらにクリスマスやバレンタインデーなども生活の中に取り入れて楽しむなど、キリスト教の行事までもすぐ受け入れ、今では国民生活の中にすっかり定着しています。これをみると、日本人は本質的に、「宗教不在の精神構造」ともいえるでしょう。これについて安丸氏は「日本人の過剰同調性である」といっています。

しかし、廃仏毀釈当時の鹿児島の世論は、この計画に対して異論を挟む者は少なく、僧侶の苦情も少なく、むしろ喜んで還俗していったといいます。しかし、お上に丸抱えされた僧侶たちは喜んで還俗したとしても、多くの僧侶は正面切ってお上に反抗することはできず、ただ、お寺にある仏像を何とかして一体でも残そうとしたのではないでしょうか。現在も苦労して残したであろうお寺の仏像の数々をみて、筆者にはそう思えてなりません。

三　宮崎県諸県地方の廃仏毀釈

廃寺の最初は「高城郷」

鹿児島藩は、政府の神仏分離政策や戊辰戦争前である一八六六（慶応二）年に、早くも寺院整理を始めていました。薩英戦争を体験していた鹿児島藩は、財政の立て直しと、緊急に軍備を洋式化するためにも、その費用捻出が大きな課題でした。費用捻出策として浮上してきたのが、領内の寺院の所領地を没収することで、手っ取り早い策だったのです。そこで最初に廃仏のターゲットにされたのが、当時同じ鹿児島藩だった宮崎県諸県《もろかた》東部地方の寺院でした。

都城市高城町の『高城町史』によりますと、それは高城郷の藩士・田中善左衛門の日記から推察されます。田中善左衛門は、高城郷の郷士で初代戸長を務めた人として知られています。「田中善左衛門日記」には、

> （慶応二年）
> 十月十日　郡奉行田畑武右衛門廃寺方仰渡す。新穂正右衛門、伊集院孫八郎、瀬戸山多紋五、同列。文殊寺、梅樹院、吉祥寺、小山寺、高称寺、全部調査の上封印。

とあります。慶応二年といえば、家老の桂右衛門（久武）が同年三月に「廃寺と僧侶の還俗」を藩主・忠義と、その父・久光に上申し同意を得て、五月に「寺院処分の取締局」を設置し、各地に調査方を命令したばかりの年です。その五カ月後には早くも寺院を調査して即「封印」とは驚きです。

『高城町史』は、「田中善左衛門日記」の内容を、名古屋在住の坂元兼次郎氏宅に残されていた「坂元文書」によっても確かめられる、としています。坂元家の祖父に当たる坂元兼良は、同町穂満坊諏訪馬場に住んでいた郷士で、旧高城村第四代の村長となった人です。戸長役場にあった廃寺関係の書類が村役場に移管され、不要になりましたが、どういうわけ

かその一部が坂元家に保管されていたといいます。『高城町史』によりますと、さらにこの「坂元文書」は、一八六八（慶応四）年三月二十八日に新政府の神祇事務所から神仏分離が示達された後の文書が主になっていますが、示達された布告の写しや、寺院が差し出した廃寺の請け書もあれば、廃寺方掛に提出した僧侶の還俗願いも交じっている、といいます。そして田畑武右衛門宛に、所三役の與頭《くみがしら》が報告した慶応三年の文書もある、というのです。また各寺の持ち高と資材調べの一部や、建物等の売却代金の報告もあって、前記五寺の他に、穂満坊では「虎岳寺」、石山の「香禅寺」、有水の「大通寺」と「久林寺」の四寺が記されています。

　これら四寺と梅樹院は、石山寺の末寺で、当時所有の寺高はなく、大通寺の他は住僧もなく、境内敷地と堂宇と墓地を残して曹洞宗石山寺に管理されていました。文殊寺と小山寺も同様に無住無高でしたが、この二寺は大井手東竜寺の末寺としてその管理を受けていました。

「従って、十月十日に調査封印したのは〝五寺〟であっても、この日に前後して〝他の四寺〟も調査封印されたであろうし、これらの諸寺を管理していた石山寺も東竜寺も、同様に調査封印されたことが〝坂元文書〟によって推測される」と『高城町史』は述べています。政府の神祇官示達に先立つ鹿児島藩の廃仏毀釈のねらいは当初、「寺院財産の没収」にあったので、無住無高の末寺よりも、むしろねらいの重点は、「寺高」や藩への納税から除外された「浮免地」を持っている「石山寺」や「東竜寺」を廃することにあったのでしょう。石山寺の廃寺当時の住職永野寛海と、同じく東竜寺の宇田勝輔の二人は、還俗してその後、小学校の教員になっています。

　平凡社刊『宮崎県の地名』、角川書店刊『宮崎県地名大辞典』などには、「坂元文書」の翌年（慶応三年）廃寺のように書いていますが、それらは平部嶠《きょう》南著の『日向地誌』を参考にしたものでしょう。『日向地誌』には、慶応三年に廃寺したのは「大通寺（石山寺末寺）石山寺（福昌寺末寺）香禅寺（石山寺末寺）小山寺（東龍寺末寺）」と書いています。しかし、『日向地誌』は後に述べるように不正確な記述が多いし、鹿児島藩の廃仏のねらいからも、「坂元文書」から推測した『高城町史』の見方のほうがより正しいのではないか、と筆者は思うのです。

　石山寺はいったん廃寺になりましたが、建物も仏像なども破壊されることなく残されたようです。そして早くも一八八〇（明治十三）年には、京都から安産祈願の子安十一面観音を迎えて再興を果たしています。これは同寺が「藩政初期にはしばしば藩主が参詣したこともあったゆえか、安産祈願の民間信仰のためか、とにかく、格別の扱いがあったようで、一時廃寺となったものの境内敷地と建物は温存され、本尊の観音像も境内の石仏も、毀釈の扱いは受けていません」（『高城町史』）。藩政時代には「日向七観音」の一つといわれて厚い信仰を集めていました。

石山寺は歴代藩主の崇敬が高く、寛永年間（一六二四〜一六四三）年には十九代島津家久が、一六五五（承応四）年には二十代光久が、一六六〇（万治三）年には綱久が参詣しており、郷土史家の塩水流忠夫氏は「石山寺の山門には〝丸に十の字〟の島津家紋が彫られており、格式高い寺院でした。そのことを当時、高城郷の飛び地だった東《つま》霧島権現（のちの東霧島神社）の神職だった内藤利映《としはえ》自身もよく知っていたので、破壊から除外したのではないでしょうか。それしか考えられません」と分析していました。内藤は高城郷の所三役格で、同郷で最高禄取りは五十石でしたが、内藤家は四十五石の高い家柄の出だったといいます。東《つま》霧島神社が高崎郷（都城市高崎町）の郷社になると、たまたま鹿児島経由で高城町を訪れた太政官政府の首脳である公家出の岩倉具視のすすめもあって、石山にあった天皇家ゆかりの「十六菊花紋」の小祠を移して新築し、高城郷社「高城神社」に昇格させ、その宮司となっています。塩水流氏は「高城郷で内藤は、廃仏毀釈の先導役の役割を果たしたと思っています」と語っていました。

このように、石山寺は高城郷のなかで唯一、廃仏毀釈の嵐をくぐり抜けた寺院です。その後、昭和四十年代に住職継承が絶え、寺院まで焼失して、山中にあった観音堂が老朽化したため、一九八三（昭和五十八）年に地元の園田一氏が新築したのを機に、曹洞宗から真言宗に改宗、現在は「石山観音寺」として若い松下勝冠氏が管理住職を務めており、「子宝のご利益がある」として参詣が今も絶えないようです。

高城郷で唯一破壊を免れて最近、再建された「石山観音堂」

さらに「田中善左衛門日記」から、廃仏毀釈関係の記事を抜き出すと、次のようになっています。

慶応四年（一八六八）年
四月　六日　各寺院仏像全部焼捨。
四月廿一日　各寺院出の地金は軍資金として払い下げ売却。
九月十九日　廃寺となれり高称寺跡へ調練場新設。

となっており、「神仏分離は、神道を国教化するための措置であったので、すべての神社の別当寺（神仏習合説に基づいて神社に設けられた神宮寺）を廃止し、仏式化されていた神殿から、仏像仏具を取り除き、仏教の影響の祭祀行事を洗い落とし、神社本来の形に返すのが、そのねらいであった」と『高城町史』は論じています。

東霧島神社の神殿に今もその痕跡を残す削り取られた梵字跡（中央部分）

高城郷の飛び地にあった霧島六所権現の一つ・東霧島神社に祭られていた祭神は「大日如来像」であったから、これも取り除かれ、神殿正面に刻まれていた梵字は削り取られて、いまもなおその痕跡がみられます。『高城町史』によると「吊り鐘もはずされて鹿児島の奉行所に送られたが、売却されて、どういう経緯をたどったのか、勅詔院（東霧島権現・東霧島神社の別当寺）の鋳銘もそのままに長崎にあったのを、近年になって東霧島神社が買い戻している」といいます。

高原郷でも廃仏毀釈

鹿児島藩での廃仏毀釈の総指揮者であった家老の桂右衛門（久武＝初代都城県参事）名で一八六七（慶応三）年八月に、廃仏毀釈を実施させたことを、倉掛霧山氏が「児玉志津馬一代記」の日記を引用して『高原町史』に、「高原郷における廃仏毀釈の実態」として書いています。「児玉日記」には、

高原

一、無高、神徳院末寺坂本寺

一、寺地御免地

一、無高、神徳院末寺極楽寺

一、寺地御免地

右弐ケ寺由緒無之候ニ付被廃寺地之内御免地被召揚候。右之通被仰渡候、諸取扱向等之儀ハ別紙之通被仰付候条、此旨申渡旨寺地取調掛御役々申渡可、所向江申渡候。

卯八月　　　　右衛門

とあります。倉掛氏によると、「右衛門とは掛奉行のこと」だそうです。つまり、掛奉行とは「寺院処分の取締局の総責

任者」の桂右衛門（久武）のことをさす、と筆者には思われます。高原郷では坂本寺と極楽寺の二寺が最初に廃寺されたことが「児玉日記」で分かります。『高原郷土史』によると、高原郷で慶応三年に廃寺になった寺院はこの他に、麓の「地蔵院」、広原村の「真源庵」などで、寺領を取り上げられています。

翌一八六八（慶応四）年三月二十一日から、いよいよ狭野神徳院と、祓川錫丈院など由緒ある寺院の廃仏が行われています。神徳院は、霧島六所権現の一つの狭野大権現（現・狭野神社）の、錫丈院は同じく六所権現の霧島御在所・霧島権現（現・霧島東神社）の「別当寺」だったのです。

特に、性空上人（平安中期の天台宗の僧）の開山以来千年もの長い間、霧島権現の別当寺として近郷近在の人々に崇敬されてきた錫丈院は、この日をもって廃寺になったのです。ただ霧島東神社社務所前には錫丈院門の礎石が残っており、いまも「錫丈院門跡」と書いた看板が立っています。その看板の下方、参道右側には歴代住持の墓所もあり、昔の栄華を偲ばせています。しかも宮司によると、神社内の別の場所には「護摩堂」があり、毎月十八日には宮司により護摩を修めています。そして毎年四月二十九日の別当先賢祭では福岡から僧侶を招き、護摩を修しています。これは昭和五十年代以降に復興したといい、山岳信仰による神仏混こうが復興したような感じがしました。

また狭野大権現（現・狭野神社）の別当寺である「神徳院」も代々名僧を出し、近在の文化や開拓に寄与してきましたが、廃寺になっています。

霧島東神社社務所前にある「錫丈院門跡」の看板

廃寺の際、狭野大権現の社家四人と廃僧になったばかりの僧侶は別れを惜しむ心には変わりなく、名残を惜しんで焼酎を組み交わしたことでしょう。一方は寺を追われる僧として、他方は神道隆昌の一途を辿ろうという明暗が、くっきり浮かび上がった一瞬でした。

この光景に、倉掛氏は「今まで神徳院住持として人々の尊敬を受けた方がいま寺を追われて落ちて行かれるさまは、近郊の人の涙をそそらぬはなかったろう」と表現しています。

一方、『高城町史』には、逆に「高原郷の霧島東神社では、錫丈院の社僧と神職者の積年の相克が、神仏分離を機会に流血の惨事までひきおこしている」と書いていますが、高原町在住の倉掛霧山氏は「そういった事実を示す史料は見当たらない」といい、高城町の郷土史家・塩流水忠夫氏は「〝高城町史』で廃仏毀釈の項目を担当した人がすでに故人になっており、その出典は分からない」としていました。その置かれた地位が逆転した僧と神職者の間には、ありうる話ではありますが、それを確かめる術はありませんでした。

倉掛氏は、古老の話として「神徳院所有などの仏像・仏画類などは王子集落の神社裏手に集められて焼却され、青い炎が天空に立ち上った」と書いています。また「神徳院の本尊をひそかに背負い出し隠してその本尊は現在も存在している」とも述べていますが、これについては「神徳院の本尊は十一面観音になっており、現存しているものは千手観音であり、隠居寺のものだった威徳院の本尊が千手観音であったことから、多分威徳院の本尊であったものだったのでしょう」と、神徳院の本尊説には否定的でした。

またこんな言い伝えも残っています。狭野神社にある仁王さまは、川の中に投げ捨てられたが、その後、この地方で大豆が不作となり困っていたとき、「仁王さまを粗末にしているからだ」と誰かが言い出し、仁王さまを引き上げて祀ったところ、大豆が豊作になった、というものです。

血捨木の田んぼのなかにある田の神さまは、梵字の書いてある板碑ですが、これは廃仏の際、付近の人たちが「田の神である」と言い張って難を逃れたといいます。また、川平の馬頭観音さまは、永峯次郎左衛門という人がソバ俵の中に隠し、難を逃れたといいます。廃仏毀釈の嵐の中、このように高原町の住民はいろいろと知恵を絞って廃仏の難から仏さまを守っていました。

さらに、祓川の地蔵さまは廃仏掛の人が斧の頭で顔面を打ち、片目が欠けたものの、それだけで廃仏を免れていまもなお、民家横の祠の中に大切に保存され、地区民がお祀りしています。「子どもの夜泣き・ぜんそくに霊験あらたかだ」といい、参詣する地区民は絶えません。倉掛氏らが調査した時、地蔵さまは破壊時と変わらぬ姿でしたが、よく見ると、祠を造ったのを契機に割られた頭の部分を修復したらしく、修復した部分はセメントを塗って写真には輪郭になって写っています。

斧で頭を割られた「祓川の地蔵さま」

都城市正応寺の怪奇

では、旧都城市など他の諸県地方の廃仏はどうだったのでしょうか。そこで、各市町史をはじめ、明治初期に宮崎県が政府の要請で提出した『日向地誌』で調べてみました。

『日向地誌』を著した平部嶠南は、安井息軒に師事して飫肥藩の藩校・振徳堂の教授を務めた宮崎郡清武郷出身の学者です。宮崎県の依頼を受けて一八七六（明治九）年から六年半もかけて県内五郡三百七十六村（集落）を実地踏破して各集落の人口や地理、産業、学校名とその規模など克明に記録した『日向地誌』を一八八四（明治十七）年に脱稿しています。同じ趣旨でまとめられた『鹿児島県地誌』にはない自国の寺院名と廃仏の毀釈年を記してあり、慶応年間から明治初期に強行された日向国における鹿児島藩の廃仏毀釈の実態が垣間見られる貴重な史料として注目されています。ただ難点は一人で実地調査して書いており、廃寺については調査が不十分なのは否めません。まず合併前の旧都城市を見てみましょう。『日向地誌』で一八六七（慶応三）年に廃仏毀釈されたとしている寺院は以下の二十七寺です。

和光寺　青雲庵　願成就寺　三性寺　興金寺　二厳寺　龍班寺　量海院　龍峯寺　天長寺　延明寺　十念寺　龍泉寺　光明寺　勝臓院　上坊　本地院　西明寺
龍昌寺　正福寺　大渓寺　太平寺　南蔵院　西生寺　キゼン寺　正応寺　妙光寺　東岳寺

（注）『山田町郷土誌』の「河野易右衛門通清日記」によると、「天長寺」と「正応寺」の廃寺は、明治元年。

また『平凡社刊　宮崎県の地名』によると、「明観寺」も慶応三年の廃寺になっています。都城の場合、都城島津氏の菩提寺であった「龍峯寺」も他の寺院同様、慶応三年に一気に廃寺になっているのが特徴です。

ところが同じ島津氏でも都城島津氏の廃仏毀釈は、どちらかというとそう厳しいものではなかったように思えてならないのです。それは龍峯寺墓地を見れば理解できます。例えば、坊主墓が並んでいる一角です。それぞれの時代の坊主墓の他に奥まったところに穏やかな表情の大小の石像仏像が立っています。これらはよく見ると、廃仏毀釈の際、いずれも首のところで切られ、その後セメントで接合していますが、この切断部分は予め接合を予見しているように、後で接合できるよう綺麗に切断しています。鹿児島の廃仏毀釈のような、ハンマーで叩き壊したものはありません。都城島津一族は廃仏毀釈の嵐がそう近くない時期に収束すると予見したのでしょうか。

それればかりではありません。歴代都城島津氏の墓地エリアでは、遠慮がちに前の手だけ欠けた千手観音像の他、四歳で死んだ十九代久龍の二女・阿久理と、生後三十五日で死んだ二十代久茂の二女・虎袈裟の墓は、ともに正面中央部に小さな仏像が鎮座していますが、壊されることなく、いまも朱色が塗られて鮮やかです。

さらに、『新編　明治維新神仏分離史料（第十巻　九州沖縄編）』に、「都城に於ける廃佛」という「正応寺の廃仏に関わった怪奇話」を報告した内容が載っています。報告者は日野巌氏です。日野氏は戦前に活躍した宮崎県の民俗学者で農学博士です。特に日向郷土会を主宰し、怪奇ものの研究や収集に努め、柳田国男からも注目されていました。それによると、

首を丁寧に切ったように見られる仏像＝龍峯寺墓地で

「医王山正応寺毀釈の節は、都城から役人出張して監督し、本尊及び仁王像を焼いた。その焔は赤青の色もの凄く、遠くからも見えた。その役人は佛罰でまもなく狂死した。また近傍の百姓は、（焼却した）その灰を田畑に（肥料として）利用しやうとして堆肥と混ぜたが、まもなく（自分の）局部が膨大して径数尺に達し（実際は風土病の一つ「象皮病」では?）、遂に悶死したといふ」（『新編　明治維新神仏分離史料（第十巻　九州沖縄編）』）

※かっこ内は筆者追加

と、仏罰について書いています。その言い伝えはいまも地区に残っています。

都城市安久町に「正応寺」という字名がありますが、長い間そこの公民館長を務め、現在は地域興しの会である「正応寺ごんだの会」代表の石井和郎氏は「確かに寺壊しを指揮した役人が狂い死にしたという話は昔から聞いています。いまでも寺のあった付近では不思議なことが起こるので夕方薄暗くなると、誰も近くに行きたがらないようです。最近、近くにトンネルが掘られたときも同じように不吉なことが起こって、工事関係者はわざわざ神官さんを呼んでお払いをしたようです」と話してくれました。ただ「どんな不思議なことですか。亡霊が出るのですか」と、〝不思議なこと〟の具体例を伺いましたが、これには答えがありませんでした。

藩の命令とはいえ、廃仏毀釈を遂行する上で己の良心との格闘に悩み苦しんで「狂い死にした役人」は多分、この人ばかりではなかったと、想像できます。この役人も良心の呵責に苛まれた末、何らかの精神病を患い、それがもとで死に至ったのではないだろうか、とも思いたいのですが如何でしょう。役職とはいえ、廃仏毀釈に際して、多かれ少なかれ同じ悩みを持っていた役人はかなりいたのでは、と想像します。悶死

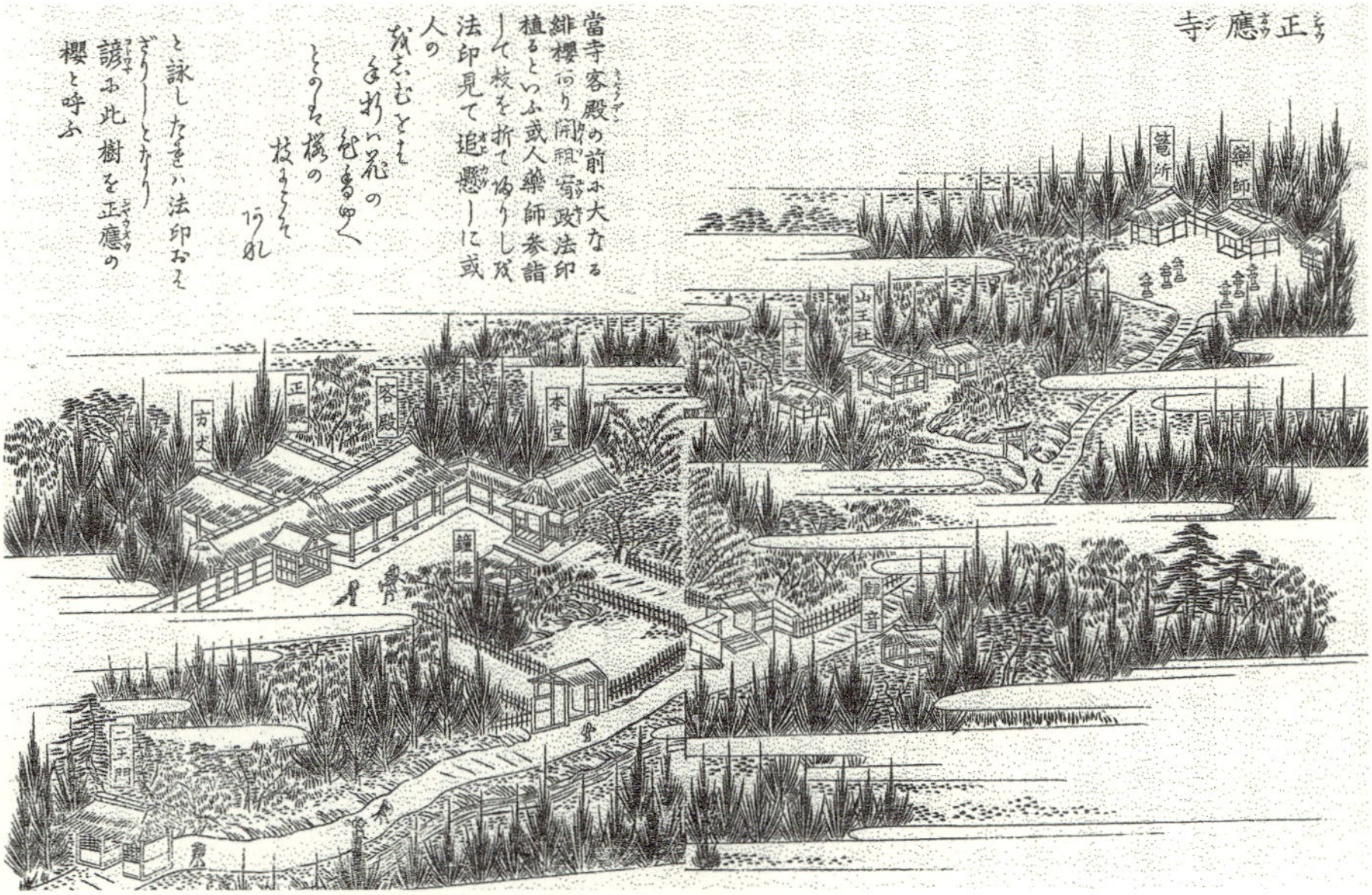

十二坊を従えた広大な正応寺の絵図（『三国名勝図会』から）

した役人は日ごろから信心深い人だったのかもしれません。

このように霊力が強いというか、祟るほどの正応寺とは、一体どんなお寺だったのでしょう。『三国名勝図会』などによると、正式な名称は「医王山知足院正応寺」といい、草創ははっきりしませんが、一説には、寺の名称にもある正応年間（一二八八～一二九三年）に島津の荘を治めていた都城島津家の本家・近衛氏ゆかりの寺として建立された天台宗の寺院で、のちに真言宗に変わって、毀釈当時は鹿児島大乗院の末寺だったようです。戦乱などで二度ほど荒廃していますが、一六〇八（慶長十三）年に、都城島津十二代北郷忠能が宥政上人を中興の祖として再興してから十二坊を従えた広大な寺院として幕末まで繁栄したといいます。正応寺の門前には観音堂が立ち、朝夕に観音さまを拝する人々でにぎわったともいわれています。

観音堂があった場所に集められた正応寺歴代住職の墓群

また正応寺集落には「正応寺の大太鼓踊り」が伝承されており、都城市無形文化財に指定されています。この大太鼓踊りは中興の祖・

宥政上人の追善供養のために踊られるといいます。

正応寺から西へ約一キロ離れたところにある興玉《こだま》神社神殿に、かつて正応寺の薬師堂にあった「厨子《ずし》」が安置されています。この厨子には、一三九九（応永六）年建立を示す墨書銘棟木が残されており、南九州最古の建造厨子として一九八三（昭和五十八）年、国の重要文化財になっています。

国の重要文化財に指定されている興玉神社神殿にある厨子

興玉神社は明治以前には「久玉《くだま》大明神」と呼ばれていましたが、明治初年に、祭神を猿田彦命他二神を合祀してさらに旧戸山権現もここに移して再スタートしています。正応寺の大太鼓踊りは、現在はこの神社に奉納されています。

天長寺墓地の石仏群

都城地方の廃寺は一八六六（慶応二）年十月十日高城郷の五寺に始まって一八六八（明治元）年十月十四日都城郷の天長寺で終わったようです。『日向地誌』などでは慶応三年までに廃寺が終わったように書いていますが、『山田町郷土史』や天長寺の廃寺当時の住職・法印實弁和尚の記述によると、「明治元年十月、役人と神官がやってきて取り壊しを行った」とあります。諸県地方の廃寺はほとんどが慶応年間に実施されたものの、一部は明治年間まで長引いたのでしょうか。『山田町郷土史』の「河野易右衛門通清日記」や天長寺の法印實弁和尚の自筆記録から明治にずれ込んだのは事実でしょうが、『山田町郷土史』に記載されている「河野易右衛門通清日記」は、廃寺の手順が分かる非常に珍しい史料ですので再録してみます。

明治元　辰十月六日　晴

一、諸所寺院廃寺に付、右之地方寺家申受ニ付、見合直付、又は寺院より支配の神社祭式等調方とメ、御役々廻勤被仰付、御受書方平山恕右衛門殿、神職妹尾伊賀殿、郡座深川六右衛門殿、拙者並主取大工隅仲右衛門殿、召列、今朝、五ツ後出立、安永差入、宝蔵坊見分いたし、立宿亀沢誠右衛門殿所江暫立寄、田野門政助所江日入時分着いたし候。所役横目秋永休右衛門、庄屋山元直蔵出役ニ而候。

同七日　晴

一、今朝五ツ時分出立、折生田代江差越、荒嶽権現社殿見分、祭式供物等承届、且是迄明観寺支配之田畑等見分相成候。

一、泊宿宮里覚左衛門所江日入過着いたし候。

十月八日　雨

一、今朝五ツ後出立、山田之様差入候。泊宿中村朝倉弥三右衛門所江、昼時分着ニ而候。所嗳河野岩右衛門、庄屋有田十右衛門、作見福留源右衛門出役ニ而候。

一、霧島社見分、祭式等承届候。

一、吉祥院、東光寺、見分いたし候。

十月九日　晴

一、今朝五ツ後出立、志和池江差入候。嗳木田弥左衛門、横目黒田伝兵衛、庄屋田中孫兵衛、社殿前田甚之助出役ニ而候。

一、嗳黒木伝五兵衛ニモ出役有之候。

一、荒人神社見方、祭式等承届候。

一、新山寺、雲林寺、見分いたし候。

十月十日　晴

一、今朝五ツ後出立、野々三谷差入、所役々出会、撰立寺見分いたし候。

一、平山氏瀬尾氏には直ちに川東之様被差越候。

一、金田願成寺見分、夫より太郎坊差入、心慶庵見分、嗳最所五右衛門、作見廻松下与四右衛門、出役ニ而候。引続高木之様差越、晴雲庵見分いたし候。

一、川東之様差入宝楽寺見分、同所より平山氏、瀬尾氏ニモ同列郡元之様差入候。泊宿中原覚太夫所ニ而候。

十月十一日　晴

一、神宮司方へ被召付候。地面並和光寺見合致し候。

一、五ツ後出立、梶山江差入、長谷寺見分、嗳瀬尾十右衛門楠原条左衛門其外役々出没いたし候。

一、昼過寺柱江差入、栄仁寺見分、松木春村江止宿、嗳前田休右衛門、横目黒木利三次、作見廻瀬尾勇右衛門、隈元藤九郎、庄屋野崎善右衛門出役ニ而候。

一、梶山寺柱之儀者、廃寺見分迄ニ付、平山氏瀬尾氏には帰宅にて、明日安永江出会之筈ニ候。

十月十二日　晴

一、今朝五ツ寺出立、正応寺差入、山王並外山権現、鶴岡八幡、社殿、並地面見合致し候。

一、平山恕右衛門、瀬尾伊賀殿ニモ宿元より被差越候。泊宿門前之直蔵所也。

一、曖丸田八兵衛、作見廻児玉杢兵衛、出役ニ而候。

十月十三日　晴

一、今朝出立、梅北之様差入、山王並西生寺、黒尾宮、金御岳、伊勢宮、貴船寺、安穏寺見分いたし候。曖伊知地半左衛門作見廻永野一之進、並神広寺　正出会、拍泊は一之進所也。

十月十四日　晴

一、今朝四ツ時分出立、今町江差入、大渓寺見分、曖橋口早右衛門其の外、作見廻出会、末より天長寺天神見分相斉罷帰候。

都城郷で最後の廃寺になった天長寺は、真言宗の鹿児島城下の大乗院の末寺で、一五三八（天文七）年に都城島津氏の祈祷所として都城島津家第八代領主の島津忠相によって創建されました。かつては千尺の老松がおい茂り、流水の絶えない場所であったと記録に見え、そのため山号を松林山《しょうりんざん》成就院天長寺と号しています。創建以来、都城随一の寺院として隆盛を誇っていましたが、廃仏毀釈によって破壊され、堂舎とともに多くの法物を失ってしまいました。諸県東地方の廃仏毀釈は、都城島津家の菩提寺だった龍峯寺など殆どの寺院が慶応年間に廃寺されたのに、なぜ山田地区と都城島津氏の祈祷寺の天長寺の廃寺が明治元年にずれ込んだのかは不明です。

その廃仏毀釈の難を辛うじて逃れた石仏群が天長寺墓地に残されています。いずれも鎌倉時代の作で、阿弥陀如来は「この仏に祈念すればイボが取れる」と信じられて〝イボ取りの仏さん〟として今も庶民の信仰を集めています。この他、童子を引き連れた、奥行きのある不動明王の尊像や地蔵菩薩座像などが無傷で残っています。これら石仏は一九七九（昭和

辛うじて残った天長寺墓地の阿弥陀如来像

五十四）年に都城市の有形文化財の指定を受けています。なお、住職の法印實弁和尚は廃仏毀釈当時「役人と神官がやってきて寺の取り壊しを行った。そして再三にわたって住職の還俗を命じられた」そうで、本人の記述が寺に残っているようです。廃仏毀釈に無言の抵抗をした和尚がここにもいたのです。

他の諸県他地域の廃寺

諸県地方の他地域の廃寺はどのようになっているのでしょう。これも『日向地誌』で調べてみました。慶応三年廃寺を拾ってみますと、

倉岡郷（現・宮崎市）
　龍泉寺　郡山寺の二寺院

高岡郷（現・宮崎市）
　香積寺　栗野寺　本永寺　西福寺　龍福寺
　地蔵寺　高福寺　稲荷寺　法華嶽寺
　勝福寺　常喜寺　万福寺の十二寺院

この他に『高岡町史』には「悟性寺　増長寺　顕本寺」の三寺を記載しています。再び『日向地誌』に戻ると、

高崎郷（現・都城市）
　幸樹院　海蔵寺　常林院の三寺院

山ノ口郷（現・都城市）
　弥勒寺の一寺院

三股郷（現・都城市）
　長久寺　梁新寺　栄仁寺の三寺院

このように諸県東部地方のほとんどが一八六七（慶応三）年に廃寺になっていることがはっきりします。ただ穆佐《むかさ》郷（現・宮崎市）だけは、なぜか鹿児島藩が廃寺の方針を決める前の一八六五（慶応元）年に「林昌庵（飯野・長善寺末）、法泉坊（穆佐天正寺末）、天正寺（大乗院末）」の三寺院が早くも廃寺になっています。

高岡郷の本永寺は日蓮宗の寺院で現存する日蓮上人像は、

本永寺に大切に保存されている黒仏（日蓮上人像）＝本永寺提供

またの名を「黒仏」といって危うく廃仏毀釈の難を逃れた仏です。『新編　明治維新神仏分離史料　九州・沖縄編』によると一八六七（慶応三）年、この黒仏は廃寺のとき本永寺の仏像や仏画などの取り壊された仏具類とともに境内に集められ、出張してきた藩の役人が焼却しようと火を放ちました。すると、赤裸の大男が門から躍り入ってまさに燃えようとしていた黒仏を火の中から拾い出して人々の騒ぐ姿を尻目にそのまま姿をくらませました。役人も一瞬の早業に「おい何をする！待て！待て！」と、必死に男の後を追ったものの男の姿を見失ってしまいました。

しばらくたって信仰の自由が保障された後、本永寺は再興されました。そして十数年後に黒仏はこの男から何人かの手に渡った末に寺に帰ってきた、ということです。それ以来、黒仏は寺の宝物として大切に保存しているのだそうです。

諸県西部の廃寺は明治以降？

『日向地誌』によると、諸県西部の小林市とえびの市の両市における廃寺は何故か遅れてほとんどが一八七〇（明治三）年に行われているようです。ちなみに『日向地誌』による小林市とえびの市の廃仏年は次の通りです。

小林郷（現・小林市）＝明治三年
　昌寿寺（福昌寺末）　観音寺（大乗院末）
　円嶽寺（南泉院末）　龍雲庵（福昌寺末）
　宝光院（南乗院末）の五寺院

須木郷（現・小林市）＝明治三年
　一麟寺（南林寺末）
　世尊寺（大乗院末）の二寺院

飯野郷（現・えびの市）＝明治三年
　長善寺（福昌寺末）　愛染院（大乗院末）
　保寿院（大乗院末）　幻生寺（福昌寺末）
　満足寺（真言宗）の五寺院

加久藤郷（現・えびの市）＝明治三年
　二ノ宮寺（大乗院末）　大円寺（福昌寺末）
　威徳院（大乗院末）の三寺院

吉田郷（現・えびの市）＝明治三年

昌明寺（飯野・長善寺末）の一寺院

以上のように廃寺が遅れた寺院には、鹿児島の由緒ある大寺院の末寺が多いようです。『小林市史』には、この他「興福寺　昌寿寺　玉東庵　瀬戸尾寺」の四寺院が廃寺されたことになっています。

このほか福永勝美氏が著した、えびの市史資料集Ⅱ『飯野郷土史　仏教編』によると、飯野の北方・狗留孫《くるそん》にあった端山寺は、藩の明治元年九月の廃寺令で廃寺を命じられ、同三年に建物も撤去されました。また同郷の長善寺も同じく明治元年九月に廃寺を命じられ、同三年に建物も撤去されています。一三九九年（応永六）年から一四一三（同二十）年にかけて南九州で最初に出版された『碧巌録』という本も長善寺の秀篤という僧侶が発行者だといいます。

同郷の「宗江院（福昌寺末）」は島津義弘の子・万千代丸の菩提寺だったため、明治元年九月の藩の廃寺令を免がれ、明治二年十一月、再度の廃寺令で廃寺が決まりました。宗江院は明治四年になって還俗した僧侶の不注意による火災に遭い、焼失したといいます。

また、成就軒や幻生寺も明治元年九月の藩の廃寺令を受け廃寺になっており、『日向地誌』で明治三年廃寺と書いているのは、明治元年九月に廃寺になった寺の建物を明治三年までに撤去した、ということでしょう。さらに『飯野郷土史　仏教編』によると、「明治元年九月、家老桂久武の名をもって、領内の寺院の廃合令を下された。末寺や小寺は本寺に合併した。その結果、島津全領内にわずか三十数カ寺だけが、存置を許された。飯野においては宗江院だけであった。島津万千代丸の墓があるからだった」とあり、飯野地区に関してはほとんどの寺院は明治元年九月に廃寺になったといってもいいでしょう。えびの市の他の地区や小林市の寺院もこれとほとんど変わらないと著者はみています。

どうして小林市やえびの市など諸県地方西部の廃寺が明治にずれこみ遅れたのか、火災焼失した宗江院を除く廃寺撤去がなぜ明治三、四年までかかったかは、残念ながら今後の研究結果をまたなければなりません。

飯野郷では、廃仏毀釈の嵐が吹き荒れたとき、

> 各家庭に安置されていた仏像や仏画をはじめ、祖先の位牌までも取り上げて地頭の高崎五六（のち男爵）の臨席のもと、神官の川野掃部が指揮してお城の下の河原で焼却した。その焼却した役人は役目柄とはいえ、民衆の憎しみを受けること甚だしかった。それら役人の家庭に

何か不幸なことが起こると、後年まで「仏罰が当たった」とささやかれた。

『えびの市史』はこのように記しています。えびの市では、廃仏毀釈で破棄されそうだった仏像や、一般民衆がかくれ念仏で、密かに隠していたと思われる仏像を、今も自宅の庭などに祠を作り祀っている例を数件見ましたが、残念ながらかなりの時間が経過し、その家の主も当時から四代目を数え、「仏像の伝承」はもう途絶えていました。

「炎の中から救い出された」といわれる、えびの市の民家に残る仏像

額に五寸釘の跡がある阿弥陀如来

えびの市京町温泉駅を小林方面へ電車が発車すると、まもなく右手の車窓に墓地が見えます。これが京町霊園です。この墓地は元々、温泉街の向江川畑町にありましたが、一九三八（昭和十三）年に都市計画道路を造るため現在地に移転したといいます。この墓地の入り口左手に小さな祠堂があり、高さ約七十センチ、幅約三十五センチ（台座を含む）の穏やかな顔の阿弥陀如来木像が祀られており、墓参の人々の供える香の煙りがたえません。

この阿弥陀木像は、えびの市史談会会員の市田寛幸氏所有の祠堂で、「アンダサア」と一般から呼ばれ、親しまれています。この木像は市田氏の祖先が畑の中に埋もれていたのを掘り出したもので、掘り出した当初は、この阿弥陀如来像の眉間に五寸釘が打ち込まれて痛々しい姿だった、と言い伝えられています。恐らく一八六八（明治元）年九月に一帯を吹き荒れた鹿児島藩の廃仏令で、強行派がお寺を荒らし、仏さんの眉間に五寸釘を打ち込み、あげくの果ては埋めたものでしょう。乱暴なことをしたものです。

額に生々しい五寸釘の跡がある市田家の阿弥陀如来木造（京町墓地）

市田氏の話によると、祖先がこの阿弥陀如来木像の額の五寸釘を抜いて綺麗にふき取り、墓地の一角に木造瓦ぶきの祠堂を造り代々大切に供養しているといいます。墓地移転後の一九七五（昭和五十）年納骨方式の墓碑に造りかえる際に、ブロック造りモルタル仕上げの立派な祠

堂が完成しました。

また市田家の墓地に昔から「祖先の墓だ」といわれる一風変わった墓がありました。市田氏は最初、気にも留めなかったそうですが、歴史好きが高じてこの墓碑銘を調査してみることにしました。すると、意外にもそれは僧侶の墓碑と分かりました。一七三七（元文二）年死亡の明慶和尚の墓碑と分かったのです。

市田家の祖先の次右衛門という人は、鹿児島県南九州市川辺町からこの地に移転、いわゆる「西目移り」でやってきたと聞いています。次右衛門は一八八五（明治十八）年に七十六歳で他界しているといいます。もし二十歳で当地に移住したとしても一八三五年ごろになるので、僧侶の墓とは百年以上の開きがあります。しかも当時の職業は世襲的に定められていて、他の職業に移ることは認められません。その後の調査で、市田家はかつて吉田郷向江村の九日市門の名頭だったことや、「西目移り」ではなかったことも分かりましたが、どうしても僧侶と結びつきません。

そうするうち、当時えびの市史談会長をしていた原田葉風氏が「あなた（市田氏）の所有地である大字下浦の字高牟礼にある山林は、昔の本地聖観音堂というお寺の跡地で、地区民が道路の整備をしたとき、たくさんの墓碑が出てきた所です。いつか機会をみて発掘調査をしましょうか」といわれて、市田氏は「なぜ自分たちの墓に僧侶の墓があり、なぜ阿弥陀如来を代々大切に供養してきたかが分かり、すべての謎が解けた思いだった」と話していました。

四　志布志地方の廃寺

『日向地誌』と町誌の違い

志布志方面の曽於南部もかつて日向国に組み入れられていました。だとしたら宮崎県諸県地方の各市町の「郷土史」に志布志方面の廃仏毀釈の模様も書いてあるのではないかと思い、注意深く探しました。すると『都城市史　通史編　近現代史』の中で「明治に於ける都城島津家日誌」の明治二年四月十日付の項にそれはありました。それは、当時、都城領の飛び地だった菱田村（大崎町菱田）の正明寺に関する廃寺の貴重な文書です。

大崎菱田正明寺ノ義廃寺付、去卯四月廃寺ノ跡御竿入トシテ御郡奉行岩切孫兵衛其外役々召列竿入有之

そこにはこのような記述があったのです。「卯の年」は当時の暦と照合すれば、一八六七（慶応三）年に当たります。これはほとんどの諸県東地方の廃寺と同じ、慶応三年四月に

すでに大崎町菱田で廃寺が行われたことを意味します。これは鹿児島市郡山町の花尾権現（のち花尾神社）の別当寺である平等王院が廃寺されて城下の大乗院に統合された（『郡山郷土史』に記載された「廃寺之節花尾山江仰渡之写」）事例とともに現在文書に残る「県内最初の廃仏毀釈の記録」の一つです。

正明寺の正式名称は「玉宝山正明寺」といいます。福昌寺三十七世覚海円大和尚によって開山された福昌寺末の曹洞宗禅寺ですが、開山年は不明です。寺のあった場所を訪ねてみました。しかし、平成元年発行の文化財研究誌第七集の『大崎町　水神、神社、寺』に載っている「正明寺跡」の写真と比べても、撮影当時の様子を想像することも出来ないほど景観が変わっており、同町が立てた「正明寺跡」の標識はもうなく、墓地だけが広がっており、ただ寺跡と分かるのは、廃仏で頭部が欠けた地蔵像など数点と住民の証言だけでした。

鹿児島県内で廃仏毀釈の最初の文書の一つに残る正明寺跡＝大崎町菱田

もっとも、鹿児島県内の市町村郷土誌で、最初の廃寺のことを示す文書は『蒲生町誌』に、一八六六（慶応二）年七月二十七日に「蒲生の所役人三役連名で、郷内の二寺を廃して文武の二館を建立したい旨、加治木屋敷寺院取締方役人に願った」とあるだけです。しかし、これもその後いつ許可が下りて、いつ寺院を廃寺したかなど、結果を示す史料はまだ見つかっていません。そういう意味で、現在のところ『明治に於ける都城島津家日誌』が、文書に現れた「県内で最初の廃仏毀釈を証明する文書」の一つとみていいでしょう。

では、志布志など県内の他の旧日向国はどうだったか、を平部嶠南著『日向地誌』で具体的に見てみました。一八六七（慶応三）年廃寺になったのは、

志布志郷（現・志布志市）
大慈寺（臨済宗の古刹）　宝満寺（律宗の古刹）
大性院（大慈寺末）　永泰寺（福昌寺末）
海徳寺（時宗）　即心院（大慈寺末）
願行寺（海徳寺末）の七寺院

有明地区（同）
佛心寺（大慈寺末）　好善寺（福昌寺末）

総持院（大慈寺末）　彼岸寺（志布志・永泰寺末）
宝寿院（志布志・大性院末）の五寺院

松山郷（同）
蒼龍庵（高山・瑞光院末）の一寺院

大崎郷（曽於郡大崎町）
観音寺（大慈寺末）　心慶寺（福山・大安寺末）
多聞院（大乗院末）　月笑寺（心慶寺末）
潮音寺（大慈寺末）　正明寺（福昌寺末）
翁松寺（高山・瑞光寺末）の七寺院

以上です。『日向地誌』で疑問が湧くのは志布志郷の「大慈寺と宝満寺も慶応三年に廃寺」となっていることです。『志布志町誌』には、「明治新政府の神祇事務局から神仏分離の達しがなされたのは慶応四年三月であった。更に四月には藩内への布告となり寺院の廃合が行われ、九月ごろから藩内一斉に廃仏へ向うのである」と記しています。

政府が藩内へ布告する以前に、鹿児島藩ではすでに日向国や現鹿児島県内の一部で廃寺を強行していました。政府の布告を受け、他藩では「神仏の分離」がなされただけで、廃寺は躊躇して行っていませんが、鹿児島藩は逆に、布告が出る前に早くも日向国などで一気に廃仏毀釈まで強行したのは事実のようです。

しかし、『志布志町誌』にはさらに、「藩内で最後まで残り、あるいは廃寺の厄を免れるかも知れないと期待された宝満寺も、藩の菩提寺の福昌寺等と共に廃寺になっている」と書かれており、『日向地誌』との違いを見せています。これは鹿児島藩が一八六九（明治二）年十一月二十四日に、藩庁から最後まで残った「福昌寺や大乗院、照倍院、専修寺、坊津の一乗院、志布志の宝満寺の六寺も廃寺の命令」が下って、宝満寺はそのときに廃寺になっているからです。

それはまた、『志布志町誌』に記載されている藩庁（このころはすでに「知政所」という名称に代わっています）軍事方から郡見廻衆と浦役衆あてに出された、以下のような「明治二年十二月の廃寺の達文」によっても確かめられます。

明治二年十二月の廃仏の達文

別命之通り被仰渡候間各々被得其意銘々支配道路等江有之候其他仏像ハ勿論屋敷内等江自分造立ニテ占置候仏躰少シモ無残早々砕キ取片付候様可被申渡候此段通達候、以上

己十二月廿一日　　軍事方

郡見廻衆

浦役衆

追テ旧宝満寺等其外寺門前掛ヘモ屹度違候

大慈寺は同じ明治二年ですが、宝満寺より少し前に廃寺になっており、鹿児島県の信仰の自由（明治九年九月）後の一八七九（明治十二）年に、隠居所の「宝池庵」を衣替えして大慈寺として再興し、現在に至っています。宝満寺と大慈寺の廃寺が〝慶応三年〟だったとするのは『日向地誌』の勘違いか、聞き違いでしょう。

また、『志布志町誌』には、慶応三年の廃寺は以下の通りで、『日向地誌』より多い十一寺院をあげています。

持宝院　九品寺　弥勒寺　観音寺　妙徳院　吉祥院

小塔院　光明院　延福寺　大性院　海徳寺

ご覧の通り『日向地誌』と一致するものは「大性院」と「海徳院」だけです。また、『有明町誌』も「好善寺慶応三年丁卯廃す」など、佛心院と総持院を含めて『日向地誌』と一致していますが、『日向地誌』にある彼岸寺や宝寿院の廃寺については触れていません。逆に願行寺などが廃寺になった事実を記しており、両書の違いがみられます。さらに『大崎町誌』の正明寺の項では、旧菱田村が都城領の飛び地であったことも、正明寺を廃寺した年もなぜか見当たりません。

このように曽於郡南東部の廃仏は、確かに神仏分離の布告前の慶応三年に始まってはいますが、その具体的な実態やその規模を示す史料は、残念ながら見つかっていません。

「常備隊」が廃仏で重要な役割

藩庁の達文で「重要なこと」の一つが、「軍事方」というのが初めて出ていることです。これは同じ一八六八（明治二）年の三月に隊員を募集して鹿児島藩内に英国式編成の鹿児島藩独自の軍隊組織である「常備隊」が発足しており、「常備隊」が廃仏毀釈の最後のところで廃仏実施を一部担ったのでは、と思われるのです。『鹿児島県史』によると、

「従来の曖・與頭・横目等の郷役人を廃し、新たに小隊長以下半隊長、分隊長等を城下同様の俸禄を以って任命してその職務を継承せしめることとした。即ち小隊長以下は名の如くその郷常備隊の長であると共に民政の長

をもかねたのである」

とあり、最も多いのが「一郷一小隊」で編成された「小隊」でしたが、士族数の多少や銃器の充実具合などの事情で、それは一定していなかったようです。鹿児島藩は兵制改革により短期間に洋式編成による膨大な常備隊の編成を終え、新しい訓練を受けた精兵を擁し、民政も担当するようになりました。軍備拡充の究極の目的は、維新直後の困難な時代にあって、進んで中央政府の支柱の役割を果たそうというものだったようです。

『鹿児島県史』によると、その総数は一八七〇（明治三）年正月で「常備隊百三十一隊と三分隊」、隊員数は「二万二千六十七人。その他に遊軍学館兵士・兵器隊など計千八十二人、楽隊百八人」だったといいます。ちなみに常備隊の第一大隊長は〝人斬り半次郎〟として勇名をはせた桐野利秋（一八三八～一八七七年）でした。なお、第二大隊長は篠原国幹（一八三七～一八七七年）で、共に明治維新を推進してきた少壮ですが、残念ながら西南戦争で西郷隆盛とともに戦死しています。

常備隊発足直後の一八六九（明治二）年四月に精兵六百人が東京警備を命ぜられおり、戊辰戦争にも従軍し、その後天皇を警護する「近衛兵」も常備隊の中から派遣されています。

民政も担当する常備隊が、廃仏毀釈で坊津一乗院の廃寺を実施したことは、『坊津町誌』に記録されています。地方の寺院の廃寺の多くはこれまで通り藩の役人が担当したでしょうが、後半の城下の廃仏は、民政も任務のうちの常備隊が担当したことが考えられます。しかし、常備隊が廃寺に関係したと明示されるのは文献上、『坊津町誌』だけです。

常備隊からさらに中央の「近衛隊」に入隊した大半の鹿児島藩士は、一八七三（明治六）年の征韓論に敗れた西郷隆盛らとともに鹿児島に帰り、私学校党に結集して一八七七（同十）年二月薩摩軍として西南戦争に従軍し、その多くが戦死しています。この人たちこそ鹿児島藩の廃仏毀釈の〝最後の実行者たち〟と思われるだけに、廃仏毀釈の証言記録や言い伝えが鹿児島県内に少ない理由の一つになっているのは当然でしょう。

宝満寺の廃寺

宝満寺《ほうまんじ》は正式には「律宗秘山密教院宝満寺」という律宗の寺院でした。神亀年間（七二四～七二八年）に聖武天皇の勅願により建てられたとされている品格高い古刹ですが、文献上はっきりしているのは一三一六（正和五）年に鎌倉時代の僧・忍性《にんしょう》の弟子である信仙英基により再建された、となって

『三国名称図会』に載っているかつての宝満寺

いることです。この時に奈良西大寺から持ち込まれた運慶作の如意輪観音像をご本尊としたといいます。このご本尊は安産に霊験あらたかとされ、一時は坊津の一乗院、鹿児島の慈眼寺と並んで「薩摩三名刹」といわれ、〝西海の華〟と称されていた大寺院でしたが、一八六九（明治二）年の最後の廃仏毀釈によってあっけなく廃寺になりました。

宝満寺の最後の住職は円道和尚で、当時すでに隠居していた大慈寺の柏州和尚と日ごろから懇意にしており、廃仏毀釈の嵐が過ぎ去り、再び仏教が興隆する日をお互い待ち望んでいました。しかし、円道和尚の仏教再興の願いもむなしく、一八七四（明治七）年に円道和尚は没しました。

信者らが一九三六（昭和十一）年に再建した宝満寺跡に立つ観音堂

しかし、信仰の自由が確保された後の一八八六（明治十九）年、大慈寺を隠居していた柏州和尚は、宝満寺の跡地に〝大慈寺の説教所〟の名義で、「仮観音堂」を建て、円道和尚の友情にむくいようとしました。柏州和尚は比叡山から行基作といわれる聖観音像を入手して安置しました。しかし、この「仮観音堂」も一九三二（昭和七）年には廃止の憂き目にあっています。そして地元の宝満寺の信者によって再度、一九三六（昭和十一）年に再建されたのが現在残る宝満寺観音堂です。

寺院そのものは再建されていませんが、仏心講の人々の手で、毎年四月二十九日の〝花祭り〟または〝潅仏会《かんぶつえ》〟といわれる「お釈迦祭り」が行われており、今でも昔懐かしい黒振袖に角隠しの花嫁が、シャンシャン馬に揺られて行く花嫁行列が再現されています。

宝満寺がしのばれるものは、戦前再建された観音堂の他に、入り口に立つ仁王像で、かなり風化していますが、室町期の庭園、歴代住職墓地などの歴史的遺産の価値が高く、宝満寺一帯は一九六九（昭和四十四）年に鹿児島県の史跡に指定されました。

「如意輪観音像」に関わる民話

事実かどうか定かではありませんが、宝満寺のご本尊、如意輪観音像の作者運慶は、この観音像は自身の一生の名作だとしてこの像から離れることができず、後に志布志の地にやってきてこの地で余生を過ごしたと伝えられています。そのご本尊の観音さまは人の心をうっとり引きつけるような美しさだったとされ、これにまつわる哀歌「千亀女《せんがめじょ》の話」が長くこの地方に伝えられています。

宝満寺裏の墓地にある「運慶の墓」といわれる墓石

悲しい話が今も伝わる千亀女の墓（宝満寺墓地）

『志布志町誌』によると、昔、志布志の向川原に千亀女という美女がいました。生まれながらの美貌は年頃になると輝くばかりで、「この世に千亀女の上を越す美人はいないだろう」と人々はもてはやし、両親はこの上なく一人娘の美しさを誇りにしていました。ところがそのころ、宝満寺に運慶一生の傑作とされた観音さまがこの地にもたらされました。

この観音さまの美しさにうたれた人々は感動して、「いかに千亀女でもこの観音さまにはかなうまい」と、口々に話していました。これを聞いた千亀女の両親は、娘可愛さの余り、ある夜密かに観音さまを持ち出して松葉でいぶして汚くしました。「やっぱり千亀女が一番美しい」と人々に言ってもらいたかったからです。

ところが夜が明けてみると、松

葉でいぶしたはずの観音さまはなんともなく、かえって以前より一層美しく輝いて見え、その代わり、可愛い千亀女は一晩のうちに顔に醜い湿疹ができ、足の片方が大きくはれるなど足が不自由になっていました。はれ上がった足を隠すため、裾《すそ》を長く引いて歩く、その後の千亀女を見て、土地の人々は次のような俗唱を残しています。

志布志千軒町箒《ほうき》はいらぬ
　花の千亀女が　裾で箒《は》く

ちなみに宝満寺跡の墓地には「運慶のもの」と言い伝えられている墓石と、悲哀の主人公の「千亀女の墓」がひっそり立っています。問題の如意輪観音像も、廃仏毀釈で破棄されてどうなったのか所在不明です。

文化向上に尽力の大慈寺

大慈寺は正式には「龍興山大慈広慧禅寺」といい、南北朝時代の一三四〇（興国元）年に創建された京都・妙心寺管下の臨済宗の禅寺で、一四四四（文安元）年には「同派の十刹」の一つといわれていました。

開基は志布志城主で南朝の武将・楡井頼仲《にれいよりなか》（一二九九〜一三五七年）、開山は玉山和尚です。創建の後、光明天皇から「広彗」の直筆のお書き物が下された勅願所でもありました。ご本尊は宝満寺と同じ運慶作の千手観音像だったといいます。盛時に八町（約八百七十二メートル）四方もある広大な寺域と、寺領五百九十二石を有し、十六の僧房が建ち並び、百人を超える雲水（禅を学ぶ学僧）が学ぶ地方僧侶の学問所でもある〝格式ある寺院〟でした。鹿児島藩の琉球侵攻の四百年前からは琉球僧の日本留学所となっていました。当時の記録に「禅門に学ぶ雲水百余人、一日に四斗の米を炊く」（『志布志町誌』）という賑わいぶりだったようです。

その上、十三世紀から十六世紀にかけて京都・鎌倉の五山禅林を中心として禅僧の間で行われた漢文学、いわゆる「五山文学」が大慈寺でも盛んでした。そのため、文人墨客の訪れることも多く、桂庵禅師を祖とする薩南学派の人々たちも大慈寺と極めて深い因縁で結ばれていました。学問を通じての中央との交流や、中国大陸の文化の他にも東南アジア文化も流入して、大慈寺のある志布志は、西南の遠国でありながら日本文化の向上に大きな役割を果たし、世界への目も広く、〝南九州文化の中心地〟の観すらあった土地です。藩政時代は志布志の海運も盛んで、中国などの文物も流入しやすかったようです。それだけに大慈寺は内外の宝物を多く所有していました。

柏州和尚は阿久根市脇元の出身の勤皇僧だったといい、島

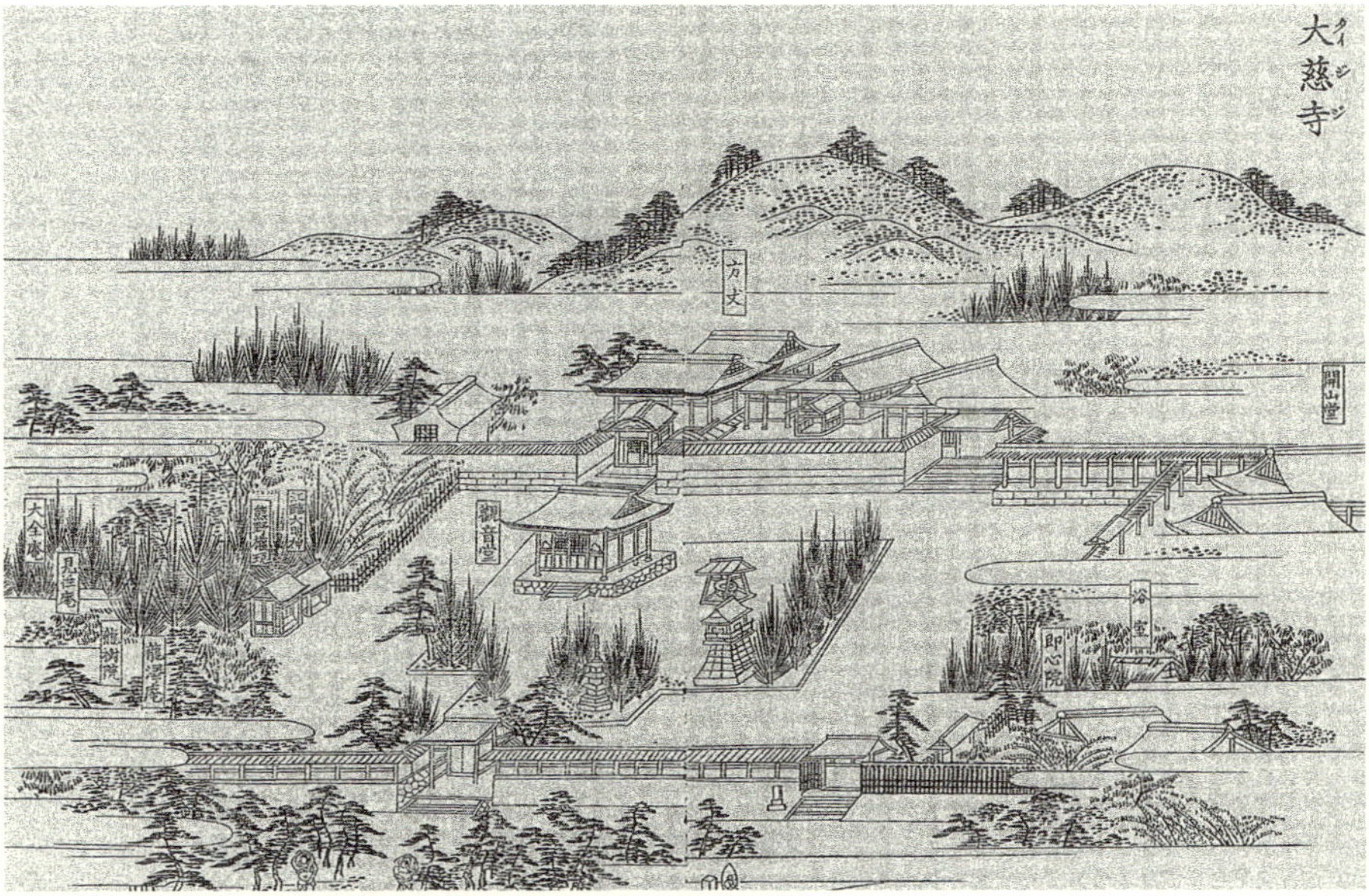

江戸時代の大慈寺（『三国名勝図会』）から

津久光とも交流があり、一八六二（文久二）年正月には藩命により京都に上り、苦心の末、中山大納言らと連絡をとり〝密使〟の役割も見事に果たしているほどです。「寺田屋事件」の起こる直前のことです。

大納言は柏州和尚の人格に深く感銘し、中山大納言の実子で、明治天皇のご生母・中山一位局の実弟に当たる十歳になったばかりの鶴丸君を和尚に託し、禅門に入らせたほどです。その鶴丸君は名を玄珠殿と改め、大慈寺で学びましたが、六年後に病死しています。鶴丸君の墓は、いまも志布志支所横の「開山堂」近くにあります。

そうした〝勤皇の僧〟といわれた柏州和尚は、明治維新になって思いもよらなかった「廃仏毀釈の嵐」に直面します。「寺は壊されても寺にある文化財だけは何とかして守って後世に伝えよう」と思ったのでしょう。現在の住職・石田恵一氏によると、「こんな理不尽なことが続くはずはない」と、柏州和尚は〝窮余の策〟として寺宝の一部を佐野田中家の当主・源左衛門ら檀家に預け〝廃仏の嵐〟を避けました。

そして信仰の自由が確保されて世の中が落ち着いてきた一八七九（明治十二）年に再興となった大慈寺に、その大半が帰ってきました。それが現在、県文化財に指定されている絵画「十六羅漢」十六幅や「宋版大般若経」、それに廃寺の際、埋められた「仁王像」一体など八点です。

掘り起こされ大慈寺の門前に立つ「阿形の仁王像」

県文化財の「仁王像」は口を開いた〝阿形《あぎょう》〟の像ですが、廃仏毀釈当時、門前に埋められたものを再興時に掘り起こしたものの、もう一体の口を結んだ〝吽形《うんぎょう》〟の像は探し出せなかったのです。仕方なく同じく廃寺になり捨てられていた時宗・海徳寺のそれを持ってきて「阿吽の像」にして現在の寺門横に安置しています。

さらに現住職の石田恵一氏は、中国・殷時代の青銅器やタイ・ベトナムの陶磁器など寺に残っている宝物などを随時、参詣者に鑑賞させて「廃仏毀釈とは何だったのでしょう」と禅問答のように問いかけています。

五　鹿児島藩の廃仏毀釈　その2

新政府の「神仏分離令」

一八六七（慶応三）年十月十四日に、江戸幕府の統治が窮地に追い込まれた十五代将軍・徳川慶喜は、天皇へ「大政を奉還」、つまり政権返上を申し出ています。これで二百六十年以上も続いた江戸幕府も終焉を迎えます。しかし、その日に薩摩、長州の武力統幕派はそれまでの大勢だった「公武合体論」を抑えて、密かに大久保利通が「倒幕の密勅」を手にしていました。その密勅は、岩倉具視の下にいた平田篤胤派の玉松操の手によるものでした。復古神道派は実に巧みに岩倉のふところに入り込んでいたのです。

そうして同年十二月九日に秘密裏に御前会議を開き、「王政復古」の大号令を発しました。それは「摂政・関白・将軍を廃止して総裁以下三職（総裁・議定・参与）を置いて、神武創業に復古する」ことを国家の理想とするものでありました。

そして一八六八（慶応四）年一月に改めて正式に「王政復古」の号令が発せられ、神祇事務総督とその掛は復古神道派の玉松操はじめ、津和野藩の福羽美静や平田鉄胤、平田延胤ら平田一派で占められています。同三月十三日には神祇官を興し、祭政一致の制度が生まれます。これが神道を国政に関与させ、ひいては太平洋戦争中に神道が国政を牛耳ることにつながった、といわれています。

そして同年三月十三日から同年十月十八日にかけて「神仏判然令」が次々に新政府から出されます。「神仏判然令」とは「神仏分離令」ともいい、神仏を区別して、神社から仏語や仏像、仏具など除去して神仏を分離させて神社は神社らしくすっきりさせよといった命令です。これはこれまでの日本の伝統的な神仏習合をやめて神道国教化へ地ならしするための政策で、復古神道の影響下で天皇の神聖化を目的とするものでもあったのです。具体的な太政官布告は、「神社と神主以下の神祇官への直属」を命令し、「社僧や別当の復飾（還俗と同じ意味）を認め」、「神仏混淆《こんこう》を廃止」することが神道事務局より命令伝達されています。

かつて社殿や仏堂前に下げていた「鰐口」

僧侶の別当職といえば、寺社領の管理や財政の監督、人事権までも一手に掌握していた要職でした。仏教が神社をもその勢力下におさめるに及んで、この別当が長年、神社のすべてに采配をふるうようになっていたのです。ところが「神仏分離令」で、別当職はその権限をなくし、僧侶は神社から出てゆくか、または、還俗して僧籍を脱して神祇官の命ずる役人（神職）にならなければならないという通達がなされました。これは仏教側にとって神社を管理運営する自分たちの権限を奪われることで、認め難い大変なことです。一方、神社の神職たちにとっては「僧侶の支配」から抜け出すチャンスであり、長年の「屈辱」を晴らす新政府による大変革ということになります。一八六八（慶応四）年三月二十八日の「神仏判然令」という布令は、左のような内容のものでした。

一、中古以来、其権現或ハ牛頭《ごず》天王之類、其外仏語ヲ以《もって》神号ニ相称候神社不少候。何レモ其神社之由緒委細ニ書付、早早可申出候事。

二、仏像ヲ以神体ト致候神社ハ、以来相改可申候事。付、本地抔《など》ト唱へ、仏像ヲ社前ニ掛、或ハ鰐口《わにぐち》・梵鐘・仏具等之類差置候分ハ、早々取除キ可申事。

※牛頭天王とは　もとインドの祇園精舎の守護神。守護神として京都祇園社（八坂神社）などに祭る（『広辞苑』）。

※鰐口とは社殿・仏堂前の軒下につるす金属製の具。扁円・中空で参詣者は、布で編んだ綱を振り動かして打ち鳴らす（『広辞苑』）。

簡単にいえば、紛らわしい仏教の名前は神社では使うな、仏具も使うな、ということです。

日吉大社の騒動

比叡山側と神社の社司との最初のトラブルは、比叡山の東麓の滋賀県大津市坂本にある延暦寺の支配下の日枝山王権現社（日吉大社）でした。暴徒の先頭に立って扇動したのは日枝山王権現の社司・樹下《じゅした》茂国でした。

臼井史朗氏著『神仏分離の動乱』によると、樹下は一八六八（慶応四）年四月一日に、延暦寺の執行へ日枝山王権現の本殿の鍵を直ちに引き渡すよう申し入れました。「日本仏教界の総本山として、天下に号令し、朝廷の権威をかさにして、その権力をほしいままにしてきた延暦寺である。しかも座主はもちろん皇室よりいただいた宮門跡である」（『神仏分離の動乱』）。延暦寺側がたとえ太政官布告といえ、やすやすと日枝山王権現本殿の鍵など渡すはずはありません。鍵を渡すことは、支配権を譲ることにつながるわけで、比叡山としても重大な問題だったのです。

煮え切らない延暦寺側の態度に激昂した樹下は、同じ日枝山王権現内にある生源寺の社司の生源寺義胤や部下の祝部（祭りをする人）の同志三、四十人と坂本村在住の住民数十人も動員して即刻、実力行使に踏み切りました。樹下らは、山王権現の神域内に乱入して、本殿の鍵をこじあけ、ご神体である仏像を放り出し、僧像はもちろん、経巻・仏器などをたたきこわすなどの乱暴狼藉を加え、火を放って焼き捨ててしまいました。それは「神仏判然令」が布告されてから四日後に起こった事件でした。

社司らによりご神体の仏像などが焼き捨てられた日吉大社西本宮

通信手段が未発達な当時、京都近郊とはいえ一権現の社司が、どうしてそんなに早くトラブルを起こせたのでしょうか。それは首謀者の樹下自身が同年一月に「維新政府による第一次官制で生まれた神祇科の神祇事務掛の一人に選ばれ」（太田保世氏著『日本の屈折点』）ており、また樹下はかつて岩倉具視邸に寄寓しており岩倉との関係が深かったためです。

最初の廃仏毀釈の動きが日枝権現社であったことは象徴的な出来事で、これを契機に廃仏毀釈の嵐が鹿児島はじめ全国各地に燎原の火のように広がっていったのです。しかし、新政府や多くの藩では神仏分離でご神体を仏像から鏡に変え、寺院を宗派ごとに合併整理したり、仏具の一つである「鰐口」を神社から撤去するぐらいで、鹿児島藩のように寺院や仏具・仏像まで焼き尽くすという徹底した廃仏毀釈まではしませんでした。

改めて「神仏分離令」を通達した鹿児島藩

戊辰戦争にもめどがたち、一八六八年八月二十七日にようやく明治天皇が即位し、新しい近代国家の明治時代がスタートしました。慶応年間にすでに廃仏毀釈を日向地区や鹿児島県内の一部で実施してきた鹿児島藩も、維新政府の意向を受けて同年九月に桂右衛門（久武）家老名で「今般おぼしめしにより、神道ひとすじで、祭祀するように」という通達を出して、戊辰戦争で一時中断していた神仏分離を行い、ついでに廃仏毀釈までやり抜きました。

慶応三年間に廃寺を実施した鹿児島県内の地区で、市町村郷土誌などにより確認できる記録は、一八六七（慶応三）年九月廃寺実施の錦江町田代地区の曹洞宗崇忠院、威勝寺宝寿院、金泉院、宝泉院、粒淵軒（『田代町郷土誌』）と、同年四月に鹿児島市郡山地区の花尾権現（神社）の別当寺を廃寺し、城下の大乗院へ合併し、僧侶の還俗を命じた（『郡山郷土史』）ことなどです。だから日向国とされていた志布志地区の大半を除く多くの鹿児島県内の廃寺は、概ね明治新政府の神仏分離政策に合わせるように実施されたとみてよいのではないでしょうか。

鹿児島藩の神仏分離はすでに計画中のものであり、直ちに実行に移されました。しかし、当時の神社は仏体がご神体の神社がほとんどで、霧島・鹿児島の両神宮も同様の状態で、ただ正式に古い鏡がご神体だったのは、霧島市隼人町の奈毛木《なげき》の森の蛭子《ひるこ》神社だけで、ほとんどが神仏混淆形態でした。それだけに他の神社はすべて仏体を廃し、新しくご神鏡を作って取り替えなければならず、かなり手間取りました。

当時の文書で、明治二年の川辺村（現南九州市川辺町）の『神社方日帳』を県立図書館が所蔵しています。それによると、明治元年九月に南薩地方では、まず郷中廃寺方取締掛として曖《あつかい》・組頭・横目（現代の刑事のような者）などをこれに任じています。おそらく他地方も同様であったでしょう。そうして「神仏分離に関する達示」が家老桂久武の名で次のように達せられています。

一　今般

思召之譯被為在諸神社之儀神道一筋之御祭祀被仰付追々別当寺被召放候處、坊泊之外、是迄別当寺相付居候宗廟、其外社殿江神佛錯雑之社頭而已有之甚敷者佛像迄安置之向毛有之由、右式社殿ハ請持之社家共吟味相遂佛躰者速ニ取除、其郷内現存之寺院ニ致合集候様被仰付、候左候、而社内ニ佛像迄安置之所毛追而社内改正之社殿片付方、且新規佛像不崇置候而不叶譯合茂候ハヾ其段申出格別由緒茂無之空殿迄之事ニ候ハヾ、被相廃候條何分致吟味可申出候。且金銀銅鉄之佛像者、寺院取調方江可差出候。此旨所掛役々、並社家之面々ニ申渡夫々見分之上屹と取扱行届候様、地頭並受持郡奉行江申渡、寺院取調掛御役々江茂可申渡候

九月　　　　　右衛門

これは藩の家老から寺院取調掛に「神仏分離の仕方」を申し渡したもので、概略は「これからの諸神社は神道一筋の祭礼だけ行うようにすべきである。別当寺（神社に付属して置かれた寺院で、神仏一体説から大方の神社に建てられた）のように神殿に仏像を安置している場合は速やかにそれを取り除き、寺院整理した後の残された寺へ集めるようにせよ。また金銀銅鉄で出来た仏像は寺院取調方へ差し出すこと。この旨を寺院取調掛や社家の面々に伝え、地頭や郡奉行へも伝えるように」ということです。

以上の文面を見てみますと、寺院整理は規定の事実のようで、すでに何処が廃寺され、何処に統合されるかはすでに決まっているように見受けられます。神仏分離と並行して多数の寺院の廃合が行われましたが、その前後の処分の仕方については、同じく九月に同じように桂右衛門（久武）名で掛諸役人に達せられています。またこれには福昌寺副司寮から指宿・源忠寺、山川・龍山寺、頴娃・證恩寺、川辺山田・善積寺、川辺・玉泉寺、同・宝福寺の各寺を通じてこの地方の各寺院に通達されていました。

この通達では、まず僧侶の処分については、廃寺の僧侶は本寺または「法類便宜」の方に引き取ること、また廃寺はもちろん、現在の寺院住僧とも本当に還俗を希望する者には還俗を命じています。その際は地頭や請持郡奉行に取り調べを上申するようにすること、そして還俗する僧侶で引き取られる親族もなく、または廃寺の僧侶で老年病身のため托鉢遍参も叶わない者は、その人の養料を支払うので調査の末、上申のこと、寺院廃止のために引き移り先の寺院が他宗で、改宗を希望する者は出願してほしいこと、となっています。

また、寺院に預け置ける位牌は集め、法号は過去帳に厳重に記載してほしいこと、位牌の引き取りは勝手次第、となっています。廃寺の仏像は一寺に多数安置してはならず、仏像は必ず「一寺一体」とし、その他金銀銅鉄を寺院取調方へ差し出すべきこと（これは兵器にするためらしい）、と定められています。加えて、寺門前及び下人についても、生活が立つように処置をつけられること、となっています。

廃寺につき召し上げられた「高」は、帖佐与蔵入りとなり、陸軍の軍事費に充てられています。廃寺の跡地は社家などで

必要なる者には貸し与え、祠堂銭（祖先代々の供養のため、祠堂修復の名目で寺院に寄付した金）は郷内に存置される寺院に寄付すべきことと定めています。

ただ当初、加世田の日新寺や常潤院、杉本寺、浄福寺、阿多の大年寺、田布施の常珠寺、伊作の多宝寺や善勝寺、西福寺等は、島津氏の菩提所なので、修理などはこれまでのように藩費で行うとなっていました。その他の存置の寺院は、（世相が大変な時なので）寺独自に自前で行うようにせよ、といっています。また廃寺の建具や家財、竹木類の処分についてまでも詳細にその処分方法が定められています。

このようにして鹿児島藩は各方面に注意を払い、廃寺を至って慎重に行ったようです。それはかつて斉彬が時鐘を除く寺院の梵鐘を徴収して兵器や鋳造に回そうとした、そのさ中に急死したため、「殿様は寺の鐘までもお取り上げなされたから、その祟りでお病気になって亡くなられた、という噂」（『史談会速記録十三号』、市来四郎談）が出て彼の信奉者を怒らせ、鹿児島藩としても大変困っていたからです。また、慶応三年、都城郷など廃寺した際、廃寺した役人が「狂い死にしたらしい」と噂されることもあって、廃寺の実施に対しては、事前に十分な検討を行い、細部の実施要綱を決めて細心の注意を払って慎重に実施したようです。「大寺の山門を崩すとか、楼閣を壊すとかするには随分、職人などが怪我でもすると人気に響きますから、念を入れて指導致させました」と『史談会記録十三号』で市来四郎も語っています。

別当寺や由緒なき寺院などはどうだったでしょうか。例えば当時、頴娃郷に入っていた坊津一乗院末瑞応院は、枚聞《ひらきき》神社の別当寺であり、別当寺は廃されましたが、この寺は島津元久・久豊・家久らの位牌を安置し、この郷の菩提所であるために当分、存置されることとなりました。さらに坊津町久志の東泉寺を廃してその跡へ移転し、新たに十五石高をつけられることになりました。後述するように、すんなりそれで収まったわけではありません。

難逃れた瑞応院の仏像

指宿市開聞町にあった瑞応院のご本尊は、廃仏毀釈を逃れて現在、南さつま市坊津町久志の宗派の違う浄土真宗本願寺派の廣泉寺のご本尊です。このご本尊には以下のいきさつが語られています。廣泉寺住職の大八木廣澄氏や『開聞町郷土誌』、『坊津町郷土誌』などによると、瑞応院はかつて指宿市開聞町にあった一乗院の末寺の一つです。島津元久・家久らの位牌が安置され、頴娃郷の菩薩所でもありました。一八六八（明治元）年九月、鹿児島藩家老・桂久武の名で諸郷役人に寺院廃合が達せられています。しかし、瑞応院は枚聞神社の別当寺でしたが、一乗院の末寺でもあったため、こ

廃仏毀釈と戦災の難も逃れた廣泉寺のご本尊・阿弥陀仏像

の時は院の別当職が廃止されただけで、幸い、寺は坊津町久志の東泉寺（加世田の日新寺の末寺）と合併することになり、当分の間、存続することになったのでした。その後、全面的に撤去せよと命令が下りました。東泉寺の住職で加世田・津貫出身の快方法印が、本尊を「壊させる前に、早く合併される東泉寺に安置しておこう」と、南九州市頴娃町石垣港から船で避難させて東泉寺に安置して、ホッと胸をなで下ろしました。

しかし、仏像にとってそこも安住の地ではありませんでした。ついに翌年十一月二十四日、南林寺など藩内の二十八カ所名刹全て廃寺とする旨が通達されました。そして東泉寺も勿論取り壊されることになり、久志にあった仏像絵像、お経、名号などの仏具すべて、浜辺に集められて焼き捨てられることになりました。

幸い信仰心の厚い男だった寺内長助が「この仏像だけは、焼かれるのに忍びない」と、この阿弥陀仏を持ち去り、ひそかに石棺に納めて、近くの東泉寺墓地に埋めて再度避難させました。それは一八七〇（明治三）年二月五日のことです。

一方、その四年後（明治七年）に京都の古刹・正光寺の大八木諦聴住職は一向宗禁制の鹿児島藩に内密に入り、久志で布教活動を行う中で、この埋められた仏像のことも知りました。同地は藩政時代から浄土真宗の信仰が厚い土地で「二十日講」が組織され、一向宗禁制時でもひそかに講を開いていました。

ようやく明治九年九月に鹿児島県内で信仰が自由となり、大八木諦聴師も明治十二年に再び久志にやってきて門徒たちの協力で五年後の明治十七年、東泉寺跡に新寺院を建設し、京都の廣泉寺の寺号をここに移して「廣泉寺」と公称しました。

墓地に埋めて隠していた仏像は、寺内長助の弟・権助が土中より掘り出しました。仏像は少々傷ついていましたが、ヒダの線も流麗な慈しみ深い立派な姿はそのままでした。この廃仏毀釈の難を逃れた仏像が、今度は浄土真宗西本願寺派の廣泉寺のご本尊になったわけです。

石棺に入れられて避難した現場に建つ阿弥陀仏避難の記念碑

このご本尊は高さ約一メートルで、鎌倉時代の仏師・快慶丹波法眼安阿弥の作だといいます。大八木廣澄住職の話によると、「この仏さまは昭和二十年八月七日の戦災で本堂焼失の前に防空壕に避難されており、空襲も無事でした」と、法難の嵐を幾度も耐え抜いた物語を、力を込めて証言してくれました。仏像が埋められた墓地には、今も記念碑が建っています。

その他に証恩寺の末寺海雲寺・宝持庵・壽福寺などは、由緒なきにより廃寺となり、寺地境内を召し上げられ、また福昌寺末の吉祥庵・常孝庵などは当時破壊あるいは寺号のみが存在するに過ぎなかったような無住の寺で、すべて廃寺されました。藩内の他郷の状態も大体同じようだった（『鹿児島県史』）といいます。

廃寺に付けられた「高」は前述の通り藩の蔵入りとなったようですが、その検地を実施することになり、郡奉行が検地竿入りの役人を任命してことに当たらしめました。南薩地方では竿入りは明治二年正月に実施されたようです。

天草に避難した長島・長光寺の仏像

長島町にある曹洞宗の長光寺の徹宗和尚のもとに廃仏毀釈の悲報が届いたのは一八六八（明治元）年九月八日でした。長光寺は正式には神伯山長光寺といい、『三国名勝図会』によると、開基年は不明ですが、出水・龍光寺の三世・真門智総和尚の開基で、長島の菩提寺であるといいます。

寺院に残る「廃仏毀釈と長光寺」の文書と『長島町郷土誌』によると、徹宗和尚は急ぎ、檀家の総代会を招集しました。集まる者は鷹巣の常念寺関係者を除く長島全集落の総代たちで、徹宗和尚から廃寺の話を聞き、「今後の善後策を慎重に審議するよう」乞われました。論議は百出、容易に決しかねましたが、結局、祖先伝来信仰し続けた大切な仏像は焼くに忍びず、一時城川内総代の大堂兵之丞氏宅に隠すこととし、仏具・仏典・過去帳一切を集めて焼くことに決定しました。

その後、この仏像は島内に隠すと、役人に見つかる危険性があるとして城川内米山の米尾郷郎氏の親戚で、天草の小宮地村（現・天草市新和町）の本田徳蔵氏宅に預け、同時に梵鐘も一時預かってもらいました。そして鹿児島県が信仰の自由を認めた（明治九年九月）三年後の一八七九（明治十二）年十一月に寺が再興された後、仏像も無事寺に帰され、今日に至っているといいます。

なお、『長島

無事天草から帰ってきた観音像（左側）

町郷土誌』によると、梵鐘は天草の鬼の池（現・天草市五和町）の寿□寺（不明）に「薩州長島郷長光寺」の銘刻のある鐘があったそうで、太平洋戦争時、爆弾に使用するため国に献納されたといいます。この長光寺入相の鐘の音は「遠く甑島までも聞こえる名鐘であった」そうです。

一方、同寺の観音堂に祀られてあった観音像は、同じ天草市牛深須島の天附（地名）の肴屋「おいと」が、網に包んで長島から持ち帰り、自宅に仏壇を設けて朝夕の拝礼を欠かさなかったといいます。そのご利益あらたかで大漁が続き、家運日増しに繁盛し、近郷の参詣者も多く、羨望されるほどになっていました。

一九〇一（明治三十四）、〇二年ごろ、小浜の檀家・松元家の者が、天附に薪売りに行き、その話を聞きつけて長光寺に連絡してきました。当時住職の山本興雲和尚はさっそく船を仕立て貰い受けに行きましたが、観音像は貰えなかったようです。やむなく寺に帰り総代会を開き、期日を定めて再び交渉におもむいて、ようやく返納の約束がかないました。こうして後日、いよいよ返納当日、長島の各集落から六隻の大船を仕立て五色の旗を翻しながら、観音像は特別仕立ての台上に乗せられて海を渡り、御詠歌を唱える善男善女の引き網に引かれ読経の中を長光寺内観音堂に無事安置されました。現在の観音像がそれであります。

柏州和尚の入れ知恵？

一八六七（明治二）年十一月二十四日、いよいよ出水市野田町の感応寺に廃寺の命令が下りました。臨済宗の鎮国山感応寺は最後まで残されていましたが、他の島津氏にゆかりのある、後に述べる鹿児島藩内の二十八寺院とともに廃寺が決まったのです。しかし、梅嶺和尚の機転でご本尊の十一面千手観音像など貴重な文化財は破壊から免れて現存しています。「文献はありませんが、状況から梅嶺和尚が、志布志・大慈寺の和尚だった柏州和尚（阿久根市出身）と県内では数少ない臨済宗の住職同士ということで懇意にしており、廃仏毀釈が行われる前に、島津久光と交流のあった柏州和尚から廃仏・廃寺が近いという情報を事前に入手して対応したのではないか」と、現住職の芝原一三氏は推察しています。

同寺は島津氏初代・島津忠久から五代貞久までの墓が存在する「五廟社」もある島津氏ゆかりの寺院です。言い伝えによると、同寺のご本尊である十一面千手観音像は、一四四五（文安二）年の院隆という仏師の作によるもので、また千手観音は千手千眼観音とも呼ばれるように各手の手のひらに眼を描いていることが多く、この像は玉眼《ぎょくがん》が嵌入《かんにゅう》（はめこむこと）という特異な技法を施しており、一九六三（昭和三十八）年六月十七日、県の文化財に指定されています。

梅嶺和尚が肥前甕に隠して難を逃れたといわれる県文化財の千手観音像

柏州和尚から廃仏の情報を入手した梅嶺和尚が「事前にこの仏像を自分の出身地である同市野田町餅井集落にあった家の大きな肥前甕に入れて隠し、廃仏毀釈の嵐の難を避けたのだろう」と、現在の住職・芝原一三氏は推察しています。同寺の宝物はこの他にも像の脇に立つ脇立四天王像四体や、中興の雲山和尚頂相《ちんそう》＝県文化財、各種の古文書など廃寺以前と変わらないほどの数多くの文化財が残されており、これらも何らかの方法で隠し通したのだろう、といいます。柏州和尚は国父の島津久光とも親しかったといわれており、同じ志布志の古刹・宝満寺の円道和尚とも懇意で仏教の再興を願って廃仏毀釈の難を逃れて大慈寺の多くの文化財を残したといわれます。感応寺の梅嶺和尚とも廃仏の難を逃れるために情報交換してもおかしくありません。このように薩摩半島の西端と大隅半島の東端に貴重な文化財が残ったのは、双方に文化財に理解があり、自らの尽力で廃仏の嵐から貴重な文化財を守るという強い意思を持った和尚さんがいたからなのです。

「おもちゃにほしい」

阿久根市弓木野の道路横に「聖観音」と「地蔵菩薩」を祀った祠があります。『阿久根市史』によると、今は県道沿いの祠に納められていますが、以前は集落中央の小高い山頂に祀られていました。この像は一八六八（明治元）年の神仏分離令で同市波留にあった蓮華寺が廃寺となり、多くの仏具とともに焼却されるところを「信心深い住民に拾われて難を逃れた観音と地蔵菩薩」と伝えられています。

弓木野門の名頭伊太郎が、蓮華寺の門前で、ちょうど多くの仏像や仏具が焼却されようとするところを通りがかり、日ごろ顔を知った郷士衆に「孫のおもちゃにしたい」と願い出て「おもちゃにするなら」と譲り受けたのが、この聖観音と地蔵菩薩であるといいます。

伊太郎は聖観音、地蔵菩薩二体を持ち帰ると、孫のおもちゃにしているように見せかけて土間に置き、朝夕家族とともにひそかに礼拝していました。西南戦争も終わり、信仰が自由になると、裏山に祠を建てて祀り、大正の初期に集落民の協力で現在地に移したもので、極めてご利益の高い観音さまといわれています。

阿久根市山下から西目に越える山坂に「ほとけ坂」という地名があります。『阿久根市史』によると、この「ほとけ坂」

阿久根市弓木野の道路横の祠に祀っている聖観音と地蔵菩薩

とは「ほとけ解《とき》坂」のことで、仏像や仏具を焼却した所といいます。それは一八六八（明治元）年の秋、山下には楞巌《りょうごん》寺や大同寺、長寿寺など多くの禅寺があり、廃仏毀釈の際、これらの仏像や仏具が集められ、その後「ほとけ坂」と呼ばれた地で焼却されており、これが地名として残っているということです。

　一方、出水市武本の達磨山龍光寺の神仏分離は、廃仏毀釈まで徹底的に行われたようです。今の龍光寺の住職の秋吉靖成氏の話によると、「廃寺当時のお寺の場所は今とは違って西ノ口高城山麓（同寺の歴代住職墓のある所）にあり、廃寺が明治何年何月であったかなど、廃寺の模様を語る史料は皆無で、以前のものは何一つ残されていない」といいます。住職の弟で高校教員だった秋吉龍敏氏は廃仏毀釈の研究者として知られていますが、彼は大学の卒業論文で「廃仏毀釈」を取り上げて以来、ずっと「廃仏毀釈」をテーマに研究を続けています。しかし、「鹿児島の場合は史料不足で弟の研究は進んでいないと悩んでいるほどです」と、兄の靖成氏はいいます。

　史料保存の面でも問題がありそうです。桂久武家老（当時）の子孫である鹿児島市樋口町在住の桂久昭氏は「研究家たちが何か史料は残っていないか、とよく訪ねてきますが、廃仏毀釈関係の史料は一つも残っていません」と話していました。これといった史料といえば『鹿児島県史』と『忠義公史料』に断片的にあるぐらいのものです。

　実際に廃仏毀釈にかかわった人々がその後の西南戦争に従軍し、多くの人が戦死したため、廃仏毀釈の史料が少ないのか、それとも、うがった見方ですが、歴史研究の上でも、明治以降の為政者や研究者には、廃仏毀釈を実施した士族の子孫が多く、廃仏毀釈の史料を保存し研究することに「後ろめたさ」や「恥じらい」があったのでは、と思わざるを得ません。それとも史料など大切に思わず、すぐに破棄する県民性が災いしているのでしょうか。

　出水は「出水兵児《へこ》」で知られる国境の強兵ぞろい。藩主の意向には絶対的服従ですので、神仏分離にも徹底的に取り組んだことでしょう。そのためか、廃仏毀釈の影すら見えないほど他地区に比べても完璧な実施ぶりです。ただ、『出水郷土誌』には、明治三年の貴重な僧侶の還俗例が載っていますので、それを再録してみます。

助之丞二弟
越牟田正太郎

越牟田正太郎事、出家成御免仰付られ置候処、還俗成の願申上げ巳（明治二年）九月御免仰付られ入来

高三石壱斗七升　児玉　喜右衛門

右喜衛門事、井手上七兵衛二弟にて、出家成　御免仰付られ置候処、還俗成の願申上、巳九月御免仰付られ候

助之進三弟
木村　助右衛門

右助右衛門事、右助之進三弟にて、出家成の願申上、御免仰付られ居候処、還俗の願成の願申上げ、巳十月御免仰付られ入来

と、いずれも士分からの出家が、一八六九（明治二）年還俗して旧籍に服したことが分かります。

仏像持ち込んだ園林寺の和尚

日置市日吉町日置の曹洞宗・園林寺《おんりんじ》の最後の和尚は一八六九（明治二）年の廃寺の際、仏像を焼却するのに忍びずに、ひそかに日置の自宅に運んでおり、現在、孫の海江田有弘氏宅に保存されています。園林寺といえば、NHKの大河ドラマ「篤姫」の主人公の恋人として描かれ、人気を博した幕末の志士で〝幻の宰相〟として知られる小松帯刀家の菩提寺として浮かぶ禅寺です。帯刀とも顔見知りだったろう和尚（還俗後は海江田泰輔）は、寺が壊され自分は還俗しても、いつも近くにいた仏像だけは救いたい、と必死の思いで隠匿したのでしょう。海江田有弘氏の家人の話では「この泰輔さんの話や仏さまの話などの言い伝えは残っていません」といっています。

この仏像は高さ約七十センチ、蓮台の高さ約十センチの木製阿弥陀仏像で、黒赤味を帯びた金泥を施した優しさあふれる仏像で、彫りの流れがありことのほか美しい。作者不明ですが、名のある仏師の手によるものでしょう。この他、海江田氏家には釈迦像（木彫り座像、高さ六センチ）や厨子に入った不動明王（携帯用、高さ六センチ）、菩薩像（木彫り、高さ六センチ）、それに金属製の香炉（横

海江田家に保存されている阿弥陀仏像

十一センチ、幅八・五センチ、高さ十センチ）なども保存されている、という話です。このように崇仏の念が強い日吉町では、今でも破棄された仏像を自宅に大切に保存している家が多く見られます。

親仏の意志なし

鹿児島藩の神仏分離の政策は、当初は寺院整理で一八六九（明治二）年までは「廃仏」では決してなかったということです（久保田収『薩藩における廃仏毀釈』）。しかし、藩の意向は当初から仏教を保護する意志はなく、むしろ「廃仏」に傾いていました。お上がそうだから一般住民の意識も仏教軽視の風潮が強くなっていたというのは当然の世相でした。それで仏像に乱暴を働く不届き者まで現れる始末でした。従って藩としては一八六八（慶応四）年六月に戒告を布告せざるを得なかったのです。久保田氏の論文を引用すると、藩の戒告は、次のように文面で達せられています。

> 此比諸所寺院二王或は佛躰等相毀、殊ニ先日多賀山下江安置佛像並石碑及夜陰致破却候族有之、粗暴之所業別而如何之至候。
> 　向後右躰心得違之儀一切致間敷候

多賀山下にあるお寺といえば、『三国名勝図会』（上巻）に掲載されている田之浦の真言宗大乗院末の潮音院のことでしょうか。それとも、その近くにあった慈眼院永福寺（大乗院末）でしょうか。いずれかの仏像など寺の備品を一般人が夜陰に紛れて勝手に破壊したようです。

ただ神仏分離といっても鹿児島藩では神社から仏教関連の仏像や仏具を取り除く以外に、同時に別当寺と由緒がない寺院は、開聞神社の瑞応院のように移転統合されたり、また廃せられました。そして島津氏と関係の深い寺院や歴史があり、藩にとっても由緒ある寺院など「特別なものだけ」が当面残されたのです。島津氏代々の位牌の安置している寺院や、同じく墓所のある寺院まで徹底的に壊すのは藩士として忍び難い、という配慮だったようです。

島津一族が仏教離脱

しかし、間もなくその遠慮が解ける事態が発生しました。それは明治二年三月に藩主・忠義夫人の暐子《てる》が死亡し、その葬儀に関して知政所（ちまんどころ＝県庁の前身）が同年三月二十五日付で先のような「従来の仏式を改め神式をもって執行する」ことを告示したのです。『鹿児島市史』によると、その告示は次の通りです。

御先代様御葬祭の儀は、是迄仏家の作法を以って御執行あらせられ来り候えども、此節御前様御逝去に付ては、方今の御盛典に基かせられ、御葬祭向すべて神国の礼式を遂行せらる可き旨仰せ達せられ候条、此旨向々へ申渡す可く候。

知政所

これは明らかに「仏教を信じない者は島津にあらず」という家訓まであった島津氏一家が、仏教を離れる重大な意志を表明したものです。さらに、同年六月十二日に左記のような「中元・盂蘭盆の禁止」を達しました。

中元盂蘭盆の儀、御吟味の訳これあり、御領国中一同御禁止仰せ付けられ候。左様て祖先祭の儀、仲春仲冬両度に執行致し候様仰せ付けられ候条、此皆神社奉行へ申渡し、向々へ申す可く候。仲春の祭二月四日巳後、仲冬の祭十一月中の日巳後其家々に於いて祭日相選び執行致す可く候。尤祭式不案内の者は神社方へ尋問致す可く候。左候て自ら心得もこれある可く候えども墳墓取始末等は弥行届き候様致す可く候。

知政所

すなわち、鹿児島藩内の士民はすべてお盆を廃止し、神道式の祖先祭を春冬の二回、神式で行わねばならなくなったのです。それは仲春が二月四日以降、仲冬は十一月中の卯の日以降に各家々で適宜に祭日を選んで行うようにしなさい、ということで、祭式不案内の者は神社方について学び、実施するようになりました。

さらに同年八月八日には「残っている寺院の寺領を没収して寺院の自滅を計る」政策を実施して寺院に追い討ちをかけています。すなわちそれは、島津氏の菩提寺だった福昌寺の千三百六十一石余をはじめ、恵灯院の七百石、浄光明寺の四百四石、南林寺の三百九十九石、妙谷寺の三百八十五石、大乗院の三百石、興国寺及び寿国寺の各二百石、不断光院の百石、その他三十石以下の七カ寺の寺領合計四千二百九石余を没収して、その代わりとして僧侶には食料・衣装代・諸品代等を支給することとしました。もともと寺の自滅を図るための寺領没収ですから、支給される衣食代の額は極めて厳しく、「住職と寺僧二人だけで一日一人につき、五合あての割りで給与」(『鹿児島県史』)されており、到底、生計を維持することは困難でした。

六　川内川流域に残る中世の仏教建築と仏たち

数多くの文化財

鹿児島県は、他の地に見られないような徹底的な廃仏毀釈で藩政時代以前の仏教遺物がことごとく姿を消した地域ですが、どうしたことか川内川流域に限って中世の仏教建築をほうふつとさせるお寺の建物や、神社の祭神になっている観音像が奇跡的に現在も見られます。それら中世の建築物はもちろん県文化財に指定されていますし、観音像も県の文化財に指定されて大切に保存されています。

いずれも付近の名もない住民が、破壊されるは「もったいない」「グラシカ（かわいそう）」と、隣県の離島に一時避難させて難を逃れさせ、また観音堂を「これは仏教寺院ではない。神社だ」と藩の役人をいいくるめて破壊を逃れたものばかりだといいます。いずれも住民の命をかけた保存活動があったからこそ、貴重な文化財をいま、私たちも目にすることが出来ているのです。私たちは貴重な文化財を目にするとき、こうした必死にお寺や仏像を守った先人の苦労を偲ばざるをえません。

それらは、上流から伊佐市白木の「白木神社」と「白木観音」、さつま町宮之城広瀬の「興詮《こうせん》寺」、それに薩摩川内市中村町の「戸田観音」などです。例えば戸田観音には立派な鳥居が立っており、表面上は「水波売《みずはえ》神社」という神社になっていますが、住民はいまでも「戸田観音」と言ってはばかりません。その方が水波売神社より地区民にはよく理解できるのです。これらの廃仏毀釈時のいきさつなどを述べてみましょう。

今も白木神社の祭神は観音像

伊佐市白木川右岸に木々が茂るこんもりしたに小山に、お産の神として有名な藁葺《わらぶ》きの一風変った「白木神社」があります。元々白木山長福寺の観音堂跡で、七百年前の中世に作られた「白木観音像」が、祭神として知られています。神社の前の山林になっている地点に、長福寺がありましたが廃仏毀釈で壊され、その姿を伝えるものは神社前にある小さな仁王像以外にありません。

ここの観音様は廃仏毀釈時に住民が必死の思いで天草へ避難させて生き延びた仏さまで、もちろん廃仏毀釈後に鹿児島藩から支給された直径約十センチほどの神鏡も遠慮がちに観音像の足元に置いてはいますが、神社に変えられても主役は今でも観音様です。明治二年の廃仏毀釈時に地区民が機転を利かせて観音堂に安置していた白木観音像を良眼坊という天草の住人に頼み、熊本県天草に避難させ、観音堂を「神社」といいくるめて観音堂だけは残すようにしました。良眼坊と名乗っただけに山伏《やんぶし》で仏像には理解があったのかもしれません。

廃仏毀釈後は「白木神社」と名前を変えたものの、廃仏毀釈の世相も収まった一八九二（明治二十五）年に白木神社に避難先の天草からこの観音像を取り戻していま

茅葺の観音堂と見分けられない白木神社の全景

す。観音堂は白木神社と名前を変えましたが、祭神は元通り神鏡に代えて観音像とし、いまも「縁結びの神」「安産の神」として地元民はもとより地区の人々たちの深い信仰を集めています。

白木観音堂には以下のような言い伝えがあります。『羽月村郷土誌』や『大口郷土誌』などによると、

「平安時代の白木一帯は牛屎院《うしくそいん》と呼ばれ、太秦《うずまさ》姓の牛屎氏が勢力を張っていた。牛屎氏はもともと平家一族でした。源平合戦に敗れた平宗盛の子孫の清祖が平家没落の後京都から素木《しらぎ》の寄木造りの観音様（台座とも一・四二メートル）を護持し、七百年前に牛屎氏を頼って海路出水・米ノ津を経て現在の伊佐市白木に着き、この地に白木山長福寺を建てた」

以上のような伝承が伝わっていますが、史実はまだはっきりしないといいます。

しかし、像の裏面には「白木山長福寺大導聖観音、行基菩薩御作也、本田三友、応永十五（一四〇八）年三月六日　良清」と墨書してあります。そして護持してきた観音像を観音堂に安置して二〇〇八（平成二十）年でちょうど七百年になるといいます。日ごろは祭神として納められてお目にかかることはありませんが、毎年七月二十八日と正月の年二回の例祭に限ってご開帳されますが、写真撮影厳禁といいます。

ふくよかで美しい白木神社の祭神になっている白木観音像。足先のところが一部腐食していた

ただ、二〇〇八年七月二十八日だけは、像の足元などにかなり腐食が見られるので県教委に報告する資料を撮影するついでに、幸い、特別に撮影が許可され

ました。
郷土史家の東哲郎氏が「神社裏に清祖の墓といわれる石碑がある」というので、覗いてみました。碑は土手に三つあり、上部だけ地上にみえますが残りは埋まったままです。東氏は「その真ん中の碑が清祖の墓といわれています。それ、清祖と読めるでしょう」と手でなぞってくれました。確かに「清」は読めましたが、「祖」は確認できませんでした。墓にしては高さ三十数センチと小さすぎますが、果たしてこれは清祖の墓でしょうか。清祖について調べてみましたが、どういう人だったか詳細は分かりませんでした。

ふくよかで美しい姿の観音様には「次のような言い伝えが残っています」と、東哲郎氏が話してくれました。それによると、地区に美しい娘がいたということです。娘の両親はこの観音様に〝へ黒〟をぬり「うちの娘ほど美しい娘もいない。美しいといわれる観音様もうちの娘にかなうまい」と自慢していました。そのうち娘は病気になり、それ以降地区には美しい娘は生まれなくなった、といいます。このような話は志布志市に伝わる「千亀女」の言い伝えにそっくりで、よく聞く話です。それはともかく、白木観音様は「安産美女を産む」として昔から産婦の観音として名高く、詣でる姿がいまでも絶えないそうです。一九五四（昭和二十九）年三月に県指定有形文化財（彫刻）に指定されています。

白木神社は茅葺《かやぶき》屋根で、一風変った間口三間（約六・〇六メートル）、奥行き三間（約六・〇六メートル）の正方形の中世の建物で、一見して観音堂と分かる建物です。内部は板敷き、中央に方一間の内陣を備え、内陣後の柱（来迎柱）を後方へずらした一間四面堂です。さらに周囲には幅一・九メートルに庇《ひさし》をめぐらしています。屋根は寄棟造りで、正面に瓦葺《かわらぶき》の向拝をつけています。棟は現在東西についていますが、もともとは宝殿造りだったと思われ、一五六四（永禄七）年、一七四九（寛延二）年、一八四四（天保十五）年の三回修理されているため、後補の部分が多いですが、木鼻《きばな》の彫刻、肘木《ひじき》曲線やその簡素なところに、「中世建築の風格をよく残す貴重な建造物」として、観音像より一年早い一九五三（昭和二十八）年九月に県指定有形文化財（建造物）に指定されています。

さつま町の興詮寺は元位牌堂

中世の寺院建築様式を伝えるさつま町宮之城佐志の興詮寺《こうせんじ》は「中世の建築様式を伝える鹿児島県内では数少ないお寺」として二〇〇〇（平成十二）年四月に県指定有形文化財（建

築物）に指定されています。この建物は真言宗の松尾山興全寺の位牌堂でしたが、住民たちが藩の役人を「寺の本堂ではない。これは島津氏ゆかりの位牌堂だ」と〝いいくるめ〟て、破壊を何とか免れたということです。廃仏毀釈後しばらくして真言宗のお寺になっていましたが、その後無住となり、太平洋戦争開戦前の一九四一（昭和十六）年に現在の住職の日置俊朗氏の父日置俊盈師が浄土真宗の興詮寺に改宗した中世寺院建築を残す県内唯一の貴重なお寺です。

興詮寺は同町佐志の佐志公民館上の高台にある、一見何の変哲もない古色蒼然とした民家に見えますが、中に入ってみるとその重厚な建築様式に驚かされます。

『宮之城町郷土史』や『祁答院記』によると、一三九八（応永五）年に祁答院渋谷氏第四代行重が、父重松の霊と子孫の繁栄を祈願して創建して最初は「松尾寺」といっていましたが、地形が悪いということで、一四一一（応永十八）年十一月に現在の場所に再建し、「興全寺」と改めています。開山は紫尾神興寺の琳春で、初めは天台宗でしたが、その後真言宗に改宗しています。本尊は湛慶作といわれる千手観音でした。江戸時代はこの地の私領主であった島津氏分家・佐志家の菩提寺であったといいます。この千手観音も廃仏毀釈の際、本堂とも壊されています。本堂は現在の本堂の右側にあったといわれています。

現在の本堂は宮之城島津家第三代久元の後室お下の位牌を納めた位牌堂になっていました。お下は桂樹院といい、島津義弘の娘です。廃仏毀釈のとき、藩の役人がこれも壊そうとしましたが、地区の人たちが「これは島津久元の後室お下さまの位牌堂で寺の本堂ではないので、壊さないで」と懇願して破壊を免れたといいます。本家島津氏が仏教を一切廃止して全て神道に変更したという当時、これは珍しいことだったでしょう。結果的に破壊を救ったお下の位牌は、幅約二十センチ、高さ約四十センチの長方形の漆塗りの立派なものです。

お下の位牌がお寺の破壊を救った

破壊を免れたお陰で、現在の本堂は室町時代にあたる十五世紀後半の貴重な寺院築造様式をよく見ることができます。例えば、約三十メートル四方ある内陣部分で柱や梁《はり》の接合部にある木鼻や大瓶束《たいへいづか》、肘木曲線などの建築意匠が中世の禅宗の様式をとどめているといわれます。また内陣の天井には二匹の龍の絵や極楽鳥といわれる彫刻、一対の鳳凰《ほうおう》の欄間《らんま》彫刻が現存する、ということですが、もう薄れて輪郭を確認するのが難しいほど劣化していました。建物自体、釘を一本も使ってない堅牢なもので、中世までさかのぼる寺院建築は県内にはほとんど残っていない貴重なもの、として県文化財に指定されました。興詮寺の日置雅子氏は「県の文化財に指定されてから外国人もよく見学に見えます」と語っていました。

中世の寺院建築様式をとどめる興詮寺の内陣の一部

薩摩川内市祁答院町藺牟田の瑞奥寺の仏像

薩摩川内市祁答院町藺牟田の平原松男氏宅の仏間に三体の仏像が祀られています。阿弥陀如来像と脇侍観音・勢至観音菩薩です。

牟田一帯は、平安時代から仏教徒や修験道の山伏たちが理想的修業場として数多く入山し、藺牟田池の湖畔や愛宕の南山麓に、日吉の神や熊野の神を迎祭し、医王寺や瑞奥寺などの別当寺を建立していました。別当寺とは神仏習合説に基づいて神社に設けられた神宮寺の一つのことです。

牧山望氏の著『祁答院藺牟田郷誌』によると、一八六九（明治二）年の廃仏毀釈のとき、瑞奥寺の住職・平原十郎左衛門はご本尊（山王岳木像三尊像）を破棄されるのが忍びがたく、自分の命に代えてもこれら仏像を守ることを決意しました。寺壊しの際に役人の監視の目を盗んで、この仏像を藁苞に包んで自宅屋根裏の奥深くに隠しました。後日、藩庁の役人が探査にやってきましたが、仏たちは辛うじて徴発の難を免れて一八七六（明治九）年九月五日の「信仰の自由」通達まで何とか隠し通しました。

廃仏毀釈後、瑞奥寺住職を還俗していた十郎左衛門は「これらの仏様を大切に扱うように」と、繰り返し固く遺言して一八九一（明治二十四）年に他界しました。十郎左衛門の四代後で、平原松男さんの母シズさん（昭和八年四月生まれ）は「もうこれ以外に何も伝承は伝わっていません。ただ祖先がするように、毎日お茶をあげてお参りだけは続けていますが、あまりいいこともございません」と事もなげに語っていました。これら三体の仏像はいま、ガラスケースに入れられて床の間に飾られています。なお、瑞奥寺は天台宗か浄土宗だったようです。

平原家墓地の右上の山中に「袈裟経文墓」があります。一八六九（明治二）年の廃仏毀釈のとき、瑞奥寺の袈裟や経文を葬った記念に立てた石碑だそうです。その上方、雑木とモウソウ竹の山の斜面に環状に直径約三、四十センチの自然石を並べて囲んだ風変わりの石碑が二十坪くらいの広さの最上方に一基、その下の横に二基、またその下の横に三基、都合六基あって石に苔や小さなシダが生え、古色蒼然としていかにも奥ゆかしく、むしろ荘厳な感じを与えています。このような形式の石を考古学上環状列石墓あるいは支石墓（ドルメン、またはストーンサークル）と呼んでいます。牧山氏は「藺牟田湖畔のものは環状列石墓の一種といえるだろう」と書いています。一般にストーンサークルなどは古代に建てたのが普通で何故、廃仏毀釈の被害記念に建てたのか疑問は残ります。おそらくこのストーンサークルらしいものと石碑は、もともと別々のものだったのでしょう。

平原松男氏宅床の間に今も鎮座する瑞奥寺のご本尊三体

水波売神社にある「戸田観音」

薩摩川内市中村町にある水波売《みずはえ》神社、といってもピンとくる人は少ないでしょう。むしろ「戸田観音」といった方が「ああ、ガラッパ像と観音様で有名なあの戸田観音さあ」と理解が早いようです。このように水波売神社というより「水難予防の戸田観音さあ」の方が分かりがいいのです。

楠本台地の東北面に突き出た川内川の鬱蒼《うっそう》とした崖上にある戸田観音は、明治二年の廃仏毀釈で水波売神社となりましたが、祭神は昔のままの観音像です。廃仏毀釈以前は真言宗の「淵上山持法院平徳寺《えんじょうさんじほういんびょうとくじ》」の観音堂だったという説もありますが、平徳寺がどこにあったかは不明だといいます。戸田観音はどこにでもある村の神社ですが、拝殿に入ると、木像の観音像が河童像を踏みつけるように立つ異様な雰囲気が漂う開放的な神社です。廃仏毀釈のとき、官吏が設置したであろう神鏡の姿はみられません。

川内郷土史研究家たちの機関紙『千台三十号』に同市樋脇町塔之原の歴史研究家の江之口汎生氏が「戸田観音伝説の風景」という論文を発表しています。それによると、戸田観音が水難予防の観音さまとして信仰されるようになったのは、次のような伝説が伝わってからだといいます。

一四五九（長禄三）年初夏、宮之城第九代領主の渋谷祁答院徳重の愛娘が上流の宮之城虎居の八女ノ瀬で舟遊びをして川面に垂れる藤の花を取ろうとして、誤って川に落ち、雨後の急流にのまれました。これを七人の侍女が助けようとして次々に溺死しました。急は直ちに城内の領主に知らされ、上を下への大騒動となり、付近一帯を捜して七人の侍女の死体は発見されましたが、姫だけは見つかりませんでした。

その後も下流の捜索が続けられ、数日後に姫の遺体は、はるか下流の川内中村町の観音淵に上がりました。渋谷徳重は、いたく姫の死を悲しみ、縁あって遺体の上がったこの地に観音像を刻み、その足下に姫を川に引き込んだ河童をこらしめるために、その像を配することにして姫の霊を慰めました。

これが戸田観音の起こりだといわれています。これは一九七七（昭和五十二）年に長い間断絶していた戸田観音奉納の棒踊りが復活することになり、地元の上原勇二氏が『戸田観音由来記』として作成したものの一部です。

そこで江之口氏は、現在語られているような戸田観音建立譚の伝説がいつごろ、どのような背景で成立したのか検討しています。というのは宮之城では、この物語は八女ノ瀬の地名由来譚になっていますが、戸田観音由来譚は一切語られていません。「戸田観音建立の契機が本当に宮之城城主の息女の縁に因むのであれば、戸田観音にいくらかでも宮之城城主の気配・気色が残されていてもおかしくない」、ところが戸田観音は入来院氏とのつながりは発見できても、宮之城祁答院氏の色香は漂ってこないのです。

江之口氏は、「戸田観音付近の川内川の観音淵はもともと危険な場所で、実際に水難事故も少なくなかったと思われる。こうした背景から河童伝説が生まれ、宮之城八女ノ瀬の伝説と結び付いた戸田観音伝説も生まれたのであろう」と書いています。戸田観音のある場所は川内川の崖上にある樋脇川との合流点であり、要害の地です。ここは現在も「舟戸」の小字が残ることからも分かるように、舟運上実に好都合の地でもあります。しかも何より樋脇川の合流点でもある意味は大きい、と江之口氏はいいます。

また戸田観音には観音像と阿弥陀像の二つの木像がありますが、「現在のように一つの社祠《しゃじ》のなかに観音が座し、水難防避の河童が鎮座するのは一七四三（寛保三）年、宮之城の仏師大磯作兵衛が戸田観音の木像河童像を刻んだころからだろう」と江之口氏は考えています。それ以前は観音像を安置して「河川氾濫防止」を願ったのではないかといいます。

木製の河童像を押さえつけるように立つ戸田観音の観音像

そこまで考えるのは「いくつかの検地帳に〝河成り〟とか〝水損〟、あるいは〝常荒〟などと赤墨が入り、戸切や水洗などの地名が現存するのは、それだけ河川氾濫の影響力の怖さを示している」と見ることができるからです。ひとたび洪水が発生すると、たちまち村の食料は枯渇し、村の存亡の危機に陥るのです。それほど河川氾濫防止は農民の切実な願いだったのです。

戸田観音の観音像は、明治二年の廃仏毀釈で官吏の手が入る前に、同市東郷町司野の酔っ払いの手で壊された、との言い伝えが残っています。壮絶をきわめた鹿児島の廃仏毀釈でしたが、官吏の手でなく「司野の酔っ払いの手で壊された」というのがもし事実なら、不幸中の幸いといえそうです。直接、官吏の手が入ると徹底的に破壊され、現在のように観音像が残るということはなかったでしょう。

戸田観音の破壊がどの程度だったか（修理可能だったのか）、その法難にどう対処したのかについて記録はないといいます。その際に毀損されたのが一体なのか二体ともなのかも不明です。しかし、現存する二体のうち、「少なくとも一体は一八二四（文政七）年以降廃仏毀釈以前に、富蔵庵が荒廃するなどしたがために観音山から移されたものではなかろうか。それが〝戸田観音は昔、観音山にあった〟という伝承を残したのではないだろうか」と、江之口氏は書いています。

戸田観音に限らず川内川流域に廃仏毀釈の災難を免れたお寺や仏像が点在するのは、流域一帯は中世に渋谷一族の支配地であり、流域住民のその後の島津氏支配への反発が強かったのでは、とみる人もいました。これに対して江之口氏は「渋谷一族は島津に屈服した後は歴史上これといった反抗はみられません。島津氏に対する反発というよりも、流域住民の信仰心が深かったということでしょう」と、島津氏への反抗説を否定しています。

県指定最古の仏像文化財

薩摩川内市に鹿児島県指定で最古の藤原時代（平安時代後期）作の仏像文化財があります。同市高江町長崎公民館に保存されている阿弥陀三尊像です。この阿弥陀三尊像は、明治二年に藩内を吹き荒れた廃仏毀釈などの数々の難を乗り越えてほぼ無傷で現存している、まさに奇跡的な文化財です。元々この地の〝アンダさあ〟と呼ばれていた阿弥陀堂内にあった仏像たちですが、一九八七（昭和六十二）年三月に県指定文化財になったのを機会に、老朽化したお堂は長崎公民館として生まれ変わり、仏たちもここに大切に保存されるようになりました。

長崎公民館は川内川の左岸、九電の川内原子力発電所のある久見崎町の約二キロ上流、藩政時代に築かれた〝ノコギリ型堤防〟で知られる「長崎堤防」の手前にあります。

一九八七（昭和六十二）年に仏像に詳しい、当時九州歴

県内最古の阿弥陀如来坐像（中央）と、観音菩薩立像（向かって左側）・勢至観音立像（薩摩川内市長崎公民館）

史資料館の八尋和泉氏（現在は別府大学大学院客員教授）に川内市が鑑定調査を依頼した結果、ご本尊の阿弥陀三尊は、高さ八十四センチの坐像で、それを中心にして脇侍《きょうじ》としての観音菩薩立像（高さ百三十二・五センチ）と勢《せ》至《し》観音立像（高さ百二十九・二センチ）の三体からなっています。そして坐像の本尊は、ふくよかな額の張りや伏し目がちなまなざし、端正な鼻筋のもとに軽く結んだ口元など円満精美の慈愛深い表情の仏像で、平安後期の仏像の特色を備えていました。

両脇侍は、ともに高い髻《もとどり》（髪を頂きに束ねた部分）を結い上げていて、裙《もすそ》などの衣の襞《ひだ》のあつかいは、鎌倉時代初めの写実性から、やや概念的な衣の重なりとなり、ややかたい襞の波形を見せていました。表情や体躯から十三世紀後半に畿内の仏師の手になるものであろう（『高江町の木像阿弥陀如来坐像及び両脇侍三躯調査報告』）と結論づけました。

ご本尊の阿弥陀如来坐像は、方形台座に座していますが、この台座だけは後部に「明治十五年に作られた」ことが書いてあり、現在の阿弥陀三尊が少なくとも廃仏毀釈の嵐が過ぎ去って明治九年に信仰の自由が確保されたのに合わせて、この地に改めて「アンダさあ」が建てられたようです。

これらは県内に現存する仏像で最古の仏像であり、「平安・鎌倉時代の仏像は極めて貴重な文化財である」として鹿児島県の文化財に指定されました。

これら仏像の縁起ははっきりしませんが、青崎速氏著『川内風土記』によると、源頼朝の時代に薩摩川内市向田町に住む鬼塚氏の祖先が、現在の佐賀県唐津市の鬼塚という地に下向させられました。そこでこれら仏像をお連れして命令に従いましたが、その地が「鬼塚」という地名だったため、それ以後は「鬼塚姓」を名乗ったといいます。いつごろ、どうしてか分からないが、その後、これら仏像を伴って川内に移り住みました。そうして、江戸末期ごろ長崎集落民に田二反歩をつけて、これら仏像の一切のお世話をお願いしたそうです。それで鬼塚家では毎月十五日を仏像の参詣日と決めてお参りをするようになりました。現在では長崎自治会（四十五戸）

も二戸一班をつくり、像の管理をしています。

鹿児島県は明治維新時に強力な廃仏毀釈を展開したため、他県に比較して仏教美術品の遺品が非常に少ないのが実情です。その中で、どうして高江町の観音堂の仏像類が残ったのでしょうか。また「アンダさあ」のお堂は、いつごろできたのでしょうか、このお堂はどちらのお寺のお堂なのか、数々の疑問が残ります。

天保年間にできた『三国名勝図会』をみると、近くに曹洞宗の福昌寺の末寺であった「長崎寺」や、少し離れた所には真言宗大乗院の末寺である「松嶺寺」が出ており、両寺ともご本尊は「阿弥陀如来」となっています。これらお寺に付属した観音堂だったのか、また単独の観音堂だったのか。両方の寺院とも廃寺になっており、この坐像がそうなのかも、はっきりしません。ただ廃仏毀釈のとき、地区住民が何らかの形でこれら仏さまたちを守りぬいたことは、いうまでもありません。

高江町の歴史に詳しい家村比呂志氏によると、その隠匿の言い伝えに二つの説が残っています。一つは、「仏像が壊されるのを恐れて近くの川内川の竹やぶに隠した」という説です。もう一つは高江の南側に連なる山並みにある毎床（めどこ）集落（標高約四百メートル）の人が「自分たちの村へ避難させた」というものです。

長崎公民館に現存する阿弥陀如来三尊を川端の竹やぶに隠したのなら、川の水気ですぐ腐食変形するでしょうから、いくら修復したとはいえ、ほぼ無傷で残っているはずがありません。無傷であるのが不思議です。家村氏は「毎床の山の民家に隠した後、信仰の自由が保障されたので長崎寺跡の近くに戻したのではないか」と、話していました。これら三尊を無傷のまま、車のなかった当時、どのようにして急な山道を運んだのでしょうか。いずれにしてもこの三尊が無傷で現存できたのは、それこそ地区民に厚い信仰心があったからでしょう。

二〇〇九（平成二十一）年三月二十二日、これら三尊を鑑定した八尋和泉教授が県文化財指定から二十二年ぶりに長崎公民館を訪れ、三尊の特徴や由来、諸仏との比較をスライドなど使いながら講演し、「平安・鎌倉期の美しい像を守れたのは、地元の大変な努力のおかげ。今後も風通しや盗難、火災に気をつけてほしい」と依頼していました。

七　鹿児島藩の廃仏毀釈　その3

最後の決断下る

島津家が神道に改宗し、知政所が領民の盂蘭盆会を廃止する通達を受けて、これまで廃寺を遠慮がちに行っていた寺社取締掛も、堂々と廃仏毀釈が出来るようになりました。そこで知政所は明治二年十一月二十四日に、寺院統合の際、残り得た名刹二十八カ寺の廃仏毀釈に着手しました。そのリストに上がった名刹は以上です。

鹿児島城内　妙國寺　大龍寺　不断光院
　正蓮寺　本立寺　壽國寺　恵灯院
　興國寺
穆佐（宮崎県）　悟性寺
飯野（えびの市）　宗江院
国分　円徳院　龍昌院　遠壽寺　金剛寺
伊集院　霊定院　眞新寺　妙円寺
姶良　含粒寺
志布志　即心院
伊作　興焉寺
吉田　津友寺
市来　龍雲寺
泊（坊津町）　浄原寺
山川　正龍寺
大姶良　龍翔寺
隈之城　釈元寺
野田　感応寺

谷山　慈眼寺

程なくして最後まで残された坊津の「一乗院」と島津氏の菩提寺である「福昌寺」、島津氏の祈願所だった「大乗院」と「専修寺」、それに志布志の「宝満寺」の由緒深い六寺院にも廃寺の断が下りました。

　由緒ある古刹の廃寺のトップは鹿児島市清水町の清水中学校地にあった真言宗・大乗院でした。大乗院は正式には経囲山宝成就寺大乗院と号し、天文年間（一五三二〜五五）島津貴久の代に伊集院の荘厳寺を移して創建されました。島津氏の祈祷所として鹿児島藩最大の密教寺院で、領内諸郷の祈願寺はほとんど同寺の末寺です。それは琉球国にまで及んでいました。廃寺以前の大乗院は、境内には護摩堂や持仏堂、大師堂、開山堂、奥之院、鎮国殿などの塔頭があり、「天保城下絵図」には鐘楼・一切経蔵・奥之院・大師堂などが描かれているそうです。坊中道（坊中馬場）といわれた参道両側に威光院・善聚院・薬師院・善光院・福蔵院・延寿院・西寿院・松本寺・文殊院・千手院の十坊が立ち並んでいた大寺院で、領内では福昌寺に次ぐ大寺であったといいます。一八六九（明治二）年十一月に、鹿児島藩が廃仏毀釈の完遂にこの大寺院の堂塔伽藍の破壊を最初に選んだ（『史談会速記録十三号』市来四郎談）のは、廃仏毀釈にかける藩の決意の象徴だった

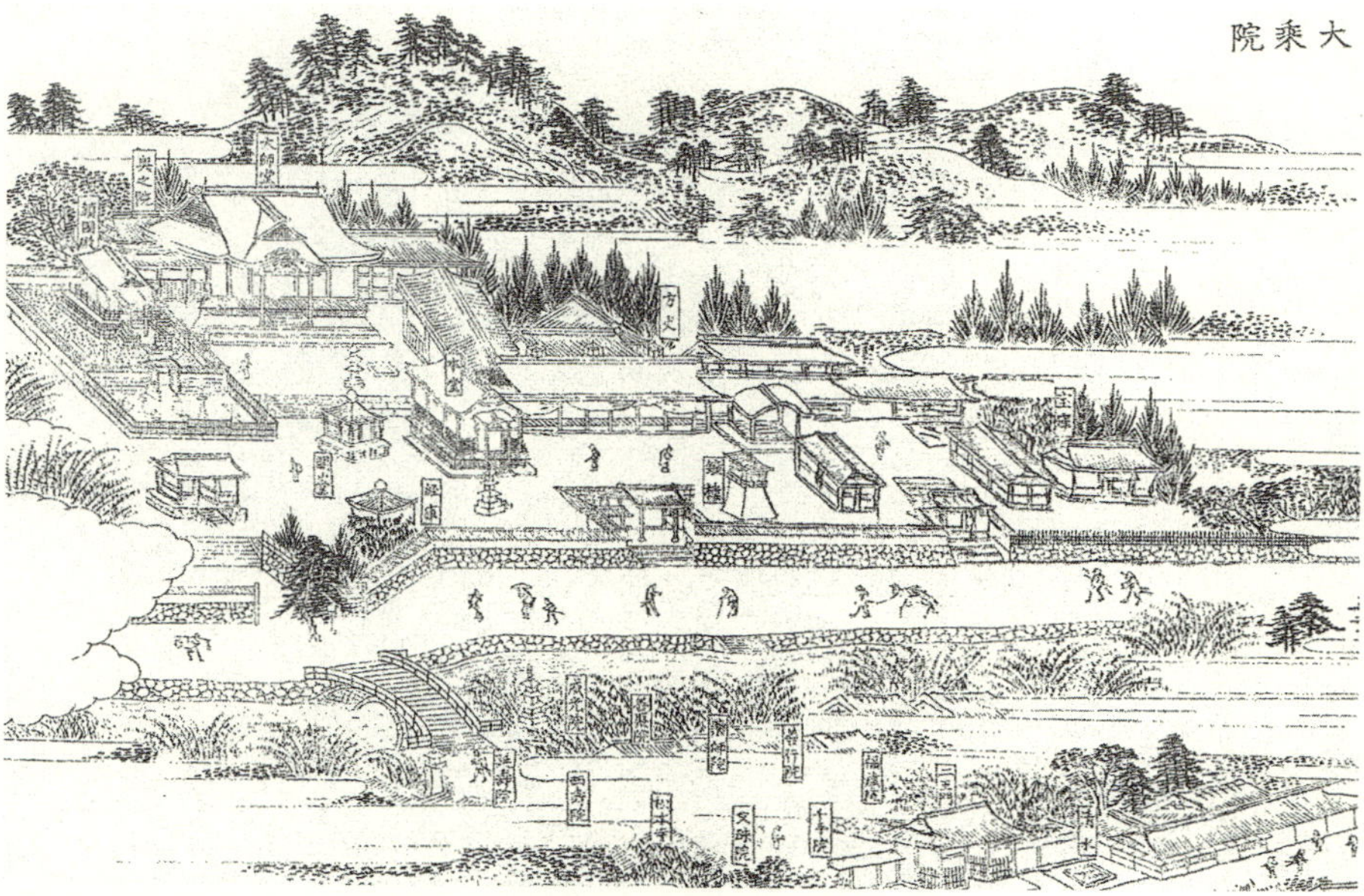

島津氏の祈願所だった真言宗の大乗院絵図（『三国名勝図会』から）

のでしょう。

ただ、廃寺の様子を語る史料がないので詳細は不明ですが、大乗院最後の住職は南さつま市坊津町坊泊出身の覚明和尚（還俗後は長井林遊）でした。覚明和尚は「大乗院は廃寺になっても故郷・坊津にある一乗院だけは残されるだろう」と思い、貴重な大乗院の宝物や資財を一乗院に避難させようと、小船四隻に頼んで坊津へ向けて鹿児島を出帆しています。覚明和尚が「一乗院だけは残るだろう」と判断した理由は①一乗院は鹿児島藩内だけでなく西海最古の由緒ある寺院であること②一乗院は寺領二百五十余石。これは辺地の坊津の、しかもそのほとんど全部がやせ地の畑であって、これが寺に使われながら農民が耕作に従事している。従って廃寺にしてこれを没収しても藩庫を潤すような収益は一文も見いだし得ないこと―などによるといいます。

しかし、船四隻のうち何と一隻しか坊津には到着していません。坊津に到着した宝物は町歴史民俗資料館に展示保存されており、これが四隻とも到着していたらいかほどの貴重な文化財があったか想像されます。鹿児島から坊津までの短い距離の海上輸送です。当時、台風でもあったのか、また時化で遭難したのでしょうか。それとも貴重な美術品だったため、これらは横流しされたのでしょうか。

そこで『坊津町郷土誌』は、「運搬船三隻がまったく行方不明となって、しかもそれが、うやむやのうちに葬られていることは、まったく不可解な事件であるとともに、廃仏当時の事情の一端を物語っているといえるであろう」と、これを不可解なミステリーとしています。藩の首脳部における廃仏毀釈に関する協議決定はいろいろと変転があり、外部からは全く予測し得ないものであったらしいのです。覚明和尚はやむなく還俗して長井林遊を名乗り、坊津町坊泊に隠居しました。なお、大乗院は信仰の自由が認められた後の一八八五（明治十八）年に鹿児島市長田町に最大乗院として再興（平凡社刊『鹿児島県の地名』）されています。

坊津町に立つ覚明和尚（長井林遊）の墓

一乗院の廃寺

南さつま市坊津町の歴史は「一乗院に始まり、その一乗院の歴史とともに終わる」といわれています。それは一乗院あっての坊津であるということです。それほど坊津にとって重要な寺院でした。

一乗院の寺伝や『三国名勝図会』によると、真言宗の一乗院は五八三（敏達天皇の十二）年に百済（南朝鮮）の日羅という僧が建立したと伝えられています。しかし、『鹿児島県史』は一乗院の創建年代を平安末期と推定しています。寺伝などは寺格を高くするための方便だったのでしょう。また一五四六（天文十五）年後奈良天皇は一乗院を勅願寺として西海金剛峯寺の勅額を賜っています。こんな天皇にゆかりのある、正式には「西海金剛峯如意珠山龍厳寺一乗院」という寺院も明治維新の負の歴史の中で廃寺になったのです。

院内堂宇は洪禅院・智徳院・十輪院・千手院など六支院の他、大日如来・阿弥陀仏・宝生仏などを安置する五仏堂、他に不動明王を本尊とする護摩堂、熊野権現、近衛信輔刻の天神祠などもある巨大な寺院でした。本堂は板ぶきで、宝庫は火災よけに瓦ぶきだったとみられています。一乗院の末寺としては開聞山普門寺瑞応院や金峰山観音寺金蔵院、水晶山花蔵院上宮寺、明星山浄蓮院杉本寺などが上げられます。

一乗院跡は廃寺後、坊泊小学校地になっており、現在でも校門横に高さ約二・七メートル、胴回り約二・四メートルの堂々とした立派な仁王像一対の他、校舎前には約六十センチ四方の大きな寺の礎石、校舎裏山には中興以来五百年余の十九基の、日本では珍しい四角形の埋葬方式である上人墓など貴重な文化財が残されており、校地一帯が県の文化財に指定されています。土地の人が「四角墓」というこの上人墓は

一乗院の絵図（『三国名勝図会』から）

高さ約六十センチ、方形約一・二メートル、厚さ約十二センチの石板で囲み、その上に石ふたをした石棺で、それぞれに上人の名が刻まれています。「上人」や「僧都」などの称号は、当時中央でしか使用を許されていなかったことから、いかに一乗院の格式が高かったがうかがえます。一九八二（昭和五十七）年の発掘調査では、中国明時代の陶磁器などが多数出土しており、海上交流の全盛期における一乗院の繁栄が窺えます。

島津氏との関わりは、南薩を拠点とする島津中興の祖といわれる島津日新はじめ相州島津家と一乗院の緊密な関係が様々な史料から推定され、その子・島津貴久、孫の義久は一乗院の頼久に師事しています。これ以来、両者の緊密な関係は続き、『鹿児島県の地名』によると、一六四四（正保元）年台風により全院が大破損、復旧が難しかったようですが、三年後に藩主に請願して本尊堂・客殿・金剛門など復旧しました。このころは島津氏も財政難でしたが、援助を惜しみませんでした。

一乗院廃寺実働部隊に南方郷常備隊員

注目すべきは廃寺の際、噯・組頭・横目などの廃寺取締役の他、常備隊（坊津の場合「南方常備隊」）の人々が乗り込んできて、藩からの指示にもとづき廃寺の指揮にあたったたということです。

『鹿児島県の地名』によると、大乗院の最後の住職だった覚明和尚の判断通り、最初は一乗院だけは天皇とのゆかりもあり残す予定でしたが、常備隊の威勢が強くて実現せず、廃寺が決まったようです。その折衝にあたったのは常備隊の南方郷軍務所の所長の中村半次郎（のちの桐野利秋）でした。桐野は藩政時代には「人斬り半次郎」として勇名をはせ、明治十年の西南戦争では西郷軍の四番大隊長兼総司令として奮戦しましたが、城山の攻防戦で討ち死にしました。

　注目すべきは常備隊が坊泊の廃寺取締掛とともに廃寺の処置をしました。廃仏・廃寺を徹底すれば、その分、自分たちの軍事費が増えるわけで桐野利秋らの廃仏・廃寺にかける意気込みは凄かったようです。

坊泊小裏にある珍しい方形の上人墓

　『坊津町郷土誌』によると、一乗院の建物は全て解体して、その後にできる坊泊小学校の校舎建築の材料にしたそうです。最初の坊泊小学校の校舎は現在の校庭西側にあったといいます。廃寺の建材を学校建築に利用するケースは他にもあり、いちき串木野市冠岳小学校の建築資材は冠岳鎮国寺頂峯院を解体した時の資材を使ったといいます。冠岳小学校の校舎の写真は、現在、冠岳公民館に保存されています。

冠岳鎮国寺頂峯院の解体資材で建築した初代冠岳小学校校舎（冠岳公民館所蔵）

　『坊津町郷土誌』によると、寺院内にあった二つの井戸は投げ捨てられた誕生仏や木製の諸仏、位牌、仏具類などでたちまち満杯になったといわれています。また石造の仁王一対は顔面や手足を割られて門前に打ち捨てられていました。井戸に投げ込まれた仏像は、役人や常備隊が帰った後で、夜間ひそかに門前の人々の手によって掘り上げられかくまわれました。しかし後日鹿児島の好事家が骨董品を買いあさりに来たとき、誕生仏だけは鹿児島市千石馬場の某氏の手に渡り、その後、某病院に秘蔵されているということです。

　また、梵鐘は南方郷役所のある鹿籠《かご》へ運ばれ、さらに城山に移し、時報鐘としましたが、明治十年の西南戦争の際、薩軍の砲弾とするため破壊して私学校に送りました。鹿籠では明治十二年、これを復元することになり、大阪に八十円で発注して原型と同様なものを造った、と記録にあります。

島津家関係の位牌や古文書、御寄進の品々その他金銀宝物の仏具・器具などは、これを俵に詰めて馬の背に負わせて、噯の是枝正右衛門が鹿児島へ納入したといいます。

坊泊小学校門前に立つ巨大な仁王像

仏画を含む絵画類の若干は、常備隊が坊浜、泊浜の豪商たちから隊費用を借用していたため、その担保の名目で一部が分け与えられました。坊の商家の手に移った主なものは『坊津拾遺誌』に記されており、「絹本著色八相涅槃《ねはん》図」や阿弥陀如来絵、如意輪観音絵などの諸軸が現存しています。特に「八相涅槃図」は国指定重要文化財に指定されている貴重なもので現在、坊津歴史資料センター輝津《きしん》館に保存展示されています。

古文書の一つ『坊津一乗院聖教類等』に中にあった「日本地図」は同センターが二〇〇四（平成十六）年十二月に「最古の日本地図と確認できた」と発表して注目されました。毎日新聞報道によると、見つけたのは鹿児島県歴史資料センター黎明館学芸員の栗林文夫氏で、この地図の添え書きに「建徳元（一三七〇）年に金剛乗寺（熊本県山鹿市）で僧の隆尊が写した」とあったと残しています。図は幅約十四センチ、長さ約七十二センチ。握りの両端にとがった刃が付く煩悩を砕く密教法具の一つ「独鈷《どっこ》」の形に描いてあり、握りの部分に大和国、両端の刃に西国九カ国と東国八カ国が配してあり、当時の人々が日本は東西に細長い、と認識していたことが分かるといいます。この他、同センターに保存されているものに、県文化財に指定されている一乗院の「如意珠山」の山号扁額などが現存しています。

陶器は幸い好事家も見逃しており、当時の役人であった是枝正右衛門や大乗院の最後の住職で還俗した坊泊出身の長井林遊の諸家などには「大明成化年制」と銘打った大小の皿や鉢が幾そろいも残っており、その一部は町歴史民俗資料館に保存展示されています。

以上の他に、一乗院にはその由縁を物語る文書と膨大な経文や和漢の書籍が集められていて、これを求めて幾多の研学の徒が諸方から集まってきた研学の殿堂でもあったそうです。しかし、これらの書籍類は現在は散失してしまったようです。明治時代の海軍大将の上村彦之丞や学者・重野安繹《やすつぐ》も廃仏毀釈当時一乗院で勉学していました。重野は噯の山崎宇平太宅に寄宿して、宇平太の次男・岩太郎と秀才の誉れをきそったものであるといいます。『坊津町郷土誌』によると、重野は後に『薩藩史談集』を著し、坊津の港が遣唐使以来、唐、宋、元、明と続いてわが国の海外貿易の要港であり、鎌倉幕府以来、この港がいかに重要視されたものであるかを詳説して、広く鹿児島藩の郷土人士を啓蒙した最初の人である、と強調しています。

廃寺の当時、一乗院の寺領をどうするかについて協議がありました。軍務所から来た鹿籠側の意見では、藩庁の指示どおり大部分の耕地は、門前の現耕作者に分け与えるが、良い耕地の若干は現在廃寺処理に当たっている人々が取ることにしてよろしかろうとのことでしたが、その際、是枝正右衛門は「おれは要らぬ」といい出しました。そこで、他の面々も「おれも要らぬ」といったので鹿籠の人々も「本当にそれでいいか」と念を押したといいます。

一乗院の最後の住職は加世田内山田出身の真恵和尚でした。真恵和尚は一八〇四（文化元）年生まれで一乗院の前は加世田の真言宗・今泉寺の住職をしており、『加世田市史』や内山田の歴史を研究している園田弘行氏の話によると、内縁の妻がいて子どももいたようです。ところが一乗院四十一世に上洛するときに、俗籍を離れなければならず、やむなく妻子と離別しました。廃寺後は還俗して田代郷兵衛を名乗りましたが、生まれた内山田には帰らず、同じ加世田の白亀で寺子屋を開いて子どもたちの教育に余生を過ごしたといわれています。還俗したものの隠遁の生活で親子の縁も薄く寂しい生活であったといいます。その生活の中で、最も大事にしていた弘法大師の画像に朝夕灯明を絶やさず、心の守りにしていたといいます。

旧一乗院四十一世真恵上人の墓（園田弘行氏提供）

廃仏で還俗したとき既に六十五歳前後の老齢でしたが、白亀の花の迫で天寿を全うしたのは一八八七（明治二十）年、八十四歳でした。竜徳院墓地にある四十一世の墓は、寺子屋で教えを受けた子弟が「頌徳碑」として建立したものです。

不断光院のご本尊守った小松帯刀の正妻

鹿児島市易居町にある浄土宗の不断光院は、廃寺以前は同市下竜尾町付近にありました。永禄年間（一五五八～一五六九年）に創建され、島津日新・貴久・義久が帰依した由緒深いお寺でしたが、これも一八六九（明治二）年十一月二十四日の藩通達で廃寺が決まってしまいました。

NHK大河ドラマ「篤姫」でお馴染みの小松帯刀《たてわき》は、日置市日吉町吉利の領主で幕末期に鹿児島藩の家老格でしたが、坂本龍馬と親交があり、龍馬と妻お龍に日本で最初の新婚旅行（霧島）をプレゼントしたり、薩長同盟の締結や、第十五代将軍・徳川慶喜《よしのぶ》に大政奉還を決意させるため、裏で説得工作をしたりして「隠れた明治維新の立役者」だといわれています。彼は維新達成後に「外国事務局判事」という外務大臣の仕事もこなしましたが、一八七〇（明治三）年七月二十日、養生先の大阪で三十五歳の志半ばで無念の病死を遂げてしまいました。

帯刀の正妻・お近《ちか》は廃仏毀釈前、鹿児島城下の原良町にあった小松家の別邸から不断光院によく通い、念仏を唱える熱心な浄土宗の信者でした。お近は、不断光院に安置してある優雅で慈愛深いお姿の木造・阿弥陀仏にいつも見ほれていました。この仏さまは平安時代中期の天台宗のお坊さん源信の作だといわれています。源信は『往生要集』三巻などを書き、親鸞からその徳の高さを称えられた高僧で、この仏像も不断光院の本山である東京・芝の増上寺から以前下付された由緒ある仏像でした。

帯刀より七歳も年上のお近は「あの優雅なお顔の仏さまも、まもなく破壊されるのか」と思うと、居ても立ってもいられません。「これを壊すのには忍びない。小松家の持仏堂に安置し、大切に保存するのでこの仏さまを持仏として譲ってほしい」と、担当に破壊前にこっそり持ち出すことを了解していただきました。その後、別邸の持仏堂で人目をしのんで昼夜拝み、大切にしていました。

そこに飛び込んできたのが帯刀の急死の悲報でした。お近は帯刀の死後もこの持仏堂にこもり、この仏さまに手を合わせて昼夜、帯刀の菩提を弔っていました。帯刀の悲報の四年後の明治七年八月に今度は帯刀の愛妾であるお琴（琴仙子）も二十六歳で病死、「自分が死んだら帯刀の傍に埋葬して」というお琴の遺言により帯刀が埋葬されている大阪・天王寺の夕陽丘に埋葬されました。

お近は一八七六（明治九）年十月の二人の墓を日置市日吉町吉利の小松家菩提寺の園林寺《おんりんじ》墓地に移葬しています。園林寺も廃仏毀釈で壊されており、いまでは手が欠けた仁王像一体と墓地だけが残されています。お琴は祇園の名妓で、帯刀が身受けして第二夫人にしていました。帯刀との間に一男一女がおり、うち長男・安千代をお近

お近が譲り受けた元不断光院の阿弥陀仏像。今は、清浄寺のご本尊だ

が引き取り、小松家の跡取りとして大切に育てています。帯刀とお近は子供に恵まれませんでしたが、腹違いの子を引き取り、育てるというお近の広い心と人間愛には驚嘆させられます。

小松家の菩提寺の園林寺は廃仏毀釈で消滅しましたが、幸い小松家近くに一八七六（明治九）年九月五日に鹿児島県の「信仰の自由」通達されてから六年後の一八八二（明治十五）年、新たに浄土真宗大谷派の清浄寺が創建されました。そして一八九七（明治三十）年に小松家を継いだ帯刀の妾腹の子・小松清直が「義母の意思を生かしてほしい」と、持仏堂に安置されていた例の阿弥陀仏像を寄贈、清浄寺はこれをご本尊にしたそうです。

かつて小松家の菩提寺だった園林寺跡の仁王像

これで阿弥陀仏像は、宗派の違いはありますが、再びお寺のご本尊として蘇った訳です。清浄寺の中江敝《みがく》住職の話によると、お近は吉利に帰郷すると決まって清浄寺に参り、帯刀の霊を弔っていたといわれています。お近は住職にも浄土宗と浄土真宗の違いなど熱心に尋ねるほどで、最後は真宗に帰依したようです。

清浄寺の命名も園林寺の山号の「清浄山」から取ってきており、小松家の二十八代当主・小松静猷（帯刀の義父）が「清浄山」と書いた額が清浄寺本堂に掲げられています。いまでは清浄寺が小松家の新しい菩提寺になっており、清浄寺境内に二〇〇八（平成二十）年五月に「小松帯刀の銅像」が序幕されました。この銅像は、幕末、京都・二条城での大政奉還のとき、将軍慶喜への意見具申の署名に筆を持つ帯刀で、鹿児島市の宝山ホール（県文化センター）前のものと同じ形です。

八　鹿児島藩の廃仏毀釈　その4　福昌寺

開山は石屋真梁

鹿児島藩の廃仏毀釈の総仕上げは、城下池之上町に所在していた曹洞宗の福昌寺でした。福昌寺は正式名称を「玉龍山福昌寺」といい、戦後、跡地に出来た鹿児島市立鹿児島玉龍高校（現在は中高一貫教育方式で鹿児島市立玉龍中・高校）の名称もこれに由来しているのです。島津氏一族の菩提寺として南九州最大の規模を誇っていた壮大な寺院でした。このため最後まで廃寺を躊躇していましたが、一八六九（明治二）年暮れにこれも廃寺することになりました。しかし、福昌寺廃寺の具体的な記録は全くないのです。歴史家たちも廃仏毀釈を研究テーマにする人は少なく、廃仏毀釈は鹿児島の歴史ミステリーといってもいいでしょう。ただ玉龍中・高校の裏手には今も広大な福昌寺墓地があり、荘厳な雰囲気を漂わせています。

ここには島津家六代・師久から二十八代・斉彬まで（二十一代吉貴を除く）の島津家一族とその部下の墓が無言でたたずんでおり、静寂な雰囲気を漂わせています。獅子文六の小説『南の風』で、鹿児島出身の男爵の二男が、妹と一緒に母に連れられて祖先たちの眠る福昌寺墓地に墓参する光景が描かれています。それは歴代藩主の墓について「最初、二人は、それを人間の墓と信ずることが、できなかった。あらゆる方形美を示した石塀、石段、石畳の設計は、琉球あたりの王城の外壁を思わせた。それぞれの墓域はテニスができそうに広く、一面に石畳を敷き詰め、奥寄りに墓があった」と表現しています。なお、島津氏の初代・忠久から五代・貞久までの墓は出水市野田町の感応寺墓地にあります。

歴代島津一族とその部下たちが眠る福昌寺墓地

では、福昌寺とはどんなお寺だったのでしょうか。福昌寺は一三九四（応永元）年、七代当主・島津元久の要請により、曹洞宗の高僧・石屋真梁《せきおくしんりょう》が建立したもので、能登総持寺（現在は横浜市鶴見区に移転している）の末寺です。石屋真梁は島津一族の伊集院忠国の十一子です。十五歳で臨済宗南禅寺の名僧・蒙山《もうざん》に弟子入りし、京都で五山文化を学び、丹波（京都府）の曹洞宗・永澤寺の通玄和尚のもとで修業を重ねて曹洞宗に改宗して四十歳で帰郷し、福昌寺創建の前に日置市伊集院町の妙円寺を開いています。以来、島津一族の福昌寺に対する尊崇は厚く、江戸時代の『三国名勝図会』絵図を見ると、建物や大回廊が幾重にも重なる壮大な寺院として描かれ、九州内はもちろん、長門・周防・伊予・筑後・大坂・伊勢など中国・四国、近畿・中部地方にも末寺を持つ、曹洞宗の中でも強大な勢力を誇る寺でした。山口市の国宝・瑠璃光寺もその一つです。

また、鹿児島藩の人事裁判などを行う僧録所も福昌寺の中に置かれ、多いときで千五百人の学僧を抱える学問所でもあったのです。現在の玉龍中高生より在籍数は多かったようです。元久は福昌寺に寺領と梵鐘を寄進し、「寄進者たりといえども違乱（法に違い乱すこと、転じて苦情を述べること）があるべきでない」と自重の文言を記し、寺山の竹木伐採や

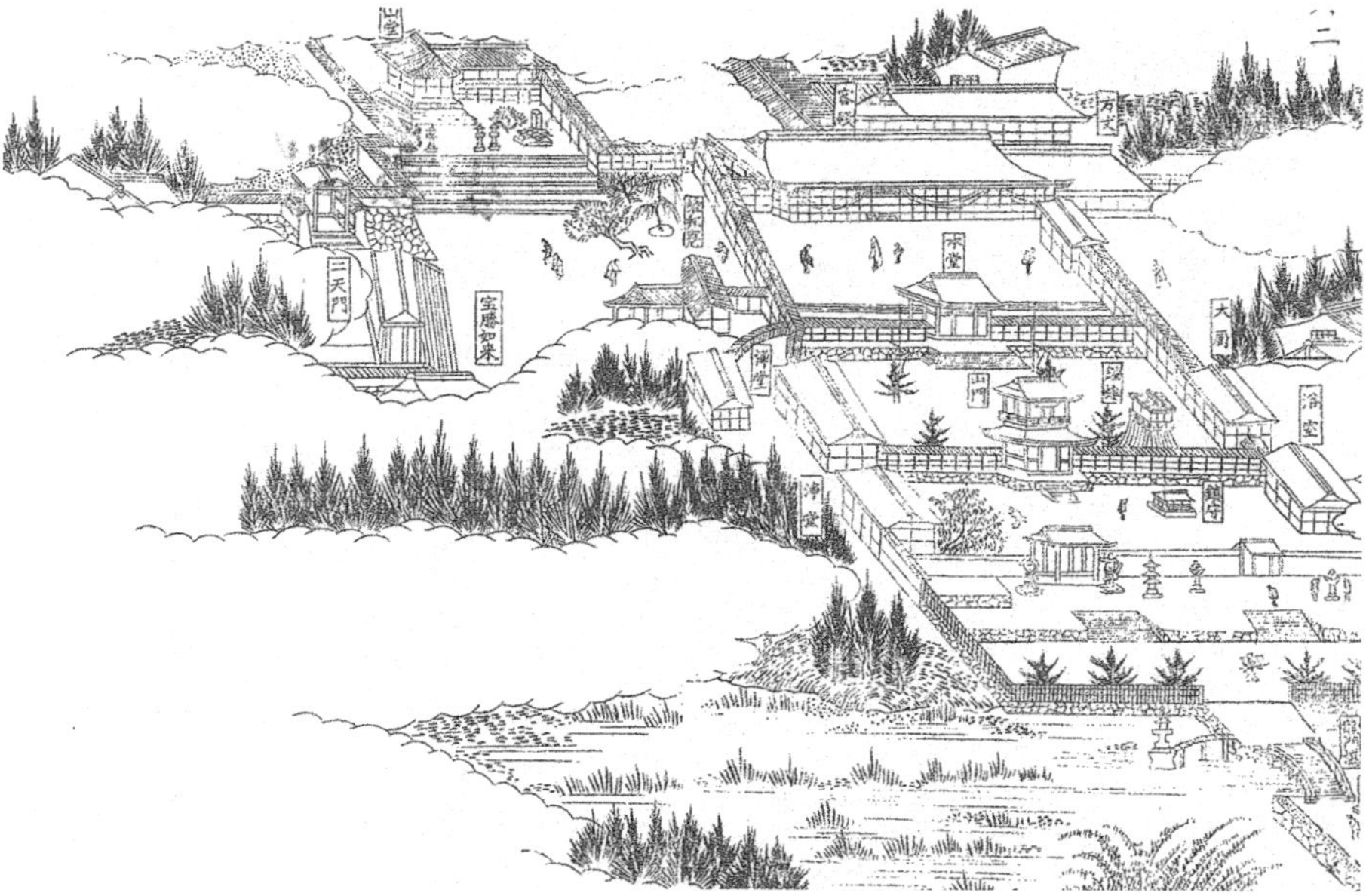

南九州随一の規模を誇った福昌寺絵図（『三国名勝図会』から）

殺生、放鷹、門前の川での殺生を禁じる「禁制」を出しています。この二つの禁制はその後、福昌寺の住職は、たとえ重科人が同寺に走り入って踏み込んでもけして成敗しないとしています。この福昌寺の「遁入」の特権は伝統としてずっと大切に守られてきました。

福昌寺の規模についてポルトガルのカトリック・イエズス会宣教師ルイス・フロイス（一五三二～一五九七年）は「この国で最も格式の高い寺院で、そこには百人余の仏僧がおり、多額の収入を有している」（『日本史』）と書いて、当時の外国人をも感嘆させています。フロイスはキリスト教宣教のため、一五六三（永禄六）年、建設中の二条城で信長に、さらにその二十六年後には聚楽第《じゅらくだい》で秀吉に会っています。彼が書いた『日本史』は、イエズス会の日本布教の記録ですが、同時代史として京都や堺、九州の諸都市の様子や、多くの戦国武将たちの客観的で具体的な記録や、各地の戦乱の詳細な記録などを含んだ史料の一つとなっています。

一五四九（天文十八）年には日本で初めてキリスト教を伝えた宣教師フランシスコ・ザビエル（一五〇六～一五五二）が来鹿しています。ザビエルは福昌寺で忍室和尚と宗教について論議しています。ザビエル書簡で「ニンクシット（忍室）はもう私の非常な友である。全く驚くばかり親密である」と二人の親密な関係を強調してしたためています。さらに当時の藩主・貴久は南蛮貿易の利益を期待して一時、ザビエルの布教も認めています。幕末のころは福昌寺の無参和尚から、若き日の西郷隆盛や大久保利通が教えを受けたともいわれています。

福昌寺の廃寺の模様を伝える史料は見当たりませんが、廃寺直前に長崎のキリシタン信者が一時、鹿児島に配流されてその宿泊所になったことが、『鹿児島百年　明治編』（南日本新聞社編）に載っています。遠藤周作の小説『女の一生一部・キクの場合』は、最後の長崎キリシタン弾圧事件として知られる「浦上四番崩れ」を題材にして書かれた長編です。「浦上四番崩れ」とは、大政奉還のあった一八六八（慶応四）年、その家に不幸があっても、長崎の浦上で檀那寺の聖徳寺や庄屋にも届けずに自葬するという、幕府の方針に反することが相次いで、キリシタン信者であることが発覚した事件です。そして当時の浦上村の大半の信者三千四百十四人が捕まり、山口県萩や島根県津和野、広島県福山など全国二十一カ所に流罪することになりました。この事件は、ただちにプチジャン神父らによってローマ法王に報告され、また全世界にも報道されて日本は各国の激しい批判の的になりました。

鹿児島には明治二年三月長崎のキリシタン信者三百七十五人が船で上陸しました。鹿児島藩はこれら信者を竹矢来で囲んだ福昌寺に収容することになりました。福昌寺は部屋数が四十以上もある大きな建物です。うち二十室に青たたみが敷かれていました。信者たちは死の恐怖を抱えながらの鹿児島での不安な毎日。しかし、意外にも鹿児島の人の対応は親切なものでした。不思議なことに明治三年六月に、なぜか信者らは福昌寺を出されて約一カ月間、五、六人ずつ城下の民家に預けられています。このとき廃寺が行われたにしては遅すぎます。藩主・忠義の夫人暐子の死亡にも関係しないようですので、その理由は不明です。

信者たちが一カ月ぶりに福昌寺に帰ってみると、竹矢来はすっかり取り外され、警護役人はもう一人もいません。一日一人当たり男は五合、女四合半のコメが十日目ごとに支給されて自炊生活に変わりました。「毎日遊んでばかりだと身体に悪い」と始めたのが草履作りでした。住宅と食料は無料の上、わずかながら給金が入る—。「鹿児島は天国じゃ。これはよか〝旅〟じゃ」と、囚人たちは喜んでいました。彼らは苦難の流刑地での生活を〝旅〟といっていたのです。

そして一八七二（明治五）年五月、「キリシタン禁制」が解かれ、彼らは船で長崎に帰還できました。この間、長崎のキリシタン信者のうち五十八人が病死し、十三人の赤ちゃんが誕生しており、帰れたのは総勢三百三十人でした。病死した人たちは福昌寺墓地の「キリシタン墓地」に埋葬されました。現在もその跡地が残されています。なお、福昌寺跡地は鹿児島県の史跡に指定されています。

このように、明治二年暮れに寺としての福昌寺は廃せられたものの、福昌寺の施設（建物）だけは壊されずに、三年余はキリシタン信者の収容所として機能していました。ところが一八七七（明治十）年に日本最後の内乱の西南戦争が勃発し、薩軍は敗戦覚悟で同年九月に鹿児島市の城山にもどり、一般市民を巻き込んで最後の決戦を繰り広げました。静かな町が戦場になったのです。戦火で多くの民家が焼失してしまいました。福昌寺もこの戦火の犠牲になったといいます。後の山本英輔海軍大将の母は「戦いやんでも誰が放火するのか原因不明の火災随所に起こり、また至る所に死体るいるい」

福昌寺の片隅にあるキリシタン墓地跡

とその惨状を書き残しています。福昌寺の焼失が放火だったのか、直接戦火に遇ったのか、史料がみつかりませんので何ともいえませんが、西南戦争の何らかの犠牲になって焼失したのは確かだと思われます。

福昌寺最後の住職は、鹿児島市西田二丁目の元新聞記者・大武進氏所有の「古文書」によると、日置市東市来町の吉利家出身の「無着和尚」となっていますが、詳細は分かりませんでした。

福昌寺再興のミステリー

その後の福昌寺はいったん再建されましたが、どうしたことか再建もむなしく潰され、その後一八九八（明治三十一）年にようやく薩摩川内市に再々建される、という奇妙な歴史をたどっています。岩手県北上市の正洞寺住職の熊谷忠興和尚が曹洞宗大本山永平寺発行の機関雑誌『傘松　八八年三号』に、「洞門の薩摩寺院復興について」という貴重な論文を書いています。この論文が現在のところ不十分ながら、福昌寺の再建のいきさつを知る唯一の史料です。

それによると、一八七六（明治九）年九月五日に当時の鹿児島県参事の田畑常秋がやっと「信仰の自由」を布告し、翌年、山口県山口市の闢雲寺（今の泰雲寺）住職で山口県取締の瀧断泥師（のち阿川姓）が曹洞宗宗務局から福昌寺はじめ鹿児島藩の同宗寺院の再建が命じられています。断泥師は河野鳴道、成川百納二両氏とともに鹿児島にやってきますが、鹿児島は西南戦争で再建は延期せざるをえず、翌十一年にようやく福昌寺復立（再建すること）の許可を得ています。この辺の事情について当時の宗教界を紹介する新聞「明教新誌」

は次のように報じています。

薩州の旧福昌寺に因縁ふかき山口県の曹洞宗闢雲寺瀧断泥氏は河野鳴道・成川百納二氏と共に春来鹿児島へ派出の命を受けられしが、彼の騒乱（西南戦争のこと）にて遺憾ながら延滞せしが、此程、平定になりし上は再たび該地へ出張し必ず石屋禅師の道場を復古するの奮発にて、来る十二月三日山口初途にて渡航せらるる旨該宗本山へ届け出たるよし。

（「明教新誌」　五五五号）

また翌十一年には、福昌寺再建（復立）の許可を得ています。

鹿児島県の福昌寺はいよいよ復立の許可を得て不日に本堂再建の着手あるよし、右に付派出瀧教正の随行なる河野鳴道氏は此程、態々出京して再建資金等の事を宗局へ示談せられ、最はや該地へ帰られしとの事。

（同　六九一号）

とあります。このことから宗務局が中心になって薩摩寺院の復興に熱意を注いでいたことが窺えます。そうして断泥師について同誌十二月十四日付では、

薩州鹿児島曹洞宗福昌寺復立の事は嘗て屢々記せしが過る十月三十日に内務省より権少教正瀧断泥氏へ同寺在職申し付られさる由、蓋し同氏は嘗て管長の命を受け去年以来彼地へ派出して、宗教宣布は更なり同寺復立の実効をも奏せられたる者なれば、是こそ真に同寺の中興開山といふ者ならめ、然れど同氏は未だ是等の小成に安んぜず、此程既に出水郡長島郷城河内村長光寺の復立を願ひ出られ、過る十月二十九日には其許可を得なほ処々に説教所を設け追々百事復旧の姿なりと。

（同　七四〇号）

とあり、福昌寺に次いで長光寺も再建したことが報じられています。さらに翌十二年には庫院が落慶し、本堂再建の様子も伝えています。

薩州鹿児島の曹洞宗福昌寺は再建の敷地を金九百三十三円にて買入れ（凡千坪）庫裡だけは去年中巳に建築落成せしが、今年は本堂其他を建立し、凡そ金五千円程にて悉皆落成の見込なるよし。

（同　七六七号）

以上のような福昌寺再建気運のとき、永平寺六十一世・久我環渓禅師が九州の巡化に赴かれたのです。それは一八八〇（明治十三）年十月のことで、廃寺から再興した長島の長光寺や出水の龍光寺、伊集院の妙円寺でそれぞれ入仏供養をした他、十一月三日に福昌寺入仏供養を兼ねて渡邊県令、上村少書記官ら四百五十余が出席して授戒会（仏門に入る者に戒律を授ける儀式）が開かれたことを、『明教新誌』は報じています。

福昌寺は城下長田町に再建されたといいますが、その場所はいったい現在のどの辺だったのでしょうか。県立図書館の鹿児島市内地図で捜してみました。しかし明治十年発行、同十二年発行、同十七年発行の三つの地図でも長田町辺りと見られる所には「福昌寺」の名はないのです。あるいは記述ミスもあるとみて再度、市内全域を調べましたがありません。

そこで二〇〇六（平成十八）年に鹿児島県歴史資料センター黎明館が特別展「祈りのかたち～中世南九州の仏と神～」を開いたことを思い出して、それを企画した同館学芸員の栗林文夫氏に問い合わせてみました。すると、栗林氏は一八九四（明治十七）年六月出版の『鹿児島市街略図』（鹿児島同盟書林出版人刊）を持ち出して「これでしょう」と指差して示しました。何とそこには今の長田中学校の敷地の所に「フクショシ」とカタカナで表記されていました。そうすると、再建された福昌寺は少なくとも一八八四（明治十七）年の六月ごろまでは長田中学校付近にあったことになります。

さらに、断泥師は再建した福昌寺の中興になりますが、一九三四（昭和九）年、福昌寺の開山五百五十回忌を記念して発行された『開山石屋禅師・福昌寺』という小冊子には、瀧断泥師が世代（歴代住職）として認められないのです。断泥師が福昌寺にいたのは一八八一（明治十四）年ごろまでだったのでしょう。ちなみに同十四年十月の曹洞宗第二次末派総代議員会議が開催されたとき、その名が見えないといいます。福昌寺は新築され、当時の知事も来賓として出席し、盛大な入仏供養を行ったのに、ほんの数年で影も姿も忽然と消えています。不思議な話です。いったい、いつ、どこに消えたのでしょうか。

明治十二年ごろ復興・福昌寺があったと思われる現在の長田中学校一帯

そして熊谷和尚は「断泥師以降如何なる悲運に遭遇したか市内千坪の土地も建物も失い郡部（薩摩川内市）へ移転する結果となります。

この後、巡回布教師であった宝亀観道師が福昌寺の再興に当てられたものとみられる」と結論を曖昧にしています。何らかの不正があって寺ごと他人の手に渡ったのでしょうか。それとも台風で造ったばかりの寺院が全壊したのでしょうか。鹿児島地方気象台で当時の災害記録を探しましたが、当時、寺院を破壊するほどの大災害は起こっていないことが分かりました。災害説はまずあり得ません。

そこで熊谷和尚に直接、その辺りの事情を聞いてみたい、何か手がかりがつかめるかも知れないと思い、北上市まで足を伸ばしました。著者の疑問に熊谷和尚は「はっきりは分からないが、断泥師に何らかの不正か何かがあって寺の運営ができなくなったとしかいえません。〝中興の世代〟として認められなかったことも、それを想像させます」と、はっきりした答えはありませんでした。

それなら断泥師とはどういう人だったのでしょうか。断泥師は一七三四（天保五）年、徳山藩・毛利家の家臣の家に生まれ、幼少のとき、徳山市の興元寺の徒弟となっています。そのころから俊敏の誉れ高く、法華経八巻を全部暗唱していたほどでした。内外の学に通じて詩喝に巧みで文彩縦横で、能筆でもあり、その墨蹟は山口県下に多数残っています。そして若くして徳山市上村の保安寺住職をして一八七〇（明治三）年山口市の闢雲寺へ。三百年続いた同寺の輪番制を廃して独住一世になり、同寺の本堂を再建しています。一八七七（明治十）年、西南戦争で焼失した？福昌寺を同十二年までに再建したことは『明教新誌』に明らかです。また宗教関係の専門書の著書も多い宗教学者でもあります。不正を働く人物とは、とてもみえません。福昌寺再建後、まもなく周防龍文寺の四十三世・安岡麟光和尚に後事を託した後は〝曹洞宗の重鎮〟として活躍しています。不正の事実を示す史料が見つかりません。不正を働いた人が、宗教界の中央に居続けられるでしょうか。これで不正説も危うくなりました。それとも別に「福昌寺が鹿児島市内に存在してはまずい理由」があったのでしょうか。薩摩川内市向田町にある福昌寺に伺ってもはっきり分かりません。今のところ、まさに歴史の〝ミステリー〟です。だから熊谷和尚も結論を出さなかったのでしょう。疑問だらけで不満足な福昌寺再興のいきさつでした。

九　神道への道

忠義夫人の葬式を仏式から神式に

一八六九（明治二）年三月に鹿児島藩主・島津忠義の夫人・暐子が若くして病死しました。島津一族はそれまで福昌寺が菩提寺で、葬儀は仏式で行うのが常でしたが、廃仏毀釈の嵐が吹き荒れる当時、それを指示した藩主が仏式で葬儀を行うことはできません。そこで忠義が「葬儀は従来の仏式を改め、神式で執行する」と宣言しています。このことは島津一族が神道に転宗することを意味し、それまで廃寺を、とりわけ島津氏とゆかりの深い寺院の廃寺をためらっていた人たちはこれで廃仏毀釈がやりやすくなったようです。その後、島津氏にゆかりのある寺院も含め廃寺のスピードが速まったのもこのためです。

さらに島津氏は次々と神式への移行へ政策を転換していきます。島津家歴代の霊位も神道に改め、同年六月二十五日には鹿児島県庁の前身である知政所は士民が仏式で行う中元盂蘭盆会を中止し、祖先の祭祀は神式の仲春と仲冬に行うよう通達し、士民の生活習慣にも規制を加えていきました。

そうして島津氏は同年十一月二十九日には旧南泉院跡（現・照国神社）の北側に島津家歴代の霊を祭った「鶴嶺《つるがね》神社」を創建しました。鶴嶺神社はその後大正六年に現在地の鹿児島市吉野町磯に移転しています。

さらに他地方の島津氏ゆかりの寺院の神社化も進めています。例えば、島津忠久の菩提寺・浄光明寺跡地を「龍尾神社」に、南さつま市加世田の島津忠良の菩提寺だった日新寺跡を「竹田神社」に、島津貴久の菩提寺だった南林寺跡を「松原神社」に、島津義弘の菩提寺だった妙円寺跡を「徳重神社」に、島津家久の菩提寺で島津一族の菩提寺でもあった福昌寺跡を「長谷神社」にと、それぞれ創建して島津氏が全て神道になったことを示しました。

それに伴い歴代藩主以下島津一族の「戒名」もすべて神式に改め、墓標も仏式の「戒名」を消して新しい神名が書き足されていきます。例えば、島津斉彬の戒名は「順聖院殿英徳良雄大居士」ですが、神名は「明彦神勲照国命」、島津義弘の戒名は「妙円寺殿松齢自貞庵主」ですが、神名は「精矛厳健雄命」、島津忠良の法名は「梅岳常潤在家菩薩」ですが、神名は「日新偉霊彦命」です。それぞれの墓標を見ると、削ったり、書き加えたりした跡が分かります。

書き加えた島津斉彬墓標横の神名（福昌寺墓地で）

翌年の一八七〇（明治三）年十月には知政所が新しい宗教と道徳教育の任務を帯びた冊子『敬神説略』を刊行した他、その一カ月後には、そのダイジェスト版の『神習草』を藩内の各家庭に配布して神道の講義を開き、一般へ神道の普及キャンペーンを実施し神道普及に乗り出しています。『神習草』の概要は、凡仏法といへるものは、愚人を諭すために作りたるものにて、千年前より皇国にも渡り来れり、しかるに悪業をすれば地獄と云に堕落するなと云聞せて、愚人を道引けるも勧善の一端なりと弘め給ひしを、後世の愚人はいかほと仏に欺かれても、悪心を改むる事なく、遂に国家の害となりつれば、是を廃し給ふは、上古の善政に復したる者なり。

県立図書館に保存されている『敬神説略』の表紙

として、廃仏が王政復古にかなったものであることを主張しています。さらに諸神の諸利益を解説し、

されば皇国に生れ出る青人草の限り、貴賤上下となく、何れも神孫亦御代々の天皇の御枝葉の裔孫にて、中には外蕃帰化の人の子孫もあれど、そは万が一にして悉皆神の御末なれば、只管に神の御幸を請祈奉りて、禍をのがれ、身のほどに安居せむ事云々。

と主張しています。そうして国民はすべて神の末裔、すなわち天皇の末裔であり、その皇国民は諸神に祈願することによって除災されるといい、皇国思想と神信仰の有益性を解くのです。この『神習草』を各家庭に配布して廃仏思想の徹底をはかりました。この思想が日本で最高に盛り上がったのが太平洋戦争中でした。

松原神社に中教院設置

明治新政府は一八七二（明治五）年十一月に大・中・小教院制の実施を通達しました。これで東京に大教院を置き、県庁所在地に中教院が、各郷に小教院が原則として置かれました。これは国家神道を国民に教化する拠点にしようとするものです。鹿児島県（廃藩置県は明治四年七月）は翌十二月、松原神社境内に「中教院」を開設して神道の普及に努めます。しかし、『鹿児島県史』によると、各郷に設置したはずの小教院は一八七九（明治十二）年には阿多郡田布施郷（現在の南さつま市）と、曽於郡国分郷（同・霧島市）、同郡襲山郷（同）、それに肝属郡高山郷（同・肝付町）の四カ所と減少しています。なお、松原神社に設置され、一九七四（明治七）年に開院した中教院で説教を始めています。このように「中教院」では県民に神道を指導し、天皇と同じ神道に強制的に従った生活を一時余儀なくされたのです。しかし大教院が一八七五（明治八）年四月に解散し、神道事務局となったのに伴い、中教院も神道事務分局に格下げされています。鹿児島の小教院が四カ所と少なくなったのもそのためでしょう。

　千年以上も神仏を区別なく受け入れてきた日本人だけに、行政が一方的に神道だけを信じるようにと強制してもそうばかりはできなかったのでしょう。「ご神体は仏像など仏教関係のものを廃し、鏡に統一せよ」と通達しても、現在でも鏡と従来の仏教関連のものを並立させている神社の例は鹿児島に多いようです。薩摩川内市の郷土史家だった故・池田信太氏は郷土史研究雑誌『千台　二十五号』（平成九年三月発行）で神社に残る仏像のご神体を掲載しています。そこで同市東大小路町の「菅原神社」のご神体が立派な阿弥陀如来像や観音像、多聞天、不動明であることを写真付きで発表しています。その上御玉屋の中に鏡と鉄製の御幣が納めていますが、「この鏡はステンレス製で戦後（昭和二十七年）、当神社創立の時献納されたもので、極めて新しい時代のものであります」と書いています。また『川内の神社祠　川北編』にも、薩摩川内市東大小路町の「菅原神社」の項目で「江戸時代までは観音堂で仏教施設であったが、明治期の廃仏毀釈により急遽神社に改称したものであろう」と記しています。同じ郷土史家の福元忠良氏は「城上地区の産土《うぶすな》神の十一面観音像など十数カ所に神仏習合がみられるなど、川内には仏像がご神体のままの神社はかなり多い。また石仏も各種残されており、これらをまとめる必要がありそうです」と、著者への手紙で述べています。

　また霧島市福山町福山の歴史家で神官の前田義人氏が以前、町内の学術調査に同行した折、町内の神社のご神体を調べたところ「仏教関連像をご神体とする神社は多かった」といいます。福山町の市街地にある太玉神社もその一つで「延享三年丙寅二月吉日　佛工　正八幡宮社僧　宗代坊範」の銘が確認できるそうです。筆者も同町内で仏像のご神体が開放された数カ所の神社を確認できました。

仏教関連の像と見られる霧島市福山町の太玉神社のご神体（前田義人氏提供）

　一方、奄美では、太陽神《ティダ》をはじめとする多数の神がおり、人間の魂も死後に海の彼方にある「ニライカナイ」という理想郷に渡って、肉親の守護神になるという信仰が普通でした。それは「ノロ」といわれる女性司祭を中心とした、どちらかというと「原始神道」で、藩政時代は一般島民には仏教はほとんど入っていませんでした。ただ、本土からやって来た藩の役人らのために奄美市笠利町赤木名に観音寺があり、「赤木名観音堂」という八月踊り唄が現在も歌われ踊られているだけです。

しかし、廃仏毀釈の嵐は本来、仏教の影響が少なかった奄美にも吹き荒れました。その観音寺も一八六九（明治二）年十二月に廃寺になり、最後の住職・法山和尚は廃寺前にお寺にあった大中様（島津貴久）のご位牌とともに鹿児島へ上国して還俗しています。そして各島に神社（高千穂神社）を建立するよう通達が出されました（『大島代官記』）。

その他、『奄美大島　諸家系譜』に宇検村宇検の代々村の役人の「与人」だった旧家の碇敬氏は「先祖御卒去日記禄」と題して次のような文書を残しています（『碇家文書』）。

明治三庚午年御在番伊東仙太夫代佛法被廃止位牌等焼捨之命令ニテ名瀬方高千穂神社社司幸賢成ル者全島巡回致シ諸佛都而廃滅シ庶人祖先位牌モ与人役者エ被召集同下ノ浜ニ於テ焼没シ佛陀モ火煙ト成リ憐成ル事モ諸人愁傷焼眉ノ心地絶言語ニ候是ヨリ神道之祭礼ト成ル然モ旧幣口兼神佛混雑之祭礼多シ後年為見合之ヲ書紀ス者也。

奄美に仏教はあまり伝わってはいませんでしたが、以上のように、奄美市名瀬の高千穂神社の社司が奄美全島を回り、「仏教が廃止されたので、家庭にある先祖の位牌を浜に集めて焼き捨てよ」と通告し、島民を混乱させたといいます。島民も神道の祭礼をしなければなりませんでしたが、その祭礼は神仏が入り混じったものだったようです。

首をちょん切られた疱瘡神像＝和泊町手々知名の世之主神社

なお、沖永良部島の和泊町にある世之主神社には、疱瘡除けの願いを込めて「疱瘡除去の神像」（地蔵像らしい）がありますが、これは首をちょん切られた姿が神社裏に放置されており、現在でもその姿が見られます。多分、この神像が地蔵像に似ているため、仏像と見誤って首をちょん切られたのでしょう。

十　ためらいと批判と抵抗

廃仏毀釈の〝記念碑〟を発見

全国で最も徹底的に廃仏をしたといわれる鹿児島藩でし

たが、廃仏に手を掛けた本人たちの本心はどうだったのでしょうか。歴史に詳しく、私の新聞記者時代から大変お世話になっていた平田信芳氏にその取材の手掛かりを相談しました。まもなく平田氏から大変貴重な朗報が飛び込んできました。二〇〇九（平成二十一）年一月、郷土史家で鹿児島市清水町在住の平田氏が、旧福昌寺墓地内で廃仏毀釈実施の心境が分かる〝島津家位牌埋納塚〟の記念碑を発見したことでした。平田氏が担当している鹿児島市上町地区の歴史講座「上町の歴史と文化に考える会」で福昌寺墓地の見学会を実施したとき、苔むした碑を指さし「これは何ですか」という会員の何気ない質問をきっかけに見つけたらしいのです。平田氏の貴重な発見に、深甚の敬意を表します。

もともと著者の廃仏毀釈解明研究のきっかけの一つになったのは、全国一厳しい廃仏毀釈を実施した廃仏実施者たちの当時の心境はどうだったか、「廃仏を良心に恥じなかったのだろうか」という疑問を明らかにしたいという思いでした。それで史料も少ないだろうとは思いながらも、廃仏実施者たちの日記や還俗した当時の僧侶たちの心境が分かる日記類などを中心に調べようとしました。しかし、それがまったく見つからないのです。二〇〇八（平成二十）年秋にかねて教えを請うている平田氏のご自宅を訪問した際、そのことを相談したところ、平田氏は「廃仏毀釈は解明しなければならないことが多すぎます。今後、私も歴史講座などを通じて気にかけてみます」というご返事でした。しかし、著者の微力ではそのような史料が見つかるはずがありません。大先輩たちの協力が必要でした。史料不足に悶々としているとき、平田氏のご好意で、廃仏を実行する人たちの心境が分かる廃仏毀釈の〝記念碑〟が発見されたのです。しかも島津家の菩提寺だった福昌寺墓地内で―。同碑の存在はまだ研究者も知らない発見でした。

年が明けてまもなく平田氏から「福昌寺の墓地内で廃仏毀釈の心境を記した碑文があった」と、碑文の原文とその解説つき意訳文の入った手紙が届いたのでした。本当に有り難いことです。この研究にも一筋の光がさした思いがしました。しかし、その前に平田氏の快挙を何より最初に県民へ伝えるべきだろう。そのためには一刻も早く南日本新聞で報道するべき、と思った著者は南日本新聞社に資料を添えた手紙を送り、平田氏にその旨を報告したのでした。

報道は遅れましたが、ようやく著者の願いが叶いました。それが二〇〇九（平成二十一）年三月九日付南日本新聞朝刊二十二面（第二社会面）で、「廃仏毀釈にためらいか　福昌寺跡に島津家位牌納塚　石塔建て歴代御霊敬う」と写真付きで大きく掲載されたのです。

この碑は第二十五代重豪の墓域内にあった六角柱のもの

で、縦二・一メートル、横三メートルの石敷きの土台の上に高さ〇・二メートルの基壇と高さ一・二メートルの六角柱の石塔が置かれていました。石塔には「列世群霊舊牌合瘞冢《れっせいぐんれいきゅうはいごうえいのちょう》」（＝「歴代島津家位牌埋納の塚」の意味）と書かれ、以下ぐるっと四面にわたり漢文で三百字ほどが刻まれていました。多分、これまで福昌寺などの島津家の菩提寺で大事にされていたり、京都や鎌倉、南島からも集められた島津家の位牌は、その記念碑の地下に納められているのでしょう。「明治二年己巳《つちのとみ》十二月中旬　学頭助　今藤惟宏　謹んで記す」とあるので、福昌寺を最後に鹿児島藩内千六十六カ寺を全て廃寺した時点で、歴代島津家の位牌を全てここに集めて埋め、廃仏毀釈の記念に建てたものでしょう。

平田氏が「上町の歴史と文化に考える会」の見学会で会員の一人に「この石碑は何ですか」と尋ねられるまで、その存在に気づきもしなかったそうです。平田氏は「まだ読んでいない」として、その場で「苔はこのようにして落とすのだよ」と刷毛で掃除して見せ、翌日、碑文を写してきたといいます。写すうちに、このような碑文が顧みられることもなく放置されてきたことに驚いたそうです。この石碑について平田氏は「いままで六年間、会の人々に郷土の歴史を教えてきたが、〝負うた子に教えられ〟の感しきりでした」と著者への手紙で述べています。そしてこの石碑はそれまでは、「住職たちの供養塔かな、と軽く見て気にもかけてもいないものでした。同封の通り、この全文を写し、句読点を付け、意訳文を作成して、鹿児島で行われた負の歴史、廃仏毀釈時の処置を記した貴重な石碑と気づきました」ということです。

これは『鹿児島の碑文集』や『忠義公史料　第六巻』などでも触れていない未知の史料ということですので、平田氏の写した漢文と、その意訳文を掲載します。碑文を意訳すると「祭りに使う藁《わら》の犬が捨てられるように、用のなくなった位牌ですが、しかし、歴代の御霊のよりどころとなったもので、敬う気持ちは忍び耐えなくてはならない」と述べ、廃仏実施者の心の葛藤が読み取れます。

（原文）

列世群霊舊牌合瘞冢

吾　公室罷黜佛法葬祭、皆遵用我神道。乃於城西鶴山下、創建祀堂設。列世神位、更定祀典、以祭享之。初　公宮之中有一室、立法壇、奉安　列世及　公室群霊之位牌。且置佛像而并祭之。至二城玉里皆然。至是、並毀法壇、撤其位牌・佛像、且至藩内諸邑及西京・鎌倉・南島諸寺、所奉安位牌、悉収之、合瘞之、於福昌寺之舊塋、立石以標之。因　命臣惟宏記其由。恭惟　公室廃佛之挙、絶異端、去邪穢、以袪千載之惑。夫祭祀國之大事也。而始復

2009年(平成21年)3月9日　月曜日　社　会　22

福昌寺跡に島津家位牌埋納塚

廃仏毀釈にためらいか

石塔建て歴代御霊敬う

鹿児島市

明治時代初め、寺院の破壊などが行われた廃仏毀釈（きしゃく）の際、島津家の歴代当主の位牌（いはい）が福昌寺跡（鹿児島市）に廃棄して埋められ、その場所に塚が残っていたことが分かった。塚に立つ石塔には、徹底した廃仏を記す一方で、位牌の廃棄をためらったともとれる内容の碑文が刻まれており、全国で最も激しかった薩摩の廃仏毀釈に関与した人物の心情がうかがえる貴重な資料として注目される。

歴代島津家当主の位牌を埋めたことを記した石碑と、碑文を調査した平田信芳さん＝鹿児島市の福昌寺跡

塚があるのは島津家菩提《ぼだい》寺だった同寺跡の二十五代重豪《しげひで》の墓域内。石敷きの土台（縦二・一㍍、横三㍍）に、基壇（高さ〇・二㍍）と六角柱の石塔（同約一・二㍍）が置かれている。位牌は地下に納めたとみられる。

石塔には四面にわたり漢文で三百字ほどが刻まれ、一八六九（明治二）年十二月中旬、造士館助教を務めた「今藤宏」が記したと彫られている。前面には歴代の位牌を納めた塚を意味する「列世《れっせい》群霊舊牌合瘞冢《きゅうはいごうえいのちょう》」とある。

島津家は六九年三月、藩主忠義夫人暐《てる》姫の葬儀を神式で行い仏教から離脱。十一月には最後まで残した福昌寺など六寺を廃した。塚はその直後のものとみられる。

碑文によると、位牌は藩内に加え京都、鎌倉、南島からも集められ「祭りに使うわらの犬が捨てられるように、用のないもの」として埋めたという。しかし「歴代の御霊のよりどころとなったもの」を敬う気持ちは忍び耐えなくてはならないとも述べ、心の葛藤《かっとう》が読み取れる。

石塔は目立つ場所にあるが、碑文内容はこれまで研究者らにも知られていないという。同地で二月に歴史講座を開いた郷土史家平田信芳さん（七七）＝同市＝が、参加者に塚について聞かれ調査した。

黎明館の元学芸員で廃仏毀釈に詳しい秋吉龍敏さん（六二）は「廃仏にかかわった人の気持ちを記した資料は極めてまれ。島津家の位牌が埋められたとは初めて知った」と話した。

ズーム

廃仏毀釈（はいぶつきしゃく）

明治時代初めごろに起きた仏教排斥運動。神仏分離などで神道国教化政策が進められ、寺院や仏像、仏具などの破壊や僧侶の還俗（げんぞく）が行われた。薩摩藩は全国で最も廃仏を徹底したといわれ、1869（明治2）年11月までに、藩内の1066寺すべてが廃寺とされ、跡に神社が建てられた。

“島津家位牌埋納塚”発見を報ずる南日本新聞（〇九年三月九日付朝刊）

於正典所、洵可謂快挙美事也。已然則凡其舊牌、如芻狗之無所復、用難。然古

廃仏毀釈に「ためらい」が読み取れる「列世群霊旧牌合瘞冢」＝福昌寺墓地島津重豪墓域内で

人有言、刻木而為人、朝夕拝之、他日析之、以為薪、猶且忌之。而況列世神霊之所憑依、公上之所拝禮。雖廃而瘞之、恭敬之誼、豈可忍哉。至于後世、人其不可有蘭入侵毀也。故書此、以刻于石焉。

明治二年己巳冬十二月中浣

学頭助　臣今藤惟宏謹撰

（註釈）

瘞＝埋める。呉音アイ・漢音エイ。

冢＝塚。呉音チュウ・漢音チョウ。

罷黜＝ヒチュツ。止めさせ退ける。

城西鶴山下＝鶴丸城の西側、現在の照国神社境内を指す。

塋＝墓。呉音ヨウ・漢音エイ。

祛＝祓。祈りによってわざわいを除く。

芻狗＝スウク。祭りに使う藁の犬。用がすめば捨てられる。

誼＝ギ・よしみ。因縁・義。

学頭助＝造士館副学長。

（意訳文）

列世群霊舊牌合瘞冢（歴代島津家位牌埋納の塚）

我が島津家は仏法の葬祭を廃止し、みな神道によることになった。城西鶴山の下（現・照国神社境内）に新たに神社を建て、歴代の方々に神号を贈って神式の祭りを行うことになった。以前は鶴丸城本丸の一室に仏檀を設け、歴代藩主及び御一族の位牌を奉安していた。且つ又仏像も安置し、お参りしていた。二の丸や玉里邸も同様だった。

この度、仏壇を毀《こわ》し位牌・仏像を取り除くことになった。藩内の村々や京都・鎌倉・南島の寺などに祀られていた位牌などもすべて撤収し、福昌寺墓地に合わせて埋葬し、石碑を建ててその標《しる》しとすることになった。

君命によって不肖惟宏がその由を記すことになった。

島津藩の廃仏毀釈の行為について考えてみるに、異端を絶ちきり、邪宗や猥雑な信仰を一掃し、千歳の心配の種子を取り除くことにあると思う。祭祀は国の大事な事柄だ。この度初めて、正しい祭典に立ち戻ることが出来

たのである。まことに快挙・見事というべきである。
已然として古い仏式の位牌にこだわるのは、祭りに使う藁の犬が捨てられるように、用のないものに執着することだ。昔の人の言葉に、木を彫刻して人形を造り、朝夕拝んで、飽きたら切り刻んで薪にした。やはり気分はよくなかった、と。ましてや歴代藩主の御霊のよりどころとなったもの、殿が拝礼して来たものだ。破棄して埋めると言っても、敬う因縁は忍び耐えるものなのか。それを耐えねばならない。
後の世に、知らない人たちがやって来て、この場所をみだりに犯すことのないように石碑に書き残す次第である。

明治二年己巳十二月中旬
造士館副学長　今藤惟宏謹んで記す。

このように廃仏毀釈の正当性と「ためらい」を記録したものです。これを読んだ廃仏毀釈の研究家の一人である県歴史資料センター黎明館の元学芸員の秋吉龍敏氏は「廃仏にかかわった人の気持ちを記した資料は極めてまれ。島津家の位牌が埋められたとは初めて知った」と南日本新聞にコメントを寄せています。

なお、今藤惟宏は一八二五（文政八）年、鹿児島市天神馬場生まれで幼名を今藤宏と名乗っています。造士館と江戸・昌平黌に学び、造士館副学長になり、私塾も開いています。明治維新後、鹿児島県庁第一課長を務め、一八七七（明治十）年、西南戦争直前、薩軍の偵察のため鹿児島に潜入して薩軍に拘束された中央政府派遣の中原尚雄以下二十人の口述書を印刷・配布。薩軍に協力したとして、懲役三年になります。一八七八（明治十一）年に五十二歳で獄中死しています。

廃仏批判した文化官僚の一人

鹿児島藩の廃仏毀釈は、ためらいを抱えながらの実施だったことは、福昌寺墓地で平田信芳氏が発見した「列世群霊舊牌合瘞冢（歴代島津家位牌埋納の塚）」に書かれている文面である程度判明しました。では当時、他の一般藩士たちの考えはどうだったのか、知りたくなります。そんなとき二〇〇五（平成十七）年二月に鹿児島大学法文学部の原口泉教授、丹羽謙治助教授ら日本史研究グループが一冊の研究書を出版しました。その本は『薩摩藩文化官僚の幕末・明治』（岩田書院）で、鹿児島藩士・木脇啓四郎が書いた「萬留」を翻刻して詳細な注釈を施したものです。「萬留」は、幕末・維新期を生きた人物の一代記であるとともに、当時の鹿児島藩内部の有様を伝える好史料でもあります。その中で啓四郎は、国父・島津久光の「廃寺」に触れ「いまにすれば、恐れながらご失策とお伺い申し上げる」と、大胆にも書いています。一八九七（明治三十）年前後に書かれたと思われるこの文章をこの本から採録してみますと、

○久光公の廃寺ハ、今ニ相成れハ、乍恐御失策と奉伺る。それ故、寺のミニあらす、佛閣の大方、大中様を始、大方御霊威うすくなり、かたむき、御府中ニても、福昌寺、妙國寺、妙圓寺、南林寺、恵燈院、大龍寺、皇徳寺、加世田日新寺、殊ニ坊一乗院、清水郷の青葉山基明寺、其外、国分八幡宮、川内の八幡宮、其外諸寺院共ニ衰微す。

（後略）

（註釈）

久光の廃寺＝国父だった久光は藩主・忠義とともに一八六六（慶応二）年五月十五日に寺院統合の取り調べを命じ、家老桂右衛門（久武）らによる統廃合の調査、神仏混淆の有無査定を支持し、その後、明治二年ごろをピークに廃仏毀釈が行われた。

大中様＝島津貴久の尊号。貴久の菩提寺は南林寺だった。廃寺後跡地に松原神社が創建された。一九一七（大正六）年、大中寺（鹿児島市西千石町）が南林寺の跡をついでいる。

御府中＝鹿児島城下のこと。

福昌寺＝島津家の菩提寺で曹洞宗。現在の福昌寺墓地と鹿児島市立玉龍中・高校一帯。

妙圓寺＝島津義弘の菩提寺。廃寺後跡地に徳重神社が創建された。現在はその西方に別に再建されている。

大龍寺＝京都五山の東福寺の末寺。島津貴久（大中）と島津義久（龍伯）の法号を一字ずつ取って寺名とした。現在の大龍小学校地。

皇徳寺＝曹洞宗で能登国総持寺の末寺。現在の皇徳寺台二丁目付近にあった。

加世田日新寺＝島津忠良が再興した曹洞宗寺院。忠良の菩提寺。廃寺後、跡地に竹田神社が創建された。

青葉山基明寺＝正式には竹林山衆集院臺明寺。国分弥勒寺の末寺。「基」は「臺」の誤りか。青葉竹（臺明竹）の林が境内の日吉社にあって、通称「青葉山」といわれていた。

国分八幡＝大隅国一の宮で国分正八幡宮。現在の鹿児島神宮。

川内の八幡宮＝現在の新田神社。

啓四郎のこの記述は、著者が見る初めての「廃仏毀釈批

判」です。この勇気ある藩士・木脇啓四郎は、鹿児島藩城下士で沖永良部島横目を二度体験した木脇仁平次の嫡男として一八一七（文化十四）年に父の赴任先の沖永良部島で生まれています。そして一八九九（明治三十二）年に八十二歳で亡くなっており、この「萬留」は啓四郎が晩年に書いたものだといいます。そうすると、いくら封建の世が終わり明治の時代になったとはいえ、久光死亡（明治二十年十二月六日）後、十年が過ぎたか過ぎないころに、思い切って廃仏を批判する文をよく書いたものだ、とその勇気に改めて驚きました。

啓四郎とはどういう男だったのでしょうか―。十四歳のとき、従兄の東郷助作の世話により、茶坊主として藩に仕え、大目付座詰め茶坊主、御家老座詰め茶坊主、御数奇屋御茶道、小頭寄と転じ、その後、花道師範となっています。その後、二度にわたる江戸詰めを経験していますが、啓四郎の知的好奇心はさらに強まり、江戸で甲冑《かっちゅう》の製造法に熟達するほど学んでいます。こうした経験を生かし、鹿児島でも甲冑製造所の責任者にもなっています。さらに久光の指示で『薩摩藩版』（江戸末期に鹿児島藩で刊行された書籍のこと）の刊行にも関与しています。

さらに明治十年代には県勧業課の仕事につき、絵師としても才能を顕わしました。一八八三（明治十六）年に鹿児島県令（渡辺千秋）の依頼で「鹿児島の水産資源の豊富さをPRする」ため、絵師として二木直喜とともに『麑海魚譜《げいかいぎょふ》』を出版しました。これは当時、鹿児島湾内に生息する魚類など三百二十五種を精細な筆致で写生して色彩豊かな銅版印刷で仕上げています。これは百部の限定出版でしたが、第一回水産博覧会に出品し、注目されています。このように啓四郎は絵師として才覚を発揮する一方、政治の一場面にもひょっこり顔を出しています。人気だった二〇一〇年のＮＨＫ大河ドラマ「龍馬伝」で登場する坂本龍馬の妻お龍に、花道の手ほどきをしたという隠れたエピソードもあります。

また一八八六（明治十九）年には沖縄県泉崎農事試験場に勤務してから、奄美島司の新納中三の依頼で名越左源太の書いた奄美の絵入り民俗誌『南島雑話』を模写したり、『琉球漆器考』の挿画も作成したりして、大いに腕を振るっています。このように啓四郎はその生涯を通じて、己が身につけた数々の技術を生かしつつ、維新後の鹿児島の文化事業発展に尽力し続けた幕末・明治の〝文化官僚〟でした。このような文化人だったからこそ、思いきった自分の考え方を述べたのでしょう。

なお、啓四郎の父・仁平次は一八〇〇（寛政十二）年と一八一六（文化十三）年の二回、横目として同じ沖永良部島に勤務した変わった経歴の持ち主で、二回目の沖永良部島勤務中に妻を娶って一男一女をもうけましたが、一女は生後

沖永良部島に立つ「苦少楽多居士」の碑

しばらくして病死しています。一男が啓四郎です。仁平次は最初に赴任した年に金毘羅権現を勧進して航海の安全を祈っています。当時の航海がいかに大変だったか、島民も仁平次も実感していたのでしょう。仁平次は生前、家族に「自分が死んだら戒名を〝苦少楽多居士〟としてくれ」と遺言しており、その意思を生かして沖永良部島に二〇〇四（平成十六）年三月に彼の子孫たちが、この戒名「苦少楽多居士」という新たに珍しい立派な記念碑を建て替えたといいます。

事前に隠匿を指示した廃寺担当者

直接批判しないまでも廃仏に際し、仏像・仏具の隠匿を僧侶に指示して守ったケースが、肝属郡肝付町内之浦南方にあります。内之浦で廃仏毀釈が実施されたのは一八六九（明治二）年ですが、『内之浦町誌』によると、廃仏実施の前夜、村役人の噯の東郷直左衛門は近くの浄土宗・玄忠寺の住職を自宅に呼び出して事情を説明し、「明日、お宅の廃仏を実施するから今夜中に仏像や仏具類を運べるだけ持ってきて私の家の屋根裏に隠してほしい」と頼みました。住職は指示された通り仏像や仏具類を運べるだけ運び隠しました。

翌日、直左衛門は何食わぬ顔で玄忠寺の廃仏を実施したそうです。廃仏される玄忠寺最後の住職は何と言う和尚さんだったのでしょうか。石原正法現住職に聞きましたが「言い伝え以外に記録が残っていないので分からない。ただ直左衛門は熱心な当寺の門徒だったことは分かっています」といいます。直左衛門の子孫が内之浦にいるといいます。直左衛門から四代目に当たる加藤雅子さん（昭和十九年生）で、雅子さんは「書かれたものは残っていないが、過去帳によると、直左衛門は一九〇六（明治三十九）年一月二十二日に八十七歳で他界しています」と語ってくれました。

また『内之浦町誌』によると、廃仏毀釈のとき「信者たちは寺院や自宅の仏像を隠すのに必死であった。村役人の中には信仰に対する理解がなく、藩命の達成のみ念頭にあって、ひどい取り扱いをして長く信者のうらみを買った人もあったが、その中にあって（直左衛門のように）仏教徒の信仰に感じ、信者のために陰から助勢をしてくれた人もいた」のです。

岩永洞法もその一人です。岩永は病弱のため致仕（官職をやめること）して医を業とした内之浦の人です。一向宗禁制の時代にその信者を処罰するため役人ゆえに殴打せねばならぬこともたびたびでしたが、信者たちに「おれはお前を打たねばならぬが、軽く打っても痛い痛いと大声を上げよ」と教えていたといいます。

東郷直左衛門が隠匿を指示したと思われる玄忠寺の菩薩像

廃仏毀釈に〝抵抗〟する碑

明治三十年前後に「いまにすれば、恐れながらご失政である」と、堂々と廃仏毀釈を批判した文章を残した〝文化官僚〟がいたことは、著者として救いでしたが、では、当時の一般庶民は廃仏毀釈をどう受け止めていたのでしょうか。仏像をひそかに隠すだけでなく、積極的に動いた人はいなかったのでしょうか。廃仏を推進してきた当時の寺院調査掛の一人・市来四郎の「すべてうまくいった」との証言（鹿児島史談会編『速記録十三集』）とは違った言い伝えや、何らかの批判行動をした事実はないのでしょうか。

調べてみると、やはり抵抗の事例がありました。『日吉町郷土誌』によると、廃仏のころ日置市日吉町日置の通称「アンダ山」とよばれている付近に、旧日置村の仏像や仏具、経典などが近くに集められ焼却され、埋められたといいます。そこで廃仏毀釈の嵐が吹き荒れる最中の一八六九（明治二）年に一庶民が、万感の思いを込めてそれに抗議する記念碑「南無阿彌陀佛」の碑を立てたといいます。この場所をかくれ念仏跡地という説もあり、この南無阿彌陀佛が訛って、地名も「アンダ山」と呼ばれるようになったそうです。

この碑のある場所は、旧日吉町の町民運動公園の東南方角にある小高い丘の頂上部です。市道が交差する峠付近に旧日吉町教育委員会が立てた「阿弥陀山　二百メートル」の標識を目印に登りました。しかし、しばらく人が通らなかったのか、あるはずの道がありません。仕方なくヤブを掻き分け上を目指しますが、まもなく竹林や雑木が前進を阻みます。何度も滑りながら進むと、頂上付近には大石がごろごろ、頂上に高さ約三メートルの大岩石があり、その岩の上に高さ約一メートルの墓石のような石柱が立ててありました。

これが近くに住んでいた谷口八百右衛門という人が立てた廃仏毀釈の〝記念碑〟というのです（『日吉町郷土誌』）。しかし、この碑は「かくれ念仏跡地だ」として、一九七九（昭和五十四）年四月に近くの浄土真宗・明信寺仏教壮年会が岩の横に小さな御堂を造りました。南側斜面には地元の人たちが安全のため設置した古くサビがついた手すりもありましたが、『日吉町郷土誌』に載っている入り口の案内板は確認できませんでした。碑には極楽浄土があるとする夕日のさす西の方向に「南無阿彌陀佛」の六文字を刻んでいたといいますが、カズラが碑に絡み、苔むしていて付近の木の枝も覆いかぶさり判読しにくいどころか、写真撮影もままならないほどでした。しかも急傾斜地なので近くに寄れません。

この碑の北側にある御堂を立てた時でも「六文字の名号は微かに読み取れた」程度といいますから、それから三十年ほどたった現在、読み取れるはずはありません。

この碑を立てた谷口八百右衛門は「廃仏毀釈の不法無謀をなじる気持ちが抑えきれず、しかもいずれは必ず元（仏教）にかえることを信じていた。（八百右衛門は）自らの余命も長くないことを覚悟していたので固く意を決し、人目に付きやすく噂になりやすいことを承知の上で、ここに碑を立てのではなかろうか。（中略）ここは廃仏毀釈の遺跡であって、残念ながらかくれ念仏の遺跡としての資料は何も残っていない」と、『日吉町郷土史』は廃仏毀釈の記念碑的な碑だという見解を述べています。同誌によると、八百右衛門はこの碑を立ててから間もない、その年の十一月二十日に亡くなったということです。

確かにかくれ念仏跡地といわれる岩の下は天井も低く、ぎゅうぎゅう詰めしたとしても七、八人が限度と思われるほど窮屈な所です。しかもお年寄りや幼児がここに登るのはかなり困難なようです。『日吉町郷土誌』がいうように、死期を意識した八百右衛門老人が「たとえ（仏像類は）焼いても仏さまの慈悲を忘れず心の中で深く信じています——という万斛《ばんこく》の思いを込めて、この大岩石の上に〝南無阿彌陀佛〟の六文字を彫り込んで立てたものであろう」とした説の方が正しいような気がします。明信寺の賞雅淳亮《たかまさじゅんりょう》住職も『日吉町郷土誌』の記述を支持していました。いずれにしても厳しい監視の目を恐れずにあの当時、堂々と〝六文字〟を刻んで立てた庶民がいたのは驚きです。それほど日吉町には仏教崇敬者が多かったということです。

この「南無阿彌陀佛」の碑のことを著者は鹿児島民俗学会例会の発表で、不鮮明な写真しか撮れなかったことと共に報告しました。このころの著者は肝臓ガンがかなり進行し、体力も消耗していましたし、枝を切りはらう器具も持ち合わせていませんでした。

例会でこのことを知った会員で日置市吹上町の池上成昭氏は、さっそくナタを持ってアンダ山に登り、碑にからまったカズラをはぎ取り石碑の実測図と写真を撮ってきてくれました。そして、森田清美氏を通じて市立病院の集中治療室（I

CU）で闘病中の著者に届けてくれました。同じ学問をめざす同志の友情に大感激したものです。池上氏の了解を得てこの写真と実測図を掲載することができました。池上氏に厚くお礼を申し上げます。

西に向って「南無阿彌陀佛」と刻んだ“廃仏毀釈の記念碑”＝日置市日吉町日置の「アンダ山」（池上成昭氏提供）

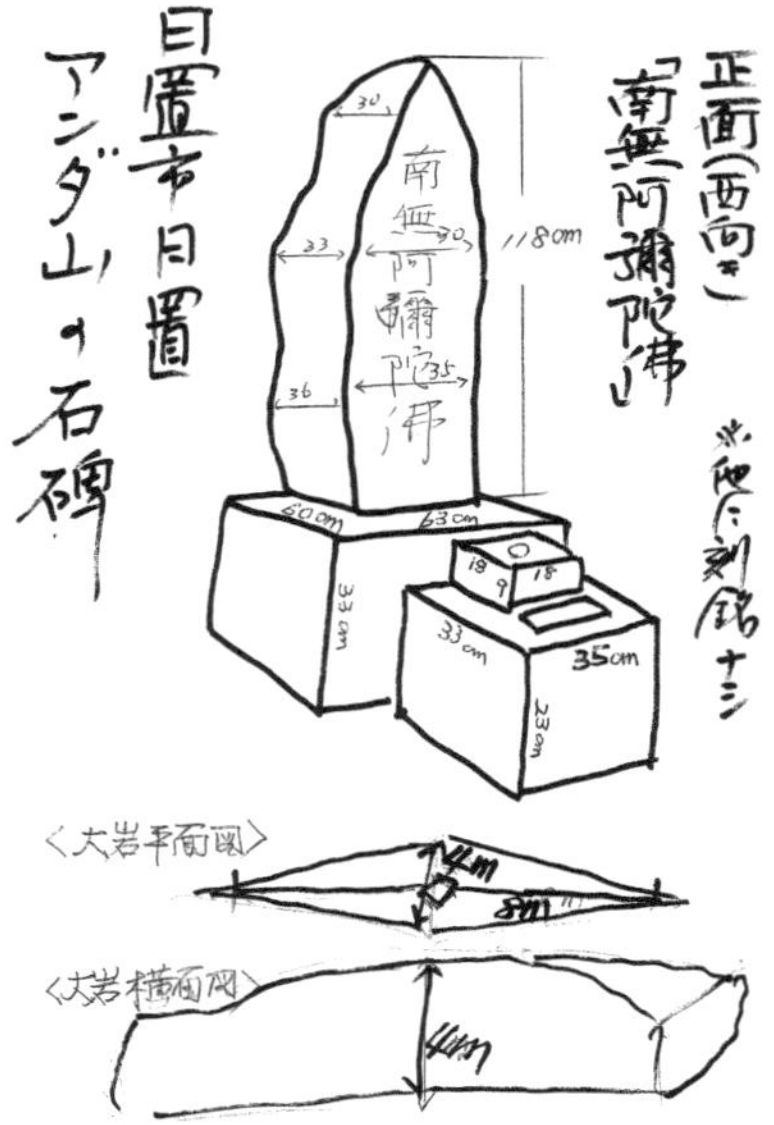

「南無阿彌陀佛」碑の実測図（池上成昭氏提供）

廃仏毀釈余話

一　日吉町のふしぎな釈迦仏

日置市日吉町北区瀬野原の畑地の一角に「釈迦堂」と書かれた小さな祠があり、いまもここに釈迦木像が安置されています。像の高さ約四十二センチ、蓮台の高さ約十八センチ。風雨にさらされたのでしょう、痛みがひどいようです。

一帯にかつて勝雄寺跡があり、同寺にあったものが廃仏毀釈の際、誰かに持ち出されたのか、または何らかの事情で山中に放置され、その後発見されたものらしいのです。現場近くには廃仏毀釈にされた園林寺もあり、園林寺に関係する仏様かも知れません。

『日吉町郷土誌』によると、宮崎県都城市で仕事をしていた数馬氏は大正六、七年ごろ、時々目が痛むようになり、それにつれて次第に視力も衰えてきました。心配になった数馬氏は、いろんな眼科医に診てもらいましたが「目には何も異常はない。原因は分からない」という診断です。そのうちに自然に治るだろうと思って目薬をつけたり、漢方薬を飲んだりしているうちに一年以上経ってしまいました。しかし目は一向によくならず、日が経つにつれて次第に痛みも増していき、見えづらくなっていきます。このままではやがて盲目になるでは、と数馬さんの不安といらだちは増すばかりでした。

そのころ、都城市の田舎に霊能の優れた女性がいて、不思議に失せ物の場所を言い当てたり、病気を治したりするという話を数馬氏は耳にしました。失明の恐怖と不安に悲観していた数馬氏。ワラをもつかむ思いでこの女性神様に占ってもらいました。女性神様のお告げでは「あなたの故郷の家に近い山の中にお釈迦さまの像が長いこと捨てられている。それを一日でも早く探し出して大事に祀ってほしい、と（仏様が）いっておられるから、早速帰郷して探しなさい。探して（その仏様を）お祀りをすれば、あなたの目はきっと治るでしょう」というのでした。

さっそく故郷へ帰った数馬氏は、親戚や集落の人々に集まってもらい、事情を話して仏像探しの協力を乞いました。中には「そんな馬鹿な」と笑う人もいましたが、数馬氏の失明が助かるなら「やるだけやってみよう」ということになり、翌日、大勢の人が付近の山や荒地、竹やぶの中などくまなく探しました。

午前中は見つからず、大方の人が午後も駄目かと思いましたが、それでも「数馬氏が可哀相だからもう一息頑張ろう、今度は迫ん山を探そう。あそこのホキ（深い谷）がまだ残っていたぞ」ということで、一同は迫ん山を探しながら下の深い谷の方へ進んで行きました。ちょうど一番先に進んでいた人が、突然大声で「あったど!仏様はこけあったぞ!」と叫び声を上げました。駆け下りてみると、まぎれもなくお釈迦様の坐像が草むらの中にころがったままになっています。長いこと放ってあったのか、木像は腐朽したところがあり、ひどく傷んでいます。余りの不思議さに異様な感に打たれた一行は、お釈迦様の像を大事に担いで引き上げ、とりあえず数馬氏の実家に安置しました。

その後、協議した結果、釈迦堂を造ってお祀りしようということになりました。すると、お釈迦様を祀ってから間もなく、あれほど痛かった数馬氏の目の痛みは次第にやわらぎ、それにつれて視力も回復に向かいました。

日置市日吉町北区瀬野に安置された不思議な釈迦木像

この像は明治二年の廃仏毀釈当時、誰かがひそかに家に持ち込んで祀っていましたが、大正初期に何かの事情で人目につきにくい迫ん山のホキに捨てたようです。状況からして、その後山中に一、二年くらい雨ざらしにされたのでしょう。

それ以来毎年、釈迦の誕生日だという四月八日に浄土真宗大谷派の清浄寺からお坊さんを招き、お経をあげてもらった後、集落民は公民館で弁当開きしているということです。

二　道隆寺の発掘に賭けた元役場職員

廃仏毀釈で廃寺になり、中世の肝属氏の歴史を物語る肝付町新富本城の道隆寺跡の発掘作業を、今もコツコツ続けている人がいます。この人は土地の所有者で、近くに住む福谷平氏（昭和十七年生まれ）です。

旧高山町でも道隆寺跡の所在地や歴史は不明だったといいます。愛好家が寺の所在地探しに懸命に取り組んだ裏には福谷氏の地味な作業がありました。もちろんその前に、歴史好きだった小学教師の努力や、数度にわたり発掘作業をした大隅史談会や南九州古石塔研究会など歴史研究グループの実績があったことも忘れてはなりません。

『高山郷土史』や『高山名勝志』などによると、柏尾山道隆寺は一二四六（寛元四）年、肝属氏四代兼員が肝属氏の菩提寺として、仏法を広め衆生を救うために建立した古刹でした。開山は宋（中国）西蜀の蘭渓道隆大覚師です。道隆禅師三十二歳のときでした。道隆禅師が三年がかりで一刀三拝して彫った十一面観音が同寺のご本尊で、旧新留村の五仏の

道隆寺の絵図。本寺のあった所は現在掘り下げて田んぼや畑になっている（『三国名勝図会』から）

一つ「南方の尊像」といわれていました。道隆寺を建てた後、道隆禅師は時の為政者・北条時頼の依頼で鎌倉市にある臨済宗の建長興国禅寺も開山しました。建長寺は派内末寺四百六十を持つ鎌倉五山最大の寺院でもあります。道隆禅師は日本の石庭様式を創案した僧としても有名です。

道隆寺は藩政時代には志布志市志布志の大慈寺の末寺で、肝属氏十六代兼続夫人の阿南御前が自ら刺繍し寄進したといわれる戸帳《とばり》もありました。島津氏に支配される前の大隅中世の歴史を語る重要な有数のお寺でしたが、廃仏毀釈でその歴史も埋もれたままでした。道隆寺には二つの民話が伝わっています。その一つ「弁才天物語」はこういう話です。

むかし、道隆寺に美しい少女がお参りにきました。ところが日暮れになっても帰ろうとしません。和尚は、この少女をお手伝いさん代わりに使っていました。当時は「寺に女を置いてはならぬ」という厳しい掟がありました。寺に少女が住みついているという噂は、遠い都の朝廷にも聞こえ、役人たちが取り調べにやってきました。

役人たちが和尚を取り押さえようとしたとき、一天にわかにかき曇り、天地が鳴動し、闇の中に美しい弁才天のお姿が現れました。役人たちはびっくり仰天、われ先にと逃げていきました。

しばらくして、夜が明けるように辺りが明るくなりましたが、あの美しい少女の姿は二度と見られませんでした。村人たちは、「あれは弁才天の化身であったに違いない」と思い、鎮守の宮をつくり弁才天をお祀りました。この弁才天は「妙音天」ともよばれ、音楽の神、知恵の神として遠くからも参拝の人々が絶えなかったということです。

この弁才天を祀ったお宮も廃仏毀釈で壊されたのでしょう。その所在地も不明です。

一九五六（昭和三十一）年ごろ、鹿児島市から旧高山町の旧本城小に赴任した坂之上種男教諭は、高山城跡前の田んぼの中にある竹ヤブの小山には何か重要な歴史遺物が埋まっているとにらんで「きっげ（狂人）」といわれながらも暇を見つけては小高い丘（のち道隆寺の観音堂跡と推測）の竹ヤブで一人調査を続けていました。しかし、竹林内には厚く積もった雑木の合間に常夜灯を思わせる古びた石や建物の礎石らしいものなどはあるものの、どんな施設があったのか見当もつきませんでした。

その他、道隆寺跡の発掘には不思議な話も残っています。道隆寺跡発掘のいきさつについて鹿児島市の小説家・奈良迫ミチ氏が同人雑誌『火山地帯　百四十四号』（〇五年十月発行）に「道隆寺跡」と題して長文の報告を書いていますので、これを参考にします。

かつて道隆寺跡下の水田の近くに、水車小屋を建てた人がおりました。その人は、そこで米搗きを始めたのですが、それ以来、体調をくずしてしまったようです。「何が原因でそのような変調が起こったのか、不思議に思い」、占ってもらいました。すると、占い師は「水車の下に、石仏が埋まっている。それが祟っている」というので、掘り起こしてみると、首や腕を切られた大きな仁王像二体が現れました。しかも、この仁王像の裏側にかすかに「柏尾山道隆寺」という文字が読めてここが道隆寺跡だったことが判明しました。それで同町は、この仁王像を道路横に復元し、「道隆寺跡」の標識を立て、町の文化財に指定しました。

掘り出された廃仏毀釈で首と腕が切られた道隆寺の仁王像

一九八四（昭和五十九）年三月には古石塔研究会の会員や老人クラブの方々も発掘作業をして、二十基の五輪塔の復元作業をし、志布志の大慈寺の住職が供養の法要をしてくれました。さらに一九九三（平成五）年には町文化財審議委員の方も協力して町民ら約三十人で、さらに二十基を整備しました。この中には水輪を持つ道隆寺を開基した兼員のものと思われる立派な五輪塔も含まれていました。同一帯が道隆寺の観音堂跡であることも判明しました。

これを見た福谷氏は「人に頼っているだけではいけない。自分の土地に埋もれている文化財は自分の力で発掘作業をやりぬかねば」と決意し、一九九三（平成五）年十月九日の日曜日から毎週土・日・祭日になると、朝から現場に向かい夕方遅くまで孟宗竹を伐採、地ならしし、Tの字形の掘り棒で遺物を探索しながら掘り起こすのでした。福谷氏が四十二歳の時でした。退職後は南九州古石塔研究会の隈元信一氏の助言を得ながら毎日のように現場通い。発掘に夢中になって帰宅があまりにも遅いので、心配した家族が懐中電灯を持って迎えに行くこともありました。同年十月下旬には独力で五輪塔十六基も復元しました。このように発掘と復元作業を繰り返す福谷氏は、「墓泥棒では？」と、実情を知らない人から疑いの目を向けられることもありました。何かに憑かれたような福谷氏の努力で復元された五輪塔は百数基、結局、復元した五輪塔は合計百四十六基にもなり、壮観でした。

発掘した道隆寺観音堂跡に立つ福谷平氏（左）と、氏にいつも助言する南九州古石塔研究会の隈元信一氏

ここに福谷氏は将来の公園化を夢見て、一帯にツワブキやお気に入りのカエデを植栽し、ベンチも添えました。この福谷氏の熱意に石工の下茂和男氏は小高い丘入り口の「切り通し」に、一段、一段ゆるやかな計二十段の石段を造ってくれました。さらに大隅地方には珍しい磨崖仏や石にお経を書いた経塚なども姿を現し、一帯は中世の雰囲気がいっぱいです。東屋や一帯に伝わる民話のあらすじを彫った石碑も立て道隆寺跡は立派に蘇りました。道隆寺の観音堂跡の整備された中世の雰囲気に、作家の奈良迫ミチ氏はこの地に自分の墓を建立するほどの気の入れようでした。

さらに二〇〇九（平成二十一）年二月には同じ道隆師が開山した鎌倉の吉田正道・建長寺管長ら同寺の僧侶十二人が「蘭渓道隆の遺跡を慰霊したい」と復元された道隆寺跡を訪れ、供養しました。吉田管長は「発掘してくださった福谷さんに感謝したい」と現場で語ったということです（〇九年三月十三日付南日本新聞報道）。記念に福谷氏は吉田管長にツワブキの根をプレゼント。初冬になると黄色いツワブキの花が二つの寺に咲き誇るのを夢見て—。

また建長寺住職らの供養の後の同年三月には無傷の地蔵像が偶然掘り出され、福谷氏は「不思議でなりません。隈元さんは地蔵像の所在地などを当てる特異な能力があり、大変助けられました」と語っています。さらに二〇一〇（同二十二）年四月には地元の竹井敏氏が、復元する地区民の姿や中世の遺物群、一帯の美しい紅葉、それに建長寺僧侶たちの供養の表情などおさめた写真や関係者の随筆付きのカラー写真集『柏尾山道隆寺跡の四季』を自費出版して福谷氏らにプレゼントしました。福谷氏には思いがけない記念になり二重の喜びでした。

このように福谷氏の長年の熱意で見事に蘇った道隆寺の観音堂跡ですが、福谷氏は「大隅史談会はじめ多くの皆さんの善意のお陰です」と、今日も観音堂跡地の発掘、整備に余年がありません。

三　仏さまを必死に守った知覧の人たち

廃仏毀釈を全国でもまれなほど厳しく行った鹿児島藩でしたが、かくれ念仏の信者が多くいた南九州市知覧町では、密かに自宅で拝んでいた秘仏を所有している家庭も多く、仏具の提出を求め焼き捨てる役人の目を盗んで、必死の思いで守られた仏像が多く見られます。同町浮辺の浄土真宗・教行寺のご本尊の阿弥陀如来像も、かつてはそんな信心深い村人が焼却から守った仏像でした。

『知覧町郷土史』によると、この阿弥陀如来像は、かくれ念仏の熱心な信者で、近くに住む朝熊次右衛門が秘かに所持する内仏でした。「仏像・経文・仏具などいやしくも仏臭いものは残らず提出せよ。これらの所有は一切まかりならぬ」と藩庁から厳しい通達が届きました。次右衛門は「由緒深い仏さまを提出するには忍びない」と隠し通していましたが、ついに役人に見つかり、泣く泣く提出しました。他の村内の仏像や仏具も同じように見つかりました。

これらは役人の手ですでに廃寺になった知覧郷の菩提寺だった西福寺跡に集められ焼却の運命にありました。焼却された日は、冬の寒い日で雪さえ降る日でした。次右衛門は、長い

難を逃れた教行寺の阿弥陀如来像（教行寺提供）

間わが家の秘仏として拝んでいた阿弥陀如来像が空しく灰になることを考えると、じっとしていることはできません。妻に「とにかく命がけで仏さまを取り戻して来る」と決意を告げて西福寺跡の広場に行きました。見ると、各地から集めた仏像や仏具が広場にうず高く積まれ、経巻や仏具が白い煙をあげて燃え始めるところでした。

よく見ると、見覚えのある阿弥陀如来像が今にも燃えそうにくすぶっていました。「目ざすはこれだ」と直感した次右衛門は、監視する役人の目を盗んでこれを拾い上げると、浮辺とは方向違いの同町小田代の方へ走っていったのでした。幸い追跡者の影が見えないので、ひとまず小田代峠の二本松の根元に隠しておき、通りに出て追っ手の影をうかがいながら、深夜に自宅に持ち帰ったといいます。

そして信仰の自由が認められ、浮辺にも浄土真宗の教行寺が創建されました。そこで熱心な信者の次右衛門は、教行寺にこの阿弥陀如来像を寄進しました。教行寺はこれを寺のご本尊にした、ということです。後にこの仏を旧七高造士館（鹿児島大学の前身）の教授に鑑定を依頼したところ、この阿弥陀如来像は、室町時代に中国から伝来した貴重なものであることが分かった、ということです。ただ、この仏像が本当に次右衛門の内仏であったかどうかです。他の寺院のものと見間違えたのではないかとも考えられます。そんな貴重な阿弥陀如来が一かくれ念仏信者の内仏だったとは簡単に考えにくいものです。多分、次右衛門が姿かたちの似た他の仏像を自分の内仏と見誤り、焼却から救った仏だったのかも知れません。

「ミュージアム知覧（南九州市立博物館）」に展示されている薬師如来座像

また、最近まで同町樋与上の市道傍らの祠堂に祀られ、安産の仏として地区民の信仰を集めていた薬師如来像がありました。この仏像は元々、近くの寺の秘仏でしたが、内村勝二氏という人が持っていました。しかしこれも村の会所に他の仏像、仏具とともに集められて焼却の運命にありました。

勝二氏は慈愛深い秘仏の姿にもう一度会いたい、と会所に集められた仏たちのもとにやってきました。すると仏たちの山の一番東角に自分がずっと密かに拝んでいた仏さんがあるではありませんか。そこでその夜、深夜の三時ごろ、会所に忍びこみ、めざす木造を抱いて走って自宅に戻ったそうです。そうして信仰の自由が解禁される一八七七（明治十）年ごろまで自宅の馬小屋のわら束の中にこの木造を隠しました。この像は白木作りの薬師如来座像で、高さ約十八センチ、蓮台の高さ約十センチで、品格のある顔ぼうから優れた仏師の力量がうかがえる仏さんで、国学院大学の樋口清之博士は「鎌倉時代の作」と鑑定しています。その後、この薬師如来坐像は安産のご利益があるということで、小さな祀堂におさめられ林川と横井場へ通じる市道の傍に置かれました。それ以来安産を願う妊婦のお参りが絶えなかったといいます。そして現在は「ミュージアム知覧（南九州市立博物館）」に手厚く展示されています。

主な参考文献（順不同）

・『鹿児島大百科事典』南日本新聞社編（南日本新聞社、一九八一年）
・『鹿児島百年』（上）・（中）南日本新聞社編（南日本新聞社、一九六八年）
・『明治維新　神仏分離史料』上・中・下　村上専精・辻善之助・鷲尾順敬共著（東方書院、一九二六年）
・『明治維新神仏分離史料　続編』上・下　村上専精・辻善之助・鷲尾順敬共著（東方書院、一九二八年）
・『新編　明治維新神仏分離史料（第十巻）』九州沖縄編（名著出版、二〇〇一年）
・『邪教／殉教の明治―廃仏毀釈と近代仏教』ジェームス・E・ケテラー著（ペリカン社、二〇〇六年）
・『鹿児島県史料　忠義公史料』第六巻（鹿児島県、一九七九年）
・『鹿児島県史料　家わけ四』
・『鹿児島県史料　忠義公史料』第七巻（鹿児島県、一九八〇年）
・『市来四郎君自叙伝』
・『廃仏毀釈百年　虐げられつづけた仏たち』佐伯恵達著（鉱脈社、二〇〇三年）
・『日向地誌』復刻版　平部嶠南著（青潮社、一九七六年）
・『嶠南日誌』一、二巻　宮崎県立図書館編（鉱脈社、一九九一年）
・『鹿児島県地誌』（上）復刻版　鹿児島県史料集第十六号（鹿児島県立図書館）
・『神殺しの日本―反時代的密語』梅原猛著（朝日新聞社、二〇〇六年）
・『神仏分離の動乱』臼井史朗著（思文閣出版、二〇〇四年）
・『日本近代仏教史研究　吉田久一著作集四』吉田久一著（川島書店、一九九二年）
・『島津斉彬言行録』岩波茂雄校訂（岩波書店、一九四四年）
・『奄美史料集成』松下志朗編（南方新社、二〇〇六年）
・「宇検碇家　先祖御卒去日記録」（『奄美大島屋喜内の文書』に収録）
・『薩摩真宗禁制史の研究』桃園恵真著（吉川弘文館、一九八三年）
・『薩摩藩文化官僚の幕末・明治―木脇啓四郎「萬留」翻刻と注釈』原口泉・丹羽謙治他編（岩田書院、二〇〇五年）
・『廃仏毀釈』柴田道賢著（公論社、一九七八年）
・『神仏分離』圭室文雄著（教育社、一九七七年）
・『日本宗教史』比屋根安定著（三共出版、一九二五年）
・『日本の屈折点―明治維新の苛烈な廃仏毀釈の謎』太田保世著（ごま書房、二〇〇七年）
・『史談会速記録』第一三集　鹿児島史談会
・『種子島の法華小史―阿多羅惜経の里』岩下永徳著（かわち印刷社、一九八七年）
・『南海の聖　日典上人伝』松井孝純著（東方出版、一九九三年）

・『薩摩見聞記』本冨安四郎著　鹿児島県高等学校歴史部会編
・『坊津拾遺誌』森吉兵衛著
・『隠れ念仏と隠し念仏』五木寛之著（講談社、二〇〇五年）
・『薩摩のかくれ念仏―その光りと影』かくれ念仏研究会編（法藏館、二〇〇一年）
・『血は輝く　隠れ念仏殉教悲話』佐々木教正著（著作社、一九八二年）
・『柱ほとけの光―薩摩のかくれ念仏』「柱ほとけの光」復刻委員会校訂（著作社、一九八四年）
・『鵜飼いの悲しさ―仏教文化を自らの手で破壊していった廃仏毀釈』大八木廣澄著　創新
・『薩摩の隠れ念仏―弾圧された一向宗』ミュージアム知覧特別展企画（一九九九年七月十五日～二〇〇〇年一月十八日）
・『金剛寺誌』金剛寺誌編纂委員会（金剛寺、一九七六年）
・『権力に抗った薩摩人―薩摩藩政時代の真宗弾圧とかくれ念佛』芳即正著（南方新社、二〇〇九年）
・『鹿児島県の歴史』原口泉他著（山川出版社、一九九九年）
・『神々の明治維新―神仏分離と廃仏毀釈』安丸良夫著（岩波書店、一九七九年）
・『神仏習合』義江彰夫著（岩波書店、一九九六年）
・『幕末・維新―シリーズ日本近現代史①』井上勝生著（岩波書店、二〇〇六年）
・『国家神道』村上重良著（岩波書店、一九七〇年）
・『週刊　歴史のミステリー六七号』（株式会社デアゴスティーニ・ジャパン、二〇〇九年）
・『郷土人系』（上・中・下）南日本新聞社編（春苑堂書店、一九六九年）
・『大奥の美女は踊る　徳川十五代のお家事情』雪村俊慥著（ＰＨＰ研究所、二〇〇六年）
・『大奥の奥』鈴木由紀子著（新潮社、二〇〇六年）
・『市町村郷土誌』各市町村郷土誌編纂委員会
・『薩摩民衆支配の構造』中村明蔵著（南方新社、二〇〇〇年）
・『隠れ念仏と救い～ノノサンの不思議・霧島山麓の民俗と修験』森田清美著（鉱脈社、二〇〇八年）
・『薩摩藩の天道　東目筋』前田義人著（二〇〇九年）
・『川内風土記』青崎速著
・『日本禅宗史』竹貫元勝著（大蔵出版、一九八九年）
・『街道の日本史54　薩摩と出水街道』三木靖・向山勝貞編（吉川弘文館、二〇〇三年）
・『龍馬を超えた男　小松帯刀』原口泉著（グラフ社、二〇〇八年）
・『日本残酷物語　第三部』宮本常一他監修（平凡社、一九九五年）
・『三国名勝図会』上・中・下（南日本出版文化協会、一九九六年）
・『北海の豪商　高田屋嘉兵衛』柴村羊五著（亜紀書房、二〇〇〇年）

・『対日折衝記　一八一二年と一八一三年における日本沿岸航海と日本人との交渉』P・I・リコルド著　斉藤智之訳　（水山産業株式会社、二〇〇三年）
・『鎖国をはみ出した漂流者　その足跡を追う』松島駿二郎著（筑摩書房、一九九九年）
・『鹿児島の不思議事典』今吉弘編　（新人物往来社、二〇〇三年）
・『図説　落語の歴史』山本進著　（河出書房新社、二〇〇六年）
・『安楽庵策伝和尚の生涯』関山和夫著　（法蔵館、一九九〇年）
・『昔の鹿児島―かごしま新聞こぼれ話―』唐鎌祐祥著　（著者発行、二〇〇八年）
・『我に義あり　西南戦争　勝利なき反乱』竹井博行著　（南日本新聞社、二〇〇八年）
・えびの市史資料集Ⅱ『飯野郷土史　仏教編』福永勝美著（一九五五年）
・『明治維新と国学者』阪本是丸著　（大明堂、一九九三年）
・「薩藩における廃仏毀釈」　久保田収著
・「市来四郎日記にみる鹿児島藩廃仏毀釈前史」　芳　即正著
・「近代天皇制国家の成立と宗教―薩摩における廃仏と真宗の解禁をめぐって」　福島寛隆著
・「我雲童龍と福昌寺支配下廃寺調帳・本末調帳」　秋吉龍敏著
・「メモ　廃仏毀釈」秋吉龍敏著　私家冊子
・「種子島仏教について」　高重義好著
・「一乗院跡と一乗院関係史料」五味克夫著
・「廃仏毀釈と一向宗弾圧―諸県地方の実態と宮崎県庁の対策」昭和六一年度「宮崎県地方史研究紀要　第一三号」に収録　宮崎県立図書館
・「洞門の薩摩寺院復興について」　熊谷忠興著　『傘松』昭和六三年三月号に掲載
・「維新期薩摩藩の宗教政策と真宗の解禁」星野元貞著
・「天保年度の一向宗取締り」　所崎平　串木野郷土史研究会編『くしきの』二二号に収録
・明治三二年七月下旬～十月下旬の鹿児島新聞連載「追想録」
・『敬天愛人』第二三、二四、二五号に掲載　平田信芳著
・「鹿児島の廃仏毀釈について」　栗林文夫著　鹿児島県歴史資料センター黎明館特別展『祈りのかたち～中世南九州の仏と神』図録に収録

あとがき

奄美大島生まれの著者は、ノロ（女性司祭者）の原始神道の影響か、墓参りなどのとき線香をたむけ柏手をたたいて一礼して祖先に「トウトガナシ（尊いご先祖様）」と祈るものでした。だから手を合わせるだけの仏教的な参詣の仕方に、最初は違和感を持つほどでした。つまり、著者は神道嫌いでは決してないのです。むしろ神様も仏様も信じる神仏習合的な日本人的感覚の持ち主です。

著者が「廃仏毀釈」に関心を持ったのは、日置市の現在の秋の一大イベント「妙円寺詣り」への違和感でした。「妙円寺詣り」というのに、現実には「妙円寺」に参るのではなく「徳重神社」に参るからです。島津義弘は関ヶ原合戦で敵前逃亡をやり抜いた勇壮な武士として知られますが、徳重神社のある場所は、元々、義弘が帰依し自らの菩提を弔う由緒深い寺院「妙円寺」でした。それが明治政府の意向を〝誤解した〟権力側が一方的に寺を壊し、その跡に義弘を祭神とした徳重神社を建てたというのが事実です。

一方、妙円寺は信仰の自由後の一八八〇（明治十三）年に再興され、徳重神社の西側歩いて数分のところに現存しています。なのに主催者側は寺の意向を無視し、「妙円寺詣り」の名称を使っています。寺側の抗議にも主催者側の反応は鈍いようです。

明治維新は、西郷や大久保らが活躍する〝明〟の部分だけではありません。廃仏毀釈のような権力側が民衆の「心の拠り所」となる寺院を一方的に破壊した「負」の歴史もあわせもっていたのです。

この不幸な歴史にこそ目を向けて、明日への教えとするのが、行政の務めではないでしょうか。「妙円寺詣り」は「徳重神社詣り」「義弘公祭り」と改めるか、従来どおり「妙円寺詣り」とするならば、廃仏毀釈の歴史を語り、神社の西側数分のところにある「妙円寺」も詣るようにPRするのが筋というものでしょう。その方が義弘の霊魂も喜ぶと思います。

著者は少ない史料の中で、まず県内はもちろん宮崎県も含めて「郷土史」といわれるものから廃仏毀釈関係の記事をすべてコピーし、その中で興味のある部分を関係者にあたり、現地で確認するという方法をとりました。その意味でこの本はルポルタージュだといってもよいのではないかと思います。

その中で平田信芳氏は著者の稚拙な質問に対しても謙虚に

耳を傾けてくださり、それが福昌寺墓地内で「島津家歴代位牌埋納の碑」を初めて発見するというヒットにつながりました。先生の真摯な学問への取り組みに心打たれる思いでした。また、鹿児島民俗学会の所崎平氏や森田清美氏らは著者をいつも温かく見守りご指導くださいました。また、地域の郷土史研究家の方々や僧侶の方々にも大変お世話になりました。厚くお礼を申し述べます。

ところが、九割ほど原稿が仕上がった段階で著者に肝臓ガンが見つかり、緊急入院、手術というアクシデントに見舞われました。集中治療室（ＩＣＵ）で高熱にうなされながら浮かんだのは、約三十年前に発刊された『鹿児島大百科事典』（南日本新聞社刊）の別冊付録資料にあった「廃寺一覧表」でした。さっそく妻が図書館でコピーし、看病で帰鹿中の二女がパソコンをたたいて、広域市町村合併後の新市町村名ごとに新たにまとめ直してくれました。県内在住者でも新しい合併市町村名が分からないこともあるのに、新市町村名ごとにまとめて編集したことは大変な苦労があったものと思います。更に発刊元の南日本新聞社のご厚意でこれを資料として添付することができました。あなたの故郷の近くにも、こんな名前のお寺がかつてあったのです。廃寺のときの「いい伝え」を記録しておくことを勧めます。

このように周りの人たちのお励ましとご協力があってやっと本にすることができたことに、とても感謝しています。出版をご快諾していただいた南方新社の向原祥隆社長をはじめ、同社編集部員一同に厚くお礼を申し上げます。

最後に本書の題名でご理解いただきたいことがあります。それはなぜ、「薩摩藩」ではなく、「鹿児島藩」にしたかということです。島津氏の所領は薩摩・大隅・日向国に及んでおります。それをなぜ一般に「薩摩」で代表させているのかというと、おそらく薩摩地方が鹿児島藩の先進地であるという、暗黙の了解があるのではないかとも思うのです。それがイヤでした。

ここでは南の離島を含む大隅国、それにいまは宮崎県になっている日向国の一部の廃仏毀釈も広義に論じるという理由で『鹿児島藩の廃仏毀釈』とした訳です。

（二〇一〇年盛夏　鹿児島市立病院病室にて）

鹿児島藩の廃仏毀釈関連年表

一八三二（天保三）年二月	水戸藩の徳川斉昭が寺院整理と撞鐘の没収を開始。一八四三（天保十四）年までに百九十カ寺を廃寺にし、没収した撞鐘で大砲を鋳造。
一八五八（安政五）年七月十六日	島津藩主斉彬が急死。「水戸藩にならい寺院の撞鐘を集めて大砲に鋳造する計画」を策定するも頓挫する。
一八六六（慶応二）年春	藩の少壮血気の人々、水戸藩の例にならって「廃仏毀釈」「僧侶還俗」を家老桂久武に建言、桂が藩主・忠義、国父・久光に上申。さっそく大目付兼寺社奉行島津主膳以下の諸役人が「寺社処分に関する取り調べ」開始。
七月二十七日	蒲生郷の所役人三役連名で、「郷内の二寺を廃止して文武の二館を設立したい」と、加治木屋敷寺院取り調べ役人に願い出る。（永興寺跡は砲術訓練所に＝『蒲生町郷土誌』）
九月十七日	後醍院真柱らが霧島神宮に神仏分離の祭文（仏法僧侶の非を難じ、由緒なき寺院の取り除き、神道の宣揚）を奏上。
十月	宮崎県北諸県の高城郷の文珠寺など五寺を調査し、封印（坂元文書『高城町史』）。
十二月	家老・桂久武、寺院廃合掛を命ぜられる。
一八六七（慶応三）年四月	旧日向国で都城領の飛び地・菱田村（現曽於郡大崎町菱田）の正明寺を廃寺（『明治に於ける都城島津家日誌』）。 この年日向国諸県郡一帯で廃仏毀釈実施。

	七月四日	鹿児島藩・郡山郷花尾権現の別当寺・平等王院を廃寺。城下大乗院に統合（『郡山郷土誌』）。文書に表れた鹿児島県最初の廃寺の一つ。
	八月	蒲生郷の三役、郷内の他の寺院も廃したい、と申し出。
	八月	愛知県豊橋市御油で神札が天から降り、民衆が「ええじゃないか」と、踊り狂う「ええじゃないか」狂乱が東海道から関東へ、さらに西では近畿から中国・四国まで約一年間も広がる。
	九月	鹿児島藩が宮崎県北諸県・高原郷の坂本寺など四寺の寺領を取り上げ廃寺へ。諸県地方は慶応三年から明治三年までに廃仏が徹底（『高原町史』）。 錦江町田代地区の曹洞宗崇忠院、威勝寺宝寿院、金衆院、宝泉院、粒淵軒を廃寺（『田代町郷土誌』）。 （この頃から国運急を告げ、戊辰戦争などあり、鹿児島藩の廃仏毀釈は一時休止。）
	十月	将軍徳川慶喜が政権を返上。倒幕密使くだる。
	十二月	王政復興の宣言。
一八六八（慶応四）年	一月二十七日	〃鳥羽伏見の戦い〃を皮切りに「戊辰戦争」が始まる。
	三月十四日	五ケ条の誓文宣布。
	三月二十八日	神祇事務局が権現・天王など仏式の神号を有する神社は、その由緒を届け出て仏像をご神体とする神社はこれを廃して社前の鰐口・梵鐘その他の仏具類を取り除くよう通達。
	四月四日	神仏混合廃止、別当、社僧など復飾通達。
	六月二十二日	太政官が「神仏分離は廃仏に非ず」と本願寺などに説明。天皇も新政府が神仏分離に当たって真宗各本山に「賊徒訛言を以って、朝廷、廃仏毀釈これつとむなど申触し、下民を煽動動揺せしむ由、素より彼等は叡慮を奉載せざるのみならず、即ち宗門の法敵とも

	謂《いい》つべし」と、天皇自ら「信教の自由」という高遇な見解を表明。
一八六八（明治元）年八月二十七日	明治天皇が即位。明治と改元し、一世一代制とする。
九月	鹿児島藩・桂久武家老名で「今般おぼしめしにより、神道ひとすじで、祭祀《し》するように」と通達、廃仏毀釈の断行を再度命令。
十一月十二日	神祇官が「蔵王権現」を神社と断定。
一八六九（明治二）年一月十日	長崎のキリシタン囚人三百七十五人を鹿児島に移送、福昌寺に収容。
二月	藩政改革に着手。鹿児島藩に知政所（県庁の前身）を設置。各郷に英国式軍隊の「常備隊」を編成。
三月十七日	藩主忠義の夫人・暐子が死亡。知政所は三月二十五日付で、葬儀は従来の仏式を改め、神式で執行すると告示。これは島津藩主側が神道に転向したことを意味し、藩全体に廃仏毀釈の嵐が吹き荒れる。
五月十七日	函館戦争を最後に「戊辰戦争」が終結。
六月十二日	島津家歴代の霊位を神道を以って祭る。
六月二十五日	知政所が中元盂蘭盆会を禁止し、祖先の祭祀は神式の仲春と仲冬に執行せよ、と通達。
八月八日	寺領を没収して寺院の自滅を図る。寺領没収合計四千二百九石余。没収の代わりに寺の住職と寺僧の二人に一日一人五合の養料を支給。
十一月二十四日	寺院廃合の際、残された妙谷寺・大竜寺・不断光院・正建寺・本立寺・寿国寺・恵灯院・興国寺など城下の名刹にも廃寺の命下る。さらに最後まで残った福昌寺や一乗院、大乗院、宝満寺など六カ寺も廃寺へ。これで藩内にあった千六十六カ寺を廃寺し、僧侶二千九百六十四人が全員還俗し、藩内には一つの寺も一人の僧侶もいなくなる。
十一月二十九日	旧南泉院跡に島津家歴代の霊を祭った鶴嶺神社を建立。

十二月　藩庁島津家の霊位を神社に祀る。龍尾神社（旧浄光明寺・島津忠久）、竹田神社（旧日新寺・島津忠良）、松原神社（旧南林寺・島津貴久）、大平神社（旧妙谷寺・島津義久）、徳重神社（旧妙円寺・島津義弘）、長谷神社（旧福昌寺・島津家久）

十二月　福昌寺の島津重豪の墓域に藩内外などに散在していた島津家の位牌を集めて〝歴代島津家位牌埋納の塚〟が立つ。

一八七〇（明治三）年一月　島津家累代の墓地名を「福昌寺御墓」を「長谷場西の御墓」などと改める。

九月　政府が「氏子調仮規則」を制定。宗門人別帳を神社の手に移す。

十月　知政所が新しい宗教と道徳教育制度の任務を帯びた冊子『敬神説略』を刊行。一カ月後にそのダイジェスト『神習草』を藩内の各家庭に配布。

十月七日　藩庁が神道の講義を開き、一般に聞かせる。

十月二十九日　知政所が新嘗《にいなめ》祭と合わせ鶴嶺神社の祭祀を行う。

十一月　知政所が、老齢・病弱などの理由で生活が困難な僧侶を調べて届け出るよう通達。

一八七一（明治四）年七月　廃藩置県により鹿児島県・都城県設置。姶良・曽於・肝付の一部は都城県に。

一八七二（明治五）年三月十四日　政府が神祇省を廃止して教部省を新設。

五月　鹿児島に配流されていた長崎のキリシタン三百三十人が許されて長崎に帰る。

十一月二十四日　政府が大・中・小教院制を通達。

十二月　松原神社に中教院を開設。

一八七三（明治六）年一月十五日　都城県は廃止し、姶良・曽於・肝付の一部は鹿児島県に、他は宮崎県に併合。

二月十九日　キリスト教の禁制を撤廃。

一八七五（明治八）年四月三〇日　政府が大教院を廃止。

一八七六（明治九）年九月五日	県が、一向宗（浄土真宗）を含めて「信教の自由」を認める。
一八七七（明治十）年一月十一日	政府が教部省を廃止し、内務省社寺局に移管。
二月	西南戦争が勃発。
一八八〇（明治十三）年十一月三日	鹿児島市長田町に福昌寺が再興され、永平寺六十一世久我環渓禅師を招いて入仏供養。 （その後、福昌寺はなぜか数年で廃寺に）
一八八九（明治二十二）年二月十一日	明治憲法が信教の自由を確立。
一八九八（明治三十）年	宝亀観道師が再々興の福昌寺を現在の薩摩川内市向田町に新築移転。

鹿児島県主要廃寺一覧（判明分）

『鹿児島大百科事典』（南日本新聞社刊一九八一年）付録参照

（注）

一　参考文献／三国名勝図会・鹿児島県地誌・県内市町村郷土誌・県市町村別遺跡地名表

二　○は参考文献発刊時期の国・県・市町村指定の史跡

三　宗派名・廃寺・再興は本文記載分以外は不明

（おことわり）

・所在地は「広域市町村合併後」の新しい合併市町村名に集約しました。

・不明分、また小字（集落名）は『鹿児島大百科事典』付録資料通りの表記とし（）でくくりました。

廃寺名	所在地	
南泉院	鹿児島市	照国町
竜洞院	〃	吉野町（磯）
大乗院	〃	稲荷町
護国院	〃	〃
大興寺	〃	〃
宝持院	〃	〃
知恵光院	〃	鼓川町
勝軍院	鹿児島市	清水町
潮音院	〃	〃
永福寺	〃	〃
抱真院	〃	浜町（鹿児島駅裏）
普賢院	〃	下竜尾町
宝珠院	〃	長田町
光明寺	〃	坂元町
柿本寺	〃	平之町
福昌寺	〃	池之上町
南林寺	〃	南林寺町
妙国寺	〃	下伊敷町
興国寺	〃	冷水町
隆盛院	〃	新照院町
良英寺	〃	清水町（田ノ浦）
大徳寺	〃	新照院町
薬王寺	〃	常盤町
護生寺	〃	田上町
誓光寺	〃	草牟田町
浄光明寺	〃	上竜尾町
本立寺	〃	清水町
不断光院	〃	下竜尾町
大竜寺	〃	大竜町
寿国寺	〃	武二丁目

郵便はがき

料金受取人払郵便

鹿児島東局
承認
300

差出有効期間
2027年2月
4日まで

有効期限が
切れましたら
切手を貼って
お出し下さい

892-8790
168

鹿児島市下田町二九二ー一

図書出版
南方新社 行

ふりがな 氏　名		年齢	歳
住　所	郵便番号　　ー		
Eメール			
職業又は 学校名		電話（自宅・職場） （　　）	
購入書店名 （所在地）		購入日	月　日

書名　(　　　　　　　　　　　　　　　　)愛読者カード

本書についてのご感想をおきかせください。また、今後の企画についてのご意見もおきかせください。

本書購入の動機 (○で囲んでください)

A　新聞・雑誌で　(　紙・誌名　　　　　　　　　　)
B　書店で　C　人にすすめられて　D　ダイレクトメールで
E　その他　(　　　　　　　　　　　　　　　)

購読されている新聞, 雑誌名

新聞　(　　　　　　　　)　雑誌　(　　　　　　　　)

直接購読申込欄

本状でご注文くださいますと、郵便振替用紙と注文書籍をお送りします。内容確認の後、代金を振り込んでください。(送料は無料)

書名		冊
書名		冊
書名		冊
書名		冊

千眼寺	鹿児島市	常盤町
心岳寺	〃	吉野町（平松）
月船寺	〃	〃（磯）
西田寺	〃	常盤町
了性寺	〃	〃
正建寺	〃	下荒田一丁目
妙顕寺	〃	池之上町
般若院	〃	上竜尾町
称名院	〃	坂元町
千手院	〃	〃
新照院	〃	新照院町
地神堂	〃	下荒田一丁目
不動院	〃	下伊敷町
笑岳寺	〃	常盤町
能学寺	〃	武町
金光院	〃	郡元町
延命院	〃	郡元二丁目
安養寺	〃	清水町
千地蔵堂	〃	上本町
行屋観音	〃	〃
船手観音堂	〃	新屋敷町
鬼ヶ谷観音堂	〃	小野町
子安観音堂	〃	田上町

横井地蔵堂	鹿児島市	犬迫町（横井）
蔵六軒	〃	宇宿町
皇徳寺	〃	山田町
○慈眼寺	〃	下福元町
常楽寺	〃	上福元町（東麓）
清泉寺	〃	下福元町（草野）
明楽寺	〃	山田町（大河内）
帝釈寺	〃	中山町（滝之下）
多福庵	〃	上福元町（北麓）
円明庵	〃	〃　〃
江月庵	〃	〃（奥）
昌寿庵	〃	中山町（大園）
松林寺	〃	上福元町（松崎）
隆国寺	〃	下福元町（錫山東谷）
金剛寺	〃	上福元町（薬師堂）
皇立寺	〃	〃（見寄）
潮音寺	〃	桜島横山町
西寿寺	〃	〃
雲竜寺	〃	〃
善福寺	〃	桜島赤水町
○津友寺	〃	（鹿児島・吉田町佐多浦）
興化寺	〃	西佐多町
東光寺	〃	東佐多町

地蔵堂	鹿児島市	東佐多町（佐多浦峯高）
阿弥陀堂	〃	〃
不動堂	〃	本城町
聖観音堂	〃	本名町
長禅寺	〃	喜入中名町（旧麓）
玉繁寺	〃	〃 〃
松泉寺	〃	〃 〃
傑心寺	〃	〃 〃
常法寺	〃	（指宿・喜入町前ノ浜堂三ヶ丘）
源廣院	〃	喜入生見町（井手川）
清涼院	〃	〃中名町（田中）
千手観音堂	〃	〃 〃（麓上ノ馬場）
長松庵	〃	〃前之浜町（有田庵山）
山王権現堂	〃	〃 〃（大丸）
秋岳庵	〃	〃生見町（古殿）
椿窓寺	〃	〃中名町（宮地）
存庭院	〃	〃瀬々串町
地蔵堂	〃	〃中名町（樋高）
直林寺	〃	春山町（ジギンジ）
○仙寿院	〃	入佐町（上ノ前）
ケノオ院	〃	〃（口ノ坪）
東昌寺	〃	直木町（東昌寺）
観音堂	〃	上谷口町（内田）

平等王院	鹿児島市	東俣町（厚地）
法幢寺	〃	郡山町（寺下）
円照寺	〃	〃 〃
大川寺	〃	川田町
長勝院	指宿市	西方（宮ヶ浜）
源忠寺	〃	〃 〃
光明寺	〃	十町（テランヤマ）
大円寺	〃	十二町（小田）
西選寺	〃	〃（丈六）
福寿院	〃	小牧（戸迫）
光台寺	〃	岩本（麓島鼻）
不動堂	〃	〃
日潤寺	〃	新西方（細田東）
観音寺	〃	東方（宮千手院）
観音堂	〃	新西方
日蓮堂	〃	池田
○正竜寺	〃	山川福元
不動寺	〃	〃 〃
竜山寺	〃	（指宿・山川町大山岡兒ヶ水）
徳雲庵	〃	山川福元
教主庵	〃	〃 〃
梅月寺	〃	〃成川
遊世庵	〃	〃 〃

正護寺	指宿市	山川大山	
瑞応院	〃	開聞十町	
千眼寺	〃	〃	〃
蓮華寺	〃	〃	〃
瑞蓮寺	〃	〃	〃
宝塔寺	〃	〃	〃
大聖寺	〃	〃	〃
不動寺	〃	〃	〃
十王寺	〃	〃	〃
玉井寺	〃	〃	〃
観音寺	〃	〃	〃（松原田）
開聞山六坊	〃	〃	〃（中組六坊屋敷）
瑞照寺	〃	（指宿・開聞町開聞山岩屋）	
阿弥陀寺	〃	開聞十町	（中組小迫）
薬師堂	〃	〃	〃（笠口）
法華寺	〃	〃	〃（京田）
物袋寺	〃	〃	〃（物袋墓地）
無量寿寺	〃	〃	仙田（上仙田田中）
薬王寺	〃	〃	〃（上仙田御鍵）
花山寺	〃	〃	〃（上仙田花ノ木園）
東勝寺	〃	〃	〃（下仙田東荒田）
寿福寺	〃	〃	仙田（西元）
海雲寺	〃	〃	川尻（西）

証恩寺	南九州市	頴娃町郡（府本）	
円福庵	〃	〃	牧之内（雪丸）
宝珠庵	〃	〃	別府（松永）
宝持庵	〃	〃	〃（耳原）
竜沢庵	〃	〃	上別府（折尾）
円通庵	〃	〃	〃（只角）
○安養寺	〃	〃	郡（府本大門口）
観忠寺	〃	〃	〃
○大通寺	〃	〃	〃（丸田）
長松庵	〃	〃	〃（長崎）
無量寺	〃	〃	牧之内（東春向）
重田寺	〃	〃	御領（奥薗）
広大寺	〃	〃	〃（木之元）
西福寺	〃	知覧町郡（中郡）	
栄仙寺	〃	〃	〃
月山寺	〃	〃	〃
清源寺	〃	〃	塩谷（大隣）
了清庵	〃	〃	厚地
鏡池庵	〃	〃	瀬世
福寿庵	〃	〃	東別府（飯野）
千福寺（万福寺）	〃	〃	〃（下郡）
大聖寺	〃	川辺町宮	
向城寺	〃	〃	両添（山添）

○清水寺　南九州市　川辺町清水（花園）
雲朝寺　〃　〃（桜元）
○宝福寺（山ン寺）　〃　〃（熊ヶ岳）
玉泉寺　〃　宮（松崎）
西来院　〃　平山
雲皎庵　〃　〃（六丁）
清泉院　〃　田部田
極楽寺　〃　永田（地福山）
正等院　〃　〃（溜池）
西山寺　〃　宮（西山）
大福寺　〃　小野
鬼穴寺　〃　本別府（岩穴）
竜泉寺　〃　野崎（北原）
全勝寺　〃　〃（松尾城下）
瑞朝寺　〃　神殿
長江庵　〃　〃（園田）
神殿寺　〃　〃（下里）
光明寺　〃　中山田
宝正寺　〃　〃
○善積寺　〃　上山田（松薗）
長嶋寺　〃　〃（君野）
阿弥陀堂　〃　野崎
永福寺　〃　下山田（諏訪園）

長善寺　枕崎市　桜山本町
多福庵　〃　布川町
海蔵院　〃（枕崎・東鹿篭金山）
瀬戸口寺　〃（〃・東鹿篭瀬戸口）
極楽寺　〃（〃　〃　）
宝寿庵　〃　東鹿籠（宝寿庵）
昌円寺　〃（枕崎・東鹿篭松下）
貴叟軒　〃（〃・東鹿篭上ノ小野西）
満願寺　〃（〃・西鹿篭山下）
和光寺　〃（〃　〃　）
覚性院　〃（〃・西鹿篭岩崎）
西大寺　〃（〃・西鹿篭富岡）
岩崎寺　〃（〃・西鹿篭田中）
了参軒　〃　西本町
林江寺　〃　別府西町（俵積田）
宝泉庵　〃　東白沢町（東門）
日新寺　南さつま市　加世田武田
今泉寺　〃　〃　川畑（向江）
杉本寺　〃　〃　〃
愛染院　〃　〃　〃
浄福寺　〃　〃　武田（武田麓）
西照寺　〃　〃　唐仁原
竜徳院　〃　〃　武田（武田麓坂下）

本立院　南さつま市　加世田武田
大徳院　〃　〃　内山田（西尾）
南福寺　〃　〃　〃（脇）
洞江寺　〃　〃　津貫（浦口）
松尾寺　〃　〃　村原（内屋敷）
石原寺　〃　〃　津貫（中間）
維雲庵　〃　〃　小湊（上之畑）
松林庵　〃　〃　小松原（当房）
大中庵　〃　〃　益山（大中庵）
地福寺　〃　大浦町（寺薗）
西福寺　〃　〃（榊）
○延命寺　〃　〃（九玉寺山）
○幸福寺　〃　〃（南）
東光寺　〃　笠沙町片浦（田中）
○常福寺　〃　〃　〃（小浦寺山）
慶昌庵　〃　〃　赤生木
虚空蔵堂　〃　〃　片浦（椎木）
阿弥陀堂　〃　〃　〃（岬川路）
○一乗院　〃　坊津町坊（鳥越）
大智院　〃　〃　泊
○海印寺　〃　〃　〃
広大寺　〃　（川辺・坊津町坊津）
法光寺　〃　坊津町泊
興禅寺　南さつま市（川辺・坊津町坊津）
東泉寺　〃　坊津町久志
安養院　〃　〃　〃（博多）
正法寺　〃　〃　秋目
虚空蔵堂　〃　〃　久志
金蔵院　〃　金峰町尾下
大明寺　〃　〃　〃
平井寺　〃　〃　高橋
紹聖寺　〃　〃　〃
常珠寺　〃　〃　池辺
正春庵　〃　〃　尾下
観音堂　〃　〃　〃
上宮寺　〃　〃　宮崎（瀬高）
大年寺　〃　〃　花瀬（鶴之城）
正覚寺　〃　（日置・金宝町松田）
観音寺　〃　金峰町浦之名
長谷寺　日置市　東市来町長里
松本寺　〃　〃　〃
大日寺　〃　〃　〃（本寺）
竜雲寺　〃　〃　〃（前田）
宗乾寺　〃　〃　〃
西岩寺　〃　〃　伊作田
内山寺　〃　〃　養母（中福良）

○天昌寺	日置市	吹上町永吉
○梅天寺	〃	〃 〃（川久保）
○愛宝寺	〃	〃 〃（草田）
○海蔵院	〃	〃 湯之浦（小牧）
○天徳寺	〃	〃 〃
○多宝寺	〃	〃 中原
○西福寺	〃	〃 入来
善勝寺	〃	〃 中原（山ノ城）
○常楽院	〃	〃 田尻（下田尻）
興焉寺	〃	〃 〃
等持院	〃	〃 湯之浦
千手院	〃	〃 〃
毘沙門堂	〃	〃 〃
阿弥陀堂	〃	〃 〃
瑞松庵	〃	〃 今田
幣伝庵	〃	〃 和田
鎮国寺頂峯院	いちき串木野市	上名（東嶽社）
良福寺	〃	〃 〃
蓬福寺	〃	〃 〃
妙智寺	〃	（串木野・下名浜浦）
松山寺	〃	大原町
正福寺	〃	（串木野・所崎）
永福寺	〃	大原町

荘厳寺	日置市	伊集院町猪鹿倉
○妙円寺	〃	〃 徳重
釈迦堂	〃	〃 〃
広済寺	〃	〃 郡（麓）
報恩寺	〃	〃 〃
梅岳寺	〃	（日置・伊集院町下谷口）
竜泉寺	〃	（〃・〃 〃）
善福寺	〃	（〃・〃 〃）
破鞋庵	〃	（〃・〃 〃）
地蔵堂	〃	（〃・〃 〃）
○円福寺	〃	伊集院町寺脇（浦ノ内）
来迎院	〃	〃 〃 〃
雪窓院	〃	〃 大田
円通庵	〃	〃 〃
○平等寺	〃	〃 麦生田（山下）
安養院	〃	日吉町日置
○大乗寺	〃	〃 〃（古里東）
持地庵	〃	（日置・日吉町丹花尾）
○光禅寺	〃	日吉町日置（麓）
○桂山寺	〃	〃 〃（城の下）
勝雄寺	〃	〃 吉利
○園林寺	〃	〃 〃（天司）
○深固院	〃	〃 〃（東岩井田）

悟入寺	いちき串木野市	羽島	
安楽寺	〃	荒川	
○金鐘寺	〃	大里	
○来迎寺	〃	〃	
栄泉寺	〃	湊町	
梅巌寺	〃	〃	
潮音寺	〃	〃	
興園寺	〃	川上	
泰平寺	薩摩川内市	大小路町	
九品寺	〃	宮内町	
国分寺	〃	国分寺町	
五大院	〃	五代町	
昭常寺	〃	〃	（佐目野）
臨江寺	〃	港町	（船間島）
浄鏡寺	〃	〃	（京泊）
慈岳寺	〃	五代町	
神護寺	〃	網津町	
若宮寺	〃	水引町	（草道）
長楽寺	〃	〃	〃
神亀山十二坊	〃	宮内町	（八幡馬場）
浄興寺	〃	高城町	（麓）
有知水寺	〃	〃	〃
北山寺	〃	〃	〃
上之坊	薩摩川内市	城上町	（今寺）
三嶽寺	〃	陽成町	
宮司坊	〃	〃	
意足寺	〃	〃	
竜仙庵	〃	〃	
信興寺	〃	城上町	（下之段）
永源寺	〃	〃	〃
慈眼寺	〃	〃	〃
英岳寺	〃	高城町	（上手）
量寿院	〃	西方町	
西前寺	〃	田海町	
天沢寺	〃	〃	
竜虎寺	〃	〃	
安国寺	〃	中郷町	
宅満寺	〃	〃	
天福寺	〃	中村町	（飯母）
平徳寺	〃	〃	（戸田）
坂元坊	〃	〃	
三光院	〃	楠元町	
観竜院	〃	〃	
平安寺	〃	〃	
三桃庵	〃	天辰町	（三堂）
諏訪坊	〃	〃	

竜興寺　薩摩川内市　天辰町
梁月寺　〃　平佐町（平佐麓）
月桂院　〃　〃　〃
梅真寺　〃　〃　〃
平等寺　〃　〃　〃
宝厳寺　〃　〃
青蓮寺　〃　〃
宝樹院　〃　〃
松春庵　〃　〃
万福寺　〃　〃
東光寺　〃　永利町（麓）
生松寺　〃　百次町
善応寺　〃　〃
来福寺　〃　宮崎町
称名寺　〃　向田町（日暮）
来国寺　〃　〃
大源寺　〃　隈之城町
平嶺石寺　〃　中福良町
文亀庵　〃　青山町（木場谷）
昌福寺　〃　宮里町
清水寺　〃　〃　（清水）
安養寺　〃　〃
長崎寺　〃　高江町

松嶺寺　薩摩川内市　高江町
観音堂　〃　〃（平城）
阿弥陀堂　〃　西方町（勝岡）
○瑠璃光寺　〃　樋脇町塔之原
玉渕寺　〃　〃　〃
○玄豊寺　〃　〃　市比野
随泉寺　〃　〃　倉野
松林寺　〃　入来町副田
寿昌寺　〃　〃　〃
蓮昌寺　〃　〃　〃
定永寺　〃　〃　〃
慈光寺　〃　〃　浦之名
朝日寺　〃　〃　〃
薬師堂　〃　〃　〃
勢至堂　〃　〃　〃
阿弥陀堂　〃　〃　〃
昌了寺　〃　〃　〃
固心院　〃　〃　〃
吉祥寺　〃　東郷町斧渕（堂坂）
○香積寺　〃　〃　南瀬（城ヶ原）
阿弥陀堂　〃　〃　斧渕（小路）
観音堂（正平庵）　〃　〃　山田（下）
薬師堂（藤川庵）　〃　〃　藤川（氏之野）

観音堂	薩摩川内市	東郷町藤川（氏之野）
永源寺	〃	祁答院町黒木
円明院	〃	〃　〃
吉祥寺	〃	〃　下手（大村）
天応寺	〃	〃　〃
良重寺	〃	〃　〃
大聖寺	〃	〃　上手（大正寺）
石原某寺	〃	〃　下手（石原）
仕明某寺	〃	〃　〃（轟仕明）
大翁寺	〃	祁答院町藺牟田（古里）
普賢院	〃	〃　〃
華厳寺	〃	（薩摩・祁答院町浦川内）
瑞奥寺	〃	（〃・〃　〃）
法蓮寺	〃	（〃・〃　〃）
本福寺	〃	上甑町中甑
大性寺	〃	下甑町手打
常楽寺	〃	〃　〃
西昌寺	〃	里町里
西福寺	〃	〃
小川某寺	〃	〃（小川）
長寿寺	阿久根市	山下
楞厳寺	〃	〃
大同寺	〃	〃
般若寺	阿久根市	山下（下平）
阿弥陀寺	〃	〃
大蔵庵	〃	波留
蓮華寺	〃	〃
西安寺	〃	本町（中央公園）
永福寺	〃	折口（永田）
常念寺	出水郡	長島町鷹巣
長光寺	〃	〃
幸善寺	出水市	下鯖町（渕）
成願寺	〃	上知識町
竜光寺	〃	武本
寄修寺	〃	上知識町
見性庵	〃	武本
浄円寺	〃	〃
杉本寺	〃	〃
桂山寺	〃	〃
多宝寺	〃	（出水・鯖渕青田）
東光寺	〃	上鯖渕（松尾）
福昌院	〃	高尾野町柴引
洞亀寺	〃	〃　〃
竜昌院	〃	〃　〃
東全寺	〃	〃　〃（高尾野中学校）
東敬寺	〃	〃　〃（砂原公民館横）

徳光寺	出水市	高尾野町下高尾野	
放光寺	〃	〃	〃
桃仙庵	〃	〃	下水流（西水流）
山内寺	〃	野田町下名	
○感応寺	〃	〃	〃
極楽寺	〃	〃	〃
永林寺	〃	〃	上名
興全寺	薩摩郡	さつま町広瀬（佐志広瀬）	
曇秀寺	〃	（薩摩・宮之城町虎居）	
○宗功寺	〃	（〃・〃　）	
大円寺	〃	（〃・〃　）	
無量寺	〃	（〃・〃　）	
神照寺	〃	（〃・〃　）	
楊宣寺	〃	（〃・宮之城町虎居西手）	
長慶院	〃	さつま町虎居（一ツ木）	
大道寺	〃	さつま町宮之城屋地（峯下）	
多宝寺	〃	〃	〃
瑠璃光寺	〃	〃	〃
昌英寺	〃	〃	〃
天長寺	〃	〃	〃（東谷）
光叟寺	〃	さつま町時吉	
利昌寺	〃	〃	〃
真蓮寺	〃	〃	湯田（流水校）
大泉庵	薩摩郡	さつま町平川（下平川）	
長松院	〃	〃	舟木（長松院堀）
法円寺	〃	〃	久富木（角郷）
養安寺	〃	〃	山崎（山崎校）
浄福寺	〃	〃	〃（仮屋ヶ段）
清庵寺	〃	〃	二渡（寺ヶ園）
赤仁田寺	〃	〃	山崎（荒瀬）
西福寺	〃	（薩摩・宮之城町北西）	
庵寺	〃	さつま町二渡（折小野）	
東善寺	〃	〃	鶴田（萩ノ平）
興禅寺	〃	〃	〃
竹林寺	〃	〃	〃（諏訪坊）
神崎寺	〃	〃	〃（神崎）
善福寺	〃	〃	〃（島廻）
瑞巌寺	〃	〃	〃（前山）
○神興寺	〃	〃	紫尾→立原墓塔群
○大願寺	〃	〃	柏原→大願寺跡
○長福寺	〃	〃	求名（下手）
年行寺	〃	〃	永野（金山）
長久寺	〃	〃	〃（麓）
経之尾寺	〃	〃	〃（丁場）
小園寺	〃	〃	中津川（別野）
半崎寺	〃	〃	〃（半崎）

竜盛寺　薩摩郡　さつま町中津川（同脇）
薬師院　〃　〃　〃
乱橋庵　〃　〃　求名（下手）
平木場庵　〃　〃　〃（平木場）
無量寺　〃　〃　〃（下中福良寺山）
郡山寺　伊佐市　大口大田（郡山八幡東）
成就寺　〃　〃　里（戸切）
専念寺　〃　〃　〃（市図書館）
興善寺　〃　〃　原田（水之手・忠元墓地西）
大瑞院　〃　〃　山野（上之馬場）
永福寺　〃　（大口・小苗代）
宝福寺　〃　大口平出水（向井野宇都）
宝泉寺　〃　〃　〃（向江）
池山寺　〃　〃　篠原（松ノ口）
泉徳寺　〃　〃　青木（上青木）
祥雲寺　〃　〃　原田（水之手）
円満寺　〃　〃　里（中戸切）
大義寺　〃　〃　大田（木崎洲崎）
大竜寺　〃　〃　原田
紫現寺　〃　〃　青木（上青木）
万徳寺　〃　〃　山野（熊野神社）
芳宥軒　〃　〃　山野（旧山野線西山野駅北）
後庵寺　〃　〃　小木原

若王寺　伊佐市（大口・羽月麓）
大聖寺　〃（〃・〃）
長福寺　〃　大口白木
永隆寺　〃（大口・羽月八代）
円通寺　〃　大口鳥栄
観音寺　〃　〃　曽木
広徳寺　〃　〃　〃（本堂）
富蔵庵　〃　〃　鉢持（馬場）
甘露寺　〃　菱刈南浦（本城）
曹源寺　〃　〃　荒田（西川）
大林寺　〃　〃　〃
蓮台院　〃　〃　川北
高源寺　〃　〃　〃
○黒板寺　〃　〃　前目（下名）
長寿寺　〃（伊佐・菱刈町本町）
正覚寺　〃　菱刈南浦（本城）
興覚寺　〃　〃　〃
勝覚寺　〃　〃　〃
天王寺　〃　〃　〃
不動寺　〃　〃（本城岩坪）
心岳寺　〃　菱刈荒田（西川）
天正寺　〃　〃　下手（須川）
永福寺　〃　〃　市山（下市山）

天長寺　伊佐市　（伊佐・菱刈町湯之尾平沢津）
寿楽寺　〃　菱刈川南（山下）
天空寺　〃　〃　（伊佐・菱刈町荒瀬）
高屋寺　〃　菱刈前目（灰塚）
薬師堂　〃　（伊佐・菱刈町小苗代原）
徳元寺　姶良郡　湧水町木場
蓮乗院　〃　〃　〃
盛展庵　〃　〃　〃
梅中寺　〃　〃　〃
光照院　〃　（姶良・吉松町）
玉泉寺　〃　〃　鶴丸
般若寺　〃　〃　般若寺
内小野寺　〃　〃　川添
長老寺　〃　〃　中津川
新山寺　〃　〃　川西
春日寺　姶良市　加治木町反土
○岩屋寺　〃　〃　木田
長年寺　〃　〃　〃
吉祥寺　〃　〃　〃
能仁寺　〃　〃　日木山
東禅寺　〃　〃　〃
真蔵院　〃　〃　〃
安国寺　〃　〃　反土

椿窓寺　姶良市　加治木町反土
本誓寺　〃　〃　〃
長楽寺　〃　〃　〃
応住寺　〃　〃　〃
総禅寺　〃　鍋倉
八流寺　〃　〃
僊岳寺　〃　〃
天福寺　〃　〃
米山薬師堂　〃　〃
花園寺　〃　〃
願成寺　〃　（姶良・姶良町餅田）
円明院　〃　平松
紹隆寺　〃　〃
陽春院　〃　上名（山田上名）
正田院　〃　下名（山田下名）
来福寺　〃　〃　〃
新光院　〃　〃　〃
常光寺　〃　大山
授福寺　〃　（姶良・蒲生町久徳）
永興寺　〃　〃　〃
千手院　〃　蒲生町下久徳
仙霞寺　〃　蒲生町上久徳（川東）
法寿寺　〃　〃　〃　〃

正孝庵　姶良市　蒲生町上久徳（川東）
竜泉寺　霧島市　国分上井（寺宇都）
竜昌寺　〃　〃中央
遠寿寺　〃　〃〃（里）
常念寺　〃　〃〃
正覚寺　〃　〃〃（中ノ馬場）
国分寺　〃　〃府中
金剛寺　〃　（国分・新城麓）
渕竜院　〃　国分上井
安舟軒　〃　〃福島
瑞慶寺　〃　〃敷根
常光寺　〃　〃〃
乗林寺　〃　国分重久（尾群山の麓）
念仏寺　〃　〃〃（道場口）
橘木寺　〃　〃〃（橘木城下）
十聲寺　〃　〃〃
慈恩寺　〃　〃〃
林高寺　〃　〃〃
楞厳寺　〃　〃清水（弟子丸）
清水寺　〃　（国分・弟子丸）
片岳寺　〃　（〃・〃）
台明寺　〃　〃清水（山之路）
大定院　〃　溝辺町有川

心慶寺　霧島市　溝辺町麓
地蔵院　〃　〃竹子
仙寿寺　〃　横川町中ノ
真乗院　〃　〃〃
阿弥陀堂　〃　〃上ノ
長久寺　〃　牧園町宿窪田
東光寺　〃　〃〃
玄竜寺　〃　〃三体堂（檍橋東）
一雄院　（姶良・牧園町中津川板越）
釈迦堂　〃　牧園町三体堂
観音堂　〃　〃〃
華林寺　〃　霧島田口（神宮西）
本地院　〃　〃〃
知足院　〃　〃〃
宝泉院　〃　〃〃
正福院　〃　〃〃
延命院　〃　〃〃
西光寺　〃　隼人町西光寺
東林寺　〃　〃東郷
三光院　〃　〃朝日
正興寺　〃　〃〃
正高寺　〃　〃〃
正国寺　〃　〃小田

不動寺　霧島市　福山町福山（麓）
大安寺　〃　〃　〃
惣福寺　曽於市　大隅町恒吉
徳泉寺　〃　〃　〃
観音寺　〃　〃　〃
仙遊寺　〃　〃　月野
法厳寺　〃　（曽於・財部町桜木）
興禅寺　〃　（〃・〃　）
正寿寺　〃　財部町下財部
天香寺　〃　〃　〃
瑞林寺　〃　（曽於・財部町集）
阿弥陀堂　〃　（曽於・財部町坂元）
光福寺　〃　末吉町諏訪方
法楽寺　〃　〃　〃
光明寺　〃　〃　深川（熊野神社）
千眼寺　〃　〃　〃（上之馬場）
持宝院　〃　〃　〃（上之馬場）
瑞川寺　〃　〃　岩崎
大円寺　〃　〃　南之郷（橋野）
万福寺　〃　〃　〃（中原）
蔵林寺　〃　〃　〃　〃
医性寺　〃　〃　〃　〃
西徳寺　〃　（曽於・末吉町外園）

大休寺　曽於市　末吉町南之郷（富田）
興昌寺　〃　〃　二之方（旧志布志線末吉駅付近）
寿福寺　志布志市　松山町（新橋）
蒼竜寺　〃　〃　〃
宝満寺　〃　志布志町帖（向川原）
大慈寺　〃　〃　〃
大性院　〃　〃　〃
永泰寺　〃　〃　〃（向川原）
海徳寺　〃　（曽於・志布志町道場）
石峯寺　〃　志布志町帖（沢目記）
千手院　〃　〃　安楽
西楽寺　〃　〃　帖（石谷）
三福寺　〃　〃　志布志（上町）
惣持院　〃　有明町蓬原
好善寺　〃　〃　〃（重田）
円福寺　〃　〃　〃
真中寺　〃　〃　〃（中野）
楠原某寺　〃　〃　〃（楠原）
仏心院　〃　〃　野井倉
願行寺　〃　〃　伊崎田
茗ヶ谷寺　〃　〃　〃
万寿院　〃　（曽於・有明町菅牟田）
霊厳寺　〃　有明町山重

草野某寺	志布志市	有明町野神	
多聞院	曽於郡	大崎町仮宿	
心慶寺	〃	〃	〃
照倍院	〃	〃	益丸
月笑寺	〃	〃	仮宿
浄円寺	〃	〃	野方
杉谷寺	〃	〃	持留
正明寺	〃	〃	益丸
観音寺	〃	〃	野方
偶善寺	肝属郡	東串良町岩弘	
弘誓寺	〃	（肝属・東串良町堂元）	
新興寺	〃	東串良町岩弘	
峰念寺	〃	〃	池之原
栄泉寺	〃	〃	川東（溜水）
専念寺	〃	〃	〃（柏原）
宝厳院	〃	〃	〃 〃
東海寺	〃	〃	〃 〃
明山寺	〃	〃	新川西
長慶寺	〃	〃	川西
浄聖寺	鹿屋市	上高隈町	
法音寺	〃	〃	（重田）
山島寺	〃	花岡町（白水）	
法界寺	〃	古江町（木谷）	
禅定寺	鹿屋市	古江町（木谷）	
富岡寺	〃	打馬	
安養寺	〃	向江町	
神宮寺	〃	田崎町	
五代寺	〃	祓川町	
薬師堂	〃	西祓川町	
蓮台寺	〃	高須町	
阿弥陀寺	〃	〃	
呑海庵	〃	浜田町	
薬師堂	〃	〃	（坂元）
光源寺	〃	野里町	
大恵寺	〃	獅子目町	
竜翔寺	〃	大姶良町（向馬場）	
照山寺	〃	西原	
竜香寺	〃	南町	
玄明寺	〃	〃	
切目王寺	〃	（鹿屋・柊原軽砂）	
阿弥陀寺	〃	大姶良町	
高野寺	〃	〃	
万願寺	〃	南町	
本房寺	〃	〃	
浄光寺	〃	（鹿屋・星簇山）	
長谷観音堂	〃	下祓川町	

飯隈寺	鹿屋市	飯隈町
光同寺	〃	川東町
法界寺	〃	〃
山島寺	〃	〃
般若寺	〃	輝北町上百引（一番郷）
丸山寺	〃	〃　下百引（坂下）
両足寺	〃	〃　市成（上方）
西福寺	〃	〃　〃（柏木）
善福寺	〃	〃　〃（中平房）
成願寺	〃	串良町有里
瑞竜寺	〃	〃　〃
安住寺	〃	〃　岡崎
志福寺	〃	〃　〃
極楽寺	〃	〃　有里
光林寺	〃	〃　細山田
玄秀寺	〃	〃　下小原
幸田寺	〃	吾平町麓
天澤寺	〃	〃　〃
玉泉寺	〃	〃　上名
含粒寺	〃	〃　〃
水月寺	〃	〃　〃
西方寺	〃	〃　〃
清源寺	〃	〃　下名
阿弥陀堂	鹿屋市	（鹿屋・吾平町萩原）
東光寺	垂水市	牛根麓
古河寺	〃	（垂水・牛根辺田）
喜翁院	〃	二川
金福寺	〃	牛根麓
法智寺	〃	（垂水・平野町）
心翁寺	〃	（〃・〃）
竜門軒	〃	（垂水・水ノ上町）
金蔵寺	〃	（〃・〃）
福寿寺	〃	（〃・〃）
新光寺	〃	（〃・〃）
松岳寺	〃	海潟（飛岡）
臨海庵	〃	〃　〃
西福寺	〃	中俣（脇田）
宗福寺	〃	〃（納涼）
竜福院	〃	新御堂（下新御堂）
華厳寺	〃	松原町（旧田神）
浄珊寺	〃	新城
源昌寺	〃	〃
妙蓮寺	〃	〃（大原）
内山薬師寺	〃	〃（内山）
内村	〃	〃（宮脇）
寺田	〃	〃（寺田）

玉照寺	垂水市	新城宮脇
源昌寺	〃	〃（麓）
感応寺	肝属郡	肝付町南方（五橋）
長泉寺	〃	（肝属・内之浦町南浦）
玄忠寺	〃	（肝属・内之浦町寺町通り）
臨田寺	〃	肝付町北方（坂元）
真福寺	〃	〃　岸良（浜）
一清寺	〃	〃　〃
海蔵院（坊）	〃	〃　北方（海蔵）
高崇寺	〃	〃（肝属・高山町新留）
昌林寺	〃	〃　北方
瑞光寺	〃	〃　〃
道隆寺	〃	〃　〃
聖柔寺	〃	〃　〃
瑞祥寺	〃	〃　〃
臨川寺	〃	〃　〃
長能寺	〃	〃　前田
日新院	〃	（肝属・高山町新留）
盛光寺	〃	肝付町前田
笠野薬師寺	〃	〃　富山
光福寺	〃	（肝属・高山町和泉田）
薬師堂	〃	肝付町新富（花牟礼山）
釈迦堂	〃	（肝属・高山町尾之下）

薬師堂	肝属郡	（肝属・高山町新留）
地蔵堂	〃	（肝属・高山町上ノ原）
阿弥陀堂	〃	肝付町野崎（塚崎）
南泉寺	〃	〃　〃
東禅寺	〃	〃　〃
竜心寺	〃	〃　〃
米山寺	〃	〃　〃
福寿院	〃	〃　〃
円福寺	〃	〃　〃
報恩寺	〃	錦江町馬場
天松院	〃	〃　〃
永林庵	〃	〃　〃
掬泉庵	〃	〃　城元
瑞積庵	〃	〃　神川
宝寿院	〃	〃　田代麓
宝光寺	〃	〃　〃
崇忠院	〃	〃　〃
東漸寺	〃	南大隅町根占川北
千界寺	〃	〃　〃
明光寺	〃	〃　〃
丸山寺	〃	〃　〃
龍渕寺	〃	〃　〃
園林寺	〃	〃　根占川南

成園寺	肝属郡	南大隅町根占川南
宝屋寺	〃	〃　〃
柏庭庵	〃	〃　〃
了叟寺	〃	〃　根占山本
光岩寺	〃	〃　〃
心休庵	〃	〃　〃
積翠寺	〃	〃　〃
安楽寺	〃	〃　〃（光松）
福田寺	〃	〃　根占川南
虚空蔵堂	〃	〃　〃
来迎寺	〃	〃　佐多伊座敷
曹源寺	〃	〃　〃
極楽寺	〃	〃　佐多郡
清月寺	鹿児島郡	三島村黒島（大里）
阿弥陀堂	〃	〃　硫黄島
阿弥陀堂	〃	〃　竹島
宝蔵寺	〃	十島村口之島
宝仙寺	〃	〃　〃
竜福寺	〃	〃　臥蛇島
福寿院	〃	〃　平島
養徳寺	〃	〃　悪石島
宝樹寺	〃	〃　宝島
宝積寺	〃	〃　〃

慈遠寺	西之表市	西町
本法寺	〃	国上
大会寺	〃	天神町
妙久寺	〃	国上（中目）
妙法寺	〃	〃　〃
妙泉寺	〃	〃　〃
満徳寺	〃	（横山）
本蓮寺	〃	安納
大聖寺	〃	現和
興隆寺	〃	〃
蓮勝寺	〃	（古田）
本成寺	〃	住吉
妙泰寺	〃	安城
清浄寺	熊毛郡	中種子町増田
妙昌寺	〃	〃　納官
日輪寺	〃	〃　野間
本隆寺	〃	〃　油久
浄光寺	〃	〃　坂井
金剛寺	〃	南種子町西之
本国寺	〃	〃　〃
竜泉寺	〃	〃　〃
本善寺	〃	〃　中之上
本妙寺	〃	〃　島間

善福寺	熊毛郡	南種子町平山
遠妙寺	〃	〃　茎永
善林寺	〃	〃　（上里）
久本寺	〃	屋久島町宮之浦
本隆寺	〃	〃　一湊
顕寿寺	〃	〃　永田
長寿院	〃	〃　〃
蓮華寺	〃	〃　〃
本蓮寺	〃	〃　楠川
光照寺	〃	〃　小瀬田
本堯寺	〃	〃　志戸子
本満寺	〃	〃　吉田
本寿寺	〃	〃　栗生
本仏寺	〃	〃　安房→如竹墓
本要寺	〃	〃　船行
本住院	〃	〃　原
本経寺	〃	〃　尾野間
典良院	〃	〃　小島
岩勝寺	〃	〃　平内
隆泉寺	〃	〃　湯泊
中間寺	〃	〃　中間
本慶寺	〃	〃　麦生
観音寺	奄美市	名瀬佐大熊町
赤木名観音寺	奄美市	笠利町里（川道）
観音堂	大島郡	龍郷町
昌興寺	〃	喜界町
地蔵堂	〃	〃
安住寺	〃	伊仙町（義那山）
観音堂	〃	徳之島町井之川
禅王寺	〃	和泊町
東寺	〃	与論町

※浄土真宗系は鹿児島藩から約三〇〇年間禁制にされており、激しい弾圧を受けながら「かくれ念仏」などで篤い信仰を続けていましたが、一八七六（明治九）年九月五日鹿児島県の「信仰の自由」許可後、東西本願寺の指導や信者の熱意などで各地で寺院建設が続き、今日の浄土真宗隆盛につながっています。

■著者プロフィール

名越　護（なごし・まもる）

1942年大島郡宇検村生勝生まれ。1965年立命館大学法学部卒業。同年3月南日本新聞社入社。2003年3月末、編集委員で同社を定年退職。その後2003～2009年まで鹿児島純心女子大学の非常勤講師を務める。鹿児島民俗学会会員。著書は記者時代に『かごしま20世紀　上・下』（共著）、『南島雑話の世界』『政治に理想の灯を～川崎寛治元社会党国際局長の回顧』、定年退職後に『薩摩漂流奇譚』『奄美の債務奴隷ヤンチュ』。

鹿児島藩の廃仏毀釈

二〇一一年三月三十一日　第一刷発行
二〇二五年七月二十五日　第三刷発行

著　者　名越　護
発行者　向原祥隆
発行所　株式会社　南方新社
〒八九二―〇八七三　鹿児島市下田町二九二―一
電話　〇九九―二四八―五四五五
振替口座　〇二〇七〇―三―二七九二九
URL http://www.nanpou.com/
e-mail info@nanpou.com

印刷・製本　株式会社イースト朝日
定価はカバーに表示しています　乱丁・落丁はお取り替えします
ISBN978-4-86124-202-1 C0021